선진유학과 심리명리학

선진유학과 심리명리학

손예진 지음

學古房

목 차

책을 내면서

인간의 삶은 우주의 법칙 속에서 움직인다. 한 생명이 태어나서 성장하고 발전하고 쇠락을 맞이하는 모든 과정이 거대한 우주의 흐름에서 이루어지는 것이다. 우주는 인간이 상상할 수 없는 무한한 시공간의 진리가 펼쳐지는 곳이기 때문에 그 시작과 끝을 가늠할 수 없다. 다만 인간이 알아낸 우주의 진리는 『주역』에서 말하는 "일음일양지위도一陰一陽之謂道"이다. 한번 음이 되고 한번 양이 된다는 이 법칙은 인간뿐만 아니라 자연과 우주의 모든 현상에 적용되고 있다. 하지만 이 구절에 대해 깊이 생각해 본 사람들은 많지 않을 것이다. 그저 고서에 나오는 말로만 생각할 뿐 이 속에 삶의 핵심이 들어있다고 생각하지는 못한다.

인간이 맞이하는 모든 순간은 이 법칙에서 움직인다. 하루를 살펴보면, 새벽의 어둠을 뚫고 나오는 아침 햇살은 응축된 음陰 속에 한 점의 양陽이 올라오는 것이고, 그 양이 점점 자라나서 극에 달하면 한낮의 태양이 되고, 양이 수축하면서 음이 팽창하면 어둠이 깔리고, 음이 극에 달하면서 한밤이 깊어진다. 사계절의 변화도 음과 양의 이러한 법칙에 의해 만들어지는 현상이다. 인간 또한 이 법칙에 따라 일생의 주기를 거치게 된다. 결국 인간은 우주의 진리이자 도道의 한가운데 있는 것이다.

우리가 말하는 도란 "일음일양"이다. 그래서 현 상황이 아무리 최악이라고 해도 희망을 잃지 말아야 하고, 지금 잘 나간다고 해서 지나치게 거만해서도 안 된다. 오르막이 있으면 내리막이 있고, 피어나는 날이 있으면 시들어 내리는 날이 있듯이 인간사도 그렇게 펼쳐진다. 인간이 할 수 있는 것은 이 진리를 깨닫고 내가 세상에 와서 해야할 소임을 알고 실천하는 것이다.

하지만 현대인들은 하늘이 지구에 우리를 보낸 이유를 망각한 채 급속하게 발전하는 물질문명을 좇아가느라 정신이 없다. 그래서 가슴 속에 상처를 한가득 끌어안고 공격의 칼날과 자기 보호막으로 치장된 갑옷을 입고 살아가고 있다. 이렇게 현대인들에게 마음의 병이 깊은 이유는 지극히 단순한 우주의 도를 삶의 현장에서 어떻게 실현해야 할지 모르기 때문이다.

그 해답은 이미 동양철학에 나와 있다. 동양철학 사상과 심성론은 현대인들의 마음을 치유하고 자기를 개선하는 방법을 담고 있다. 하지만 아무리 좋은 약도 먹어야 효험을 보듯이 성현들의 말씀도 시대에 맞게 해석하고 각자 개인에게 맞는 방법으로 적용해야 한다. 이런 연유로 개인의 특성을 파악하는 학문과 연계가 필요한데 명리학과 서양심리학이 그것이다.

명리학에서 인간의 심리를 다루는 심리명리학은 개인의 타고난 기질과 성격 및 삶의 여정에서 나타나는 심리와 행동 변화에 관한 근거를 제시하고, 서양심리학은 인간의 심리와 행동뿐만 아니라 정신병리와 상담에 관한 많은 이론과 해법을 제시한다. 두 학문은 인간을 파악하는 방법과 발전 양식에 차이가 있지만 삶의 행복을 추구한다는 공통점이 있다. 동양철학에 스며있는 인간의 기본 도리와 삶의 법칙을 현대인들이 몸에 익히고 실생활에 실천하기 위해서는 이들 간의 연구를 바탕으로 개인의 특성에 맞는 맞춤식 교육이 이루어져야 한다.

전 세계는 지금 치열한 시대를 살아가고 있다. 지구 한 편에서는 전쟁이 일어나 있고, 풍요함이 넘치는 가운데 기아와 빈곤은 여전하고, 지나친 경쟁과 갈등 속에서 받은 상처가 마음의 병이 되고 있다. 그래서 자신이 처한 상황에 대한 불만을 불특정 다수에 대한 공격으로 풀어내고, 화를 주체하지 못해 분노조절 장애를 나타내고, 타인을 끌어내리면서 자신의 열등감을 보상받으려 하고, 심지어 스스로 자기 목숨을 끊는 사람들이 늘어나고 있다. 이러한 현상은 현대인들의 정신과 마음을 치유하는 데서 벗어나 예방의 차원으로 전환해야 함을 의미한다.

세 학문의 학제 간 연구는 개인적인 측면에서는 상실감과 고통의 늪에서 헤어나와 자기를 온전하게 실현하는 길을 제시할 것이고, 사회적인 측면에서는 조직 구성원 간의 조화와 협력을 통해 생산성과 직무 만족도의 향상을 불러올 것이다. 특히 사회적 비용면에서 사건이 발생한 후 사후 처리하는 비용보다 각자의 특성에 맞는 교육을 통해 생활 속에서 인륜과 더불어 살아가는 방법을 가르치는 것이 훨씬 경제적이다. 이런 의미에서 필자의 연구는 그 첫걸음이라 할 수 있다.

세상에 자기 혼자 이루어 내는 것은 없다. 생존을 위한 가장 기본적인 행위인 먹고 마시는 것도 누군가의 도움이 있어야 가능한 일이다. 하물며 인간사에서 맞이하는 많은 일 중에서 좋은 일은 더더욱 그러하다. 본 연구물 또한 필자 혼자 이루어 낸 것이 아니라 많은 분들의 도움과 응원이 함께 했다.

인류가 더불어 살아가는 방법을 모색하고 본 연구의 완성을 이끌어 주신 박성호 지도 교수님, 학문과 삶의 이정표가 되어주신 오서연

교수님, 어렵고 힘든 상황에서도 정진할 수 있도록 든든한 버팀목이 되어주신 손중동 교수님께 감사의 인사를 올린다. 또 오늘의 저를 있게 해주신 부모님과 늘 변함없는 사랑과 응원을 보내주는 가족들에게 고마운 마음을 보낸다.

미흡한 필자의 연구를 통해 현대인들의 마음치유와 인성 함양에 관한 학제 간 연구가 더욱더 활발하게 이루어지기를 기원해 본다.

2024년 8월 5일
靑潙 손예진 올림

Chapter 1

선진유학과 심리명리학에
대한 서설緒說

현대인들은 문명의 풍요 속에 살고 있지만 물질주의 추구와 과도한 경쟁으로 인해 마음의 상처와 정신적인 문제를 안고 있다. 이 문제를 해결하는 방법은 동양철학에서 말하는 사욕私慾을 억제하고 자기개선을 통해 사회 구성원들과 조화를 이루어가는 데 있다.

동양철학의 근본인 선진유학은 무한한 가능성을 지닌 인간이 도덕적 주체성을 확립하고 인격적 완성을 이루도록 돕는 도덕 철학이면서 인간의 마음작용을 다룬 학문이다. 인간이 생물학적 본능을 조절하고 덕성의 주체로 거듭나기 위해서는 인간존재에 대한 물음과 바람직한 삶의 자세가 필요한데, 선진유학 심성론은 이러한 물음에 대한 답을 제시하고 있다. 하지만 현대인들의 인식에는 자신들의 생활과 동떨어진 경전이거나 교양을 위한 고전으로 자리하고 있다. 이는 인간의 개별성과 특수성을 파악하는 학문과의 연계가 필요함을 의미한다.

인간의 개별성과 특수성을 파악하는 학문으로는 명리학과 서양심리학이 있다. 심리학은 인간을 이해하고 개인 삶의 질이 향상되도록 도와주기 위해 정신 과정과 행동을 연구하는 학문[1]이고, 명리학은 태어난 년월일시의 상호관계를 육십갑자六十甲子의 간지干支로 치환한 뒤 일간日干을 중심으로 인간 삶의 길흉吉凶·요수夭壽·귀천貴賤·성패成敗 등을 해석하는[2] 법칙에 관한 학문이다. 일반적으로 두 학문 간에는 공통점이 없는 것으로 알려져 있지만, 명리학 문헌 여러 곳의 성정편性情篇에서 개인의 성정을 논하고 있고, 현대 명리학에서는 음양오행陰陽五行과 십성十星을 개인의 성격을 파악하는 도구로

---

1) 윤가현 외 14인, 『심리학의 이해』, ㈜학지사, 2019, 20쪽.
2) 김만태, 『한국사주명리연구』, 민속원, 2012, 19쪽.

활용하는 등 명리학도 개인의 고유한 심리를 다루는 학문임이 입증되고 있다. 그러므로 명리학은 동양의 심리학이라 할 수 있다.

이처럼 명리학은 선진유학 심성론의 문제점을 해결할 학문임에도 불구하고 오랫동안 운명을 예측하는 수단으로만 인식되어 왔다. 그 결과 선진유학과 심리학의 학제 간 연구는 활발하게 이루어지고 있지만, 명리학과 학제 간 연구는 거의 이루어지지 않고 있다.

명리학 고전인 『연해자평』淵海子平 「논성정」論性情에는 "성정은 희노애락애오욕喜怒哀樂愛惡欲에서 드러나고, 인의예지신仁義禮智信으로 표출된다. 아버지의 정기와 어머니의 혈기로 형체가 만들어지는 것이니, 모두 금목수화토金木水火土와 관계가 있다."[3]라는 구절이 있다. 이는 유학자들이 인간 심성의 근원으로 규정하였던 인·의·예·지·신을 명리학의 핵심 개념의 하나인 오행과 대응시켜 성정을 논한 것으로 사주팔자 구조의 해석이 인격적 완성에 이르는 개인별 수양법의 근거가 될 수 있음을 말해준다.

이런 연유로 필자는 선진유학 사상과 하건충 이론의 연계성을 고찰하고, 선진유학 사상이 현대인들에게 도움을 주는 학문으로 나아가는 연구의 초석을 마련하고자 한다. 선진유학 심성론을 하건충 이론과 연계한 이유는 하건충이 심리학에서 연구하는 인간의 기질과 심리변화를 사주팔자 구조를 통해 해석함으로써 명리학이 인간의 심리를 다루는 학문으로 발전하는 발판을 마련하였기 때문이다. 그 근거로는 심리학과 명리학을 연계한 학제 간 연구와 저서 등에 그의 이론이 활용되고 있다는 것이다.

---

3) 李欽(明)增補, 『淵海子平』, 「論性情」, "性情者, 乃喜怒哀樂愛惡欲之所發, 仁義禮智信之所布. 父精母血而成形皆金木水火土之關係也."

필자는 하건충 이론을 심리명리학이라고 명명하고자 한다. 그 이유는 첫째, 개인의 기질과 심리변화를 명리학의 핵심 개념인 사주팔자를 도구로 분석하였기 때문이다. 둘째, 저서 『팔자심리추명학』八字心理推命學에서 알 수 있듯이 심리를 명리학의 관점에서 해석하였기 때문이다. 명리학은 추명학推命學, 산명학算命學, 팔자학八字學 등 여러 용어와 함께 사용되고 있는데, 한국에서는 주로 명리학이라는 용어를 사용하고 있다. 그러므로 심리명리학적 연구란 사주팔자의 구조를 통해 선천적으로 타고난 기질과 성격을 파악하고 팔자와 運世의 상호작용으로 일어나는 심리변화를 분석하는 것을 말한다.

앞에서 살펴보았듯이, 선진유학 심성론과 명리학은 인간을 이해하는 근본 학문임에도 불구하고 현대인들에게 외면당하거나 그저 마음의 위안을 얻기 위한 수단으로만 생각되어 왔다. 그 이유는 사유의 깨달음과 마음의 감동을 현실 세계에서 자기 방식으로 실현할 만한 구체적인 방법이 없었기 때문이다. 따라서 본 연구에서는 공자·맹자·순자가 제시하는 인격 발달 과정과 자기 수양법을 하건충 이론과 연계하여 연구하고자 한다.

Chapter 2

하건충의 시대적 배경과
사상적 연원

하건충(何建忠, ?~?)은 부귀빈천富貴貧賤과 길흉수요吉凶壽夭의 예측에 중점을 두던 전통적 명리학을 심리학과 연계시켜 연구한 인물이다. 그는 『명학신의』命學新義라는 저서를 통해 자신이 정립한 십신과 서양의 분석심리학자 칼 융의 여덟 가지 심리유형[1]을 결합해 인간의 심리적 특성을 설명한 대만의 명리학자 반자단 이론[2]을 계승·발전시켜 자신만의 독특한 학문적 체계를 세우고 있다.

---

1) 독일의 심리학자 칼 융은 1921년 『심리학적 유형(Psychological type)』에서 두 가지 성격 태도인 외향성(extroversion)·내향성(introversion)과 네 가지 성격 기능인 사고(thinking)·감정(feeling)·직관(intuition)·감각(sensation)을 조합해 '여덟 가지 심리유형'을 발표하였다. 외향성은 외부세계에 관심을 두는 객관적 태도이고, 내향성은 내면세계에 관심이 있는 주관적 태도이다.(권석만, 『인간 이해를 위한 성격심리학』, 학지사, 2017, 46쪽.) 외향성과 내향성은 太極에서 분화된 陰陽이론과 대비를 이루는데, 음양은 이분법적으로 구분되는 것이 아니라 陽속에 陰, 陰속에 陽이 서로 공존하면서 양립한다. 사고는 사물을 이해하는 지적 기능으로 여러 관념을 통해 문제를 해결하는 역할을 하고, 감정은 평가의 기능으로 특정한 관념이 불러오는 긍정적·부정적 감정에 따라 그 관념을 받아들일지를 결정한다. 감각은 감각기관의 자극으로 생기는 모든 의식적 경험이고, 직관은 직접적인 경험이라는 점에서는 감각과 비슷하지만, 감각과는 달리 자극의 근원과 과정을 설명할 수 없다.(권석만, 위의 책, 329쪽.)

2) 본명은 반서조潘序祖이고, 수요화제관주水繞花堤館主라는 필명을 지닌 반자단은 『명학신의』「수화집」水花集에서 십신十神의 특성을 설명하고, 융의 심리유형과의 대응 관계표를 다음과 같이 제시한다.(수요화제관주, 『명학신의』, 육림출판사, 2019, 49쪽.)

〈표-1〉 융의 심리유형과 십신의 대응 관계

정신분석학	사상파 思想派		감각파 感覺派		직각파 直覺派		지각파 知覺派	
	외향	내향	외향	내향	외향	내향	외향	내향
명命 학學	관官		식食		인印		재財	
	정관 正官	칠살 七殺	상관 傷官	식신 食神	정인 正印	편인 偏印	정재 正財	편재 偏財

1. 시대적 배경

대만은 중국을 포함한 주변 동남아시아에서 몇백 년에 걸쳐 이주한 인구로 구성된[3] 해양 국가로 지리적 위치가 해양의 시각에서 보면 동아시아와 군도의 중심점에 위치하여 동쪽으로는 광대한 태평양에, 서쪽으로는 유라시아 대륙에 접해있고, 계절풍에 따른 국제항로 상에 있어서 예로부터 동아시아지역의 주요 이동 통로였다. 16세기 유럽 열강들의 지리적 대발견 이후에 세계적인 쟁탈전의 한가운데 놓이면서 국가의 주권은 주변 국가들에 의해 분할 또는 통합되었다.[4]

1895년 청조는 청·일 전쟁의 패배로「시모노세키조약」에 따라 대만과 펑후제도를 일본에 이양하였고, 일본이 자국의 자본과 대만의 노동력 및 풍부한 자원을 이용하여 중공업을 육성시키면서 1930년대 이후 신흥공업 도시들이 급속하게 발전하게 되었다. 일본침략 후 타이완 각지에서는 거센 저항이 이어졌는데, 총독부는 저항 세력을 진압하는 한편 근대적인 교육 제도를 도입하여 순종적인 대만인 양성에 나선다.

당시 현대식 교육을 받고 해외로 유학을 떠난 젊은 지식인들은

---

3) 대만은 1500년 전 필리핀 등 주변 동남아시아 국가에서 이주한 원주민과 17세기 초부터 19세기 사이에 중국에서 이주한 한족과 그리고 1949년 중국에서 국민당이 패전하고 장재석을 중심으로 대만으로 이주한 외성인으로 구성되어 있다.(왕혜숙,「동아시아 가족의 다양성: 한국과 대만의 가족 제도와 규범 비교 연구」,『사회사상과 문화』27집, 동양사회사상학회, 2013, 381쪽.)
4) 조세현,「해양을 통해 본 대만사: 대만학계의 연구현황을 중심으로」,『역사와 경계』98집, 부산경남사학회, 2016, 162~166쪽.

격동하는 세계 정세를 지켜보게 되는데, 1912년 청나라는 중화민국에 자리를 내어 준 후에 세계열강의 식민지라는 오명을 벗게 되고, 1915년 간디는 인도로 돌아가 비폭력·비협력 운동으로 영국의 식민통치에 저항하고, 1917년 러시아의 혁명 지도자 레닌은 제정 러시아의 차르 체제 붕괴와 함께 '사회주의 혁명'을 제창하고, 1918년 미국의 대통령 우드로 윌슨은 민족자결주의를 주창한다. 이러한 국제 사회의 변화들을 본보기로 삼은 타이완 유학생들은 활발한 정치활동을 이어가면서 문화 활동에도 앞장섰다.5) 이들은 국민들의 한마음 한뜻을 모으기 위해 '민지民智 계발'에 앞장서는데, 의사이자 독립운동가인 장웨이수이(蔣渭水, 1890~1931)는 다음과 같이 주장한다.

> 타이완 사람들이 앓고 있는 병은 지식의 영양 결핍증이다. 이 병은 지식을 풍요롭게 만드는 영양 식품을 섭취해야 나을 수 있다. 문화 운동이 바로 유일한 치료법이며, 문화협회는 이 병을 전문적으로 연구하고 치료하는 기관이다.6)

민족의 근본을 잃지 않고 문화적 자산을 지키는 방법은 문화 운동을 통해 무지를 일깨우고 지식을 풍요롭게 쌓아가는 데 있다. 지식은

---

5) 郭婷玉 외 3인, 신효정 옮김, 『도해 타이완사』, 글항아리, 2021, 236쪽.
6) 타이완 문화협회에 실은 글로, 타이완 문화협회는 『타이완민보』를 창간하여 타이베이, 시주, 타이난 등지에서 신문을 읽을 수 있는 공간을 마련한다. 협회는 주로 강연 혹은 강습회를 열거나 극단을 만들어 연극을 선보일 뿐만 아니라 '메이타이투안'을 조직하여 이곳저곳을 돌아다니며 교육 영화를 상영하였는데, 교육이 발달하지 못했던 당시에는 글보다 강연이나 연극을 통한 선전 활동이 훨씬 효과적이었기 때문이다.(郭婷玉 외 3인, 신효정 옮김, 위의 책, 237쪽.)

삶을 통해 터득한 지혜와 함께 개인의 성취뿐만 아니라 국가 발전의 원동력이 되기에 국민들을 문화적으로 계몽할 필요가 있는 것이다.

그리고 반자단이 『명학신의』에서 십신十神의 성정 해석을 통해 사주팔자를 심리학적으로 분석하는 초석을 마련한 1930년대에는 비록 일제 치하라는 악조건과 문학계 인사들의 신구新舊논쟁7)이 있었지만, 대만 문학이 활로를 찾아가던 시기이다. 하지만 제2차 세계대전 이후 1945년~1952년은 일본 경제로부터 자립하고 경제체제의 재편을 도모하는 혼란한 시기로, 물가는 폭등하고, 민생은 도탄에 빠지고, 정부 관료들의 부정부패가 만연하였는데, 이러한 국가적 상황은 2·28 사건8)의 도화선이 되었다.

이 사건으로 인해 국민당은 대만인들의 일상을 감시하고, 대만문화가 열등하다고 교육하고, 방언을 금지하고, 북경어 사용을 강제하고, 중앙공직에서 대만인을 배제하는 등 억압적인 통치를 펼친다.9)

---

7) 대만어의 문자표기 방법을 개발하여 사용하자는 대만화문운동과 표준중국어인 백화로 언어 사용을 통일하자는 논전을 바탕으로 대만의 신문학이 탄생한다.(양태근, 「1930년대 대만 향토문학과 대만화문(臺灣話文): 대만문학사 서술을 중심으로」, 『개념과 소통』 18호, 한림과학원, 2016, 212~240쪽.)

8) 1947년 2월 28일에 일어난 사건으로, 전날 타이베이시 南京西路 天馬 찻집 앞에서 담배를 판매하던 여성 린장마이(林江邁)를 폭력적으로 단속한 사건이 도화선이 된다. 단속원 여섯 명 중 한 명이 린장마이를 구타하자 이 상황을 본 시민 몇몇이 단속원에게 항의했고, 달아나던 푸쉐통이라는 단속원이 총을 발사해 시민 천원시가 쓰러지면서 시민들이 격분하였다. 이 사건에 대해 정부가 미온적인 반응을 보이면서 시민들은 파업을 선언하고 시위행진을 벌이고 군중집회를 열었는데, 정부는 임시 계엄령을 내리고 무장한 군대를 보내 가혹한 진압에 나섰다. 또 지방 사신들과 타이완 국적의 지식인들을 끔찍하고 잔인한 방법으로 체포하거나 모살했다.(郭婷玉 외 3인, 신효정 옮김, 앞의 책, 271~274쪽.)

이때 임시로 발동된 계엄령은 1949년 중국의 국민정부가 타이완으로 거점을 옮기면서 계엄통치로 전환되고 1987년에 이르러서야 해제되었다.

1950년~1990년대에 대만 정부는 재정 및 경제 정책의 강력한 개혁을 주도하여 고속의 경제 성장을 이루어 내는데, 그 원인은 안정적인 정치 상황, 미국으로부터 받은 원조 자금의 효과적인 사용, 경제 성장을 이끌어가는 중소기업, 외국인 투자, 미국·일본과 형성된 트라이앵글 무역 연결망 등에 있다.[10] 이러한 눈부신 발전은 경제와 공업 부분만이 아니라 방송, 신문, 연극, 과학 발전 등 다양한 분야에서도 이루어졌는데, 자신들에 대한 '앞선 개발도상국'이라는 자아정체성 확립[11]은 문명적 발전과 함께 정신적 성장을 요구하는 배경이 된 것으로 판단된다.

특히 하건충이 『심계학』心系學, 『팔자심리추명학』, 『천고팔자비결총해』 등을 출판하면서 본격적으로 명리를 활용하여 사람들의 심리를 치료하던 1980년대는 다양한 정치·경제·사회적 변화가 급격하게 분출되던 '전환의 시기'이다. 정치적으로는 발전국가의 성립과 더불어 수십 년 동안 지속되던 권위주의 체제가 붕괴하면서 민주화의 이행이 본격화되고,[12] 경제적으로는 수출지향적 산업화의 다변화와

---

9) 황석만, 「대만 민주화와 변화하는 자본주의 체제」, 『아시아리뷰』 9권 2호, 서울대학교 아시아연구소, 2020, 267쪽.

10) 郭婷玉 외 3인, 신효정 옮김, 앞의 책, 264~304쪽.

11) 김은미, 「대만의 선진국 담론과 대만의 자아정체성」, 『비교중국연구』 1권 2호, 인천대학교 중국학술원, 2020, 74~83쪽.

12) 자발적 민주화운동이 전국적으로 확산되자 국민당 정권은 반대 세력을 억압하지 않고 개혁을 지향하는 조치를 취한다. 1986년 10월 15일 국민당

산업구조조정이 일어나서 기존의 산업화 전략의 중대한 전환이 요구되던 시기이고, 사회적으로는 사회세력(자본과 노동)과 시민사회의 성장에 따라 국가와 시민사회의 관계가 급격하게 재편되던 시기이다.[13]

이러한 대내외적인 상황 변화는 대만인들이 가장 중요하게 생각하는 안정성과 보편성에 대한 가치[14]를 갈망하는 원인이 된 것이다. 하건충이 명리학을 개인의 성격과 심리를 파악하는 현대적인 연구방법으로 발전시킨 것은 격변하는 시대를 살아가는 사람들의 심리적 안정과 치유를 도모하는 사회적 요구에 부응한 것이라 하겠다.

중앙상임위원회는 계엄령 해제안, 신당 설립 금지법 폐지, 비상시기 인민단체조직법 개정안을 통과시키고, 1987년 8월부터 야오지아원(姚嘉文)을 비롯한 정치범을 석방한다. 이러한 조치에 대하여 국민당 정권 내부에서는 기득권 상실에 대한 우려로 국가안보를 명분으로 내세워 정치적 개방을 반대하는 국민당 보수파와 계엄해제의 절충안으로서 국가 안전법의 제정을 대안으로 제시한 국민당 개혁파로 나뉘어진다. 반대 세력인 민진당이 국가안전법을 결사적으로 반대하자 국민당은 다른 정치 현안을 양보하여 1987년 6월 국가안전법이 통과되고, 7월 15일 0시를 기점으로 계엄령이 해제됨으로써 민주화를 촉진하는 계기가 되었다.(안승국, 「동북아에 있어서 선거민주주의의 도래: 한국과 대만의 사례를 중심으로」, 『동서연구』 17권 1호, 연세대학교 동서문제연구원, 2005, 23~24쪽.)

13) 윤상우, 「동아시아 발전국가의 위기와 재편: 한국과 대만 비교연구」, 고려대학교대학원 박사학위논문, 2002, 130쪽.
14) 문혜정, 「문화이론 관점의 제자백가 연구: 한국, 중국, 일본, 대만의 사례를 중심으로」, 동방문화대학원대학교 박사학위논문, 2020, 96쪽.

2. 생애

하건충은 대만의 명리학자로 출생년도와 가족에 관한 정보는 없고 사망한 시기만 알려져 있다. 그에 관한 정보를 얻기 위해 하건충이 다녔다는 국립대만대학교에 두 차례에 걸쳐 도움을 요청하는 이메일을 보냈지만 답신을 받을 수 없었다. 비록 그에 관한 개인 정보는 정확하게 알 수 없지만,『팔자심리추명학』서두를 통해 명리학을 심리학적으로 연구한 목적은 알 수 있다.

> 저자가 처음 팔자를 배울 때는 다른 사람과 마찬가지로 호기심을 품었는데, 자신을 살피고, 신비로운 영혼을 믿고, 팔자를 중심으로 자신의 명을 추산하고자 하였다. 그 결과 팔자로 심리를 분석하는 것이 운명을 헤아리는 것보다 정확하다는 것을 발견했고, 아울러 심령을 분석하는 방법과 원리를 발견하게 되었다.15)

위 내용을 통해 단순한 호기심에서 시작된 명리에 관한 공부가 개인의 심리와 심령을 분석하는 방법과 원리뿐만 아니라 하늘의 도道를 받아들이는 연구에까지 이어졌음을 알 수 있다. 이 문장에서 명리학은 운명의 추산을 넘어 천도의 이치가 담긴 학문임을 말하고 있는데, 「부록2」에서는 다음과 같이 설명하고 있다.

---

15) 何建忠, 『八字心理推命學』, 「自序」, "筆者在初習一八字時, 也像他人-樣, 存著好奇, 關心自己, 相信玄秘的心靈, 想從八字中來算算自己的命, 結果發現八字算心比算命準確, 並發現一套分析心靈的方法及原理."

필자는 젊은 시절에 수학 연구에 힘썼고, 후에 십여 년의 오랜 기간 간지의 체득 및 인사人事의 관찰을 통해 마침내 팔자의 영험한 원인을 발견하여 중국의 첫 번째 심리학인 심계학으로 발전시켰다. 팔자를 추산하는 것에서 심리학으로 발전시키는 과정 중에 나는 팔자가 최고의 점술 도구가 아니고, 운명은 마음에서 생겨난다는 것을 명확하게 이해하게 되었다. 팔자는 사실 인간 개개인의 마음을 직접적으로 통제하는 구조일뿐이고 인류의 운명에 간접적으로 영향을 미칠 뿐이다.16)

인간의 운명은 팔자의 구조에 따라 정해지기보다는 구성된 사주팔자의 심리작용을 어떻게 발현하고 억제하느냐에 따라 결정되기 때문에 자신의 심리작용을 의식하는 것은 운명을 개선할 수 있는 중요한 열쇠가 된다. 나아가 그는 자신의 전공인 수학을 명리학에 접목하였는데, 『팔자심리추명학』에서는 지장간 비율을 수치로 나타내고,17) 또 십간十干에 수치를 대입하여18) 일간의 왕도旺度, 강약용신, 음양용신 등을 구하는 공식을 제시하였다. 이처럼 하건충이 명리를 고정된 추산법칙에 따라 분석한 것은 인간이 사회적 존재로서 살아가면서

16) 何建忠, 『八字心理推命學』, 「附錄2」, "筆者幼年曾致力數學研究, 後研究八字十餘年, 由長年對干支的體悟及人事的觀察, 終於發現八字靈驗的原因, 並將其發展爲中國的第一套心理學-心系學. 而從推算八字到發展心系學的過程中, 我清楚的了解: 八字並非最好的算命工具; 所謂命由心生, 八字其實只是一套直接控制人類個別心性的結構, 並由此間接地影響到人類的命運."

17) 何建忠, 『八字心理推命學』, 第4章.

18) 何建忠, 『八字心理推命學』, 第5章. 하건충은 천간 글자를 1로 정하고, 지장간 속의 천간 글자의 왕도 비율을 사용하여 일간의 강약용신을 취한다. 또 여덟 글자의 음양값을 매기는 음양계분법을 사용해 음양용신을 구한다.

느끼고 얻는 심적인 경험의 내용이 외현적으로 어떤 행동으로 표출되는지 객관적이고 과학적인 방법으로 연구하는 심리학의 목적에 부합시키기 위한 것으로 판단된다.

알다시피 하건충에 관한 자세한 기록은 없지만 인터넷에서 하건충의 행적을 살펴볼 수 있는 자료가 있다.

> 국립대만대학 수학과를 졸업하고 출가하여 스님이 되었다. 그 후 팔자학을 연구하면서 『팔자심리추명학』과 『천고팔자비결총해』를 출판하였다. 또 팔자학을 불교에 결합하여 인간의 심리를 연구하려 하였지만, 속편을 출판하고 얼마 지나지 않아 세상을 떠났기 때문에 그 뜻을 이루지 못하였다.[19]

위의 내용에서 드러난 바와 같이 하건충은 일반인의 신분을 벗어나 스님이 되고, 명리학을 불교 경전과 연결해 연구하고자 하였다. 이 글은 그가 명리를 단순히 심리분석 도구로 활용하는 것에 그치지 않고 천리天理에 이르는 수양 방법으로 발전시키려고 했음을 보여준다. 『팔자심리추명학』에는 이 주장을 뒷받침하는 구절이 있다.

> 필자가 팔자심리학을 연구하여 발명한 후에 이 이론을 불교의 경전과 차례대로 연결하면서 경전 상에서 발현되는 인간의 심리분석이 아주 섬세하고 정교하고 자세하다는 것을 알게 되었

---

19) 네이버, 現代孔明, 2023.02.27, "何建忠的背景與筆者高中同學佛光山釋慧開大師有點類似, 都是台大數學系畢業, 都是後來出家當和尚了. 差別是何建忠研究八字學, 釋慧開大師卻是研究生死學, 上個月筆者女兒出嫁, 他也有出席喜宴, 何建忠於出版續集後不久即過了, 所以他想將佛學與八字學結合起來的心願目標並未完成."

다. 이로 말미암아 부처님의 끝없는 지혜를 살펴보게 되고, 온 마음으로 우러러보게 되었다.[20]

하건충은 인간 심리의 아주 정밀하고 세심한 부분까지 분석하기 위해 자신이 발명한 이론을 불교 경전과 연계하는 연구로 확장하였다. 이는 명리학이 서양심리학의 심리검사가 갖는 자기보고식이라는 한 계점을 해결할 수 있는 단서가 될 수 있음을 의미한다. 명리학이 개인의 기질과 심리상태를 파악하기 위해서는 심리검사처럼 객관적인 기준이 마련되어야 하는데, 하건충은 이 문제를 다음과 같이 말한다.

> 팔자학의 교재를 만들고자 한다. 필자는 지금 가건중심可健中心을 운영하고 있는데, 주요한 직무 항목을 포괄하고 있다. 심성, 능력정밀분석, 심령과 유관한 사항의 선택(예를 들면 어떤 직업에 종사해야 하는지, 인사 관리를 어떻게 세워야 하는지, 국가 경제를 어떻게 추진해야 하는지 등)에 관한 목록이 포함되어 있다. 심리와 일반적인 문제 해결, 마음의 질병 치료, 괴이한 버릇, 좋지 못한 습관, 지치고 괴로움, 신체 질병의 고통, 결혼, 택일, 명을 세움과 팔자 전수 등이 포함된다. 팔자 교육을 위한 적절한 교재를 찾지 못해 직접 이 책을 저술하여 교재로 사용하고자 한다.[21]

---

20) 何建忠, 『八字心理推命學』, 「自序」, "在筆者硏悟發明了『八字心理學』之後, 也逐漸把此理論和佛經相互映對, 發現佛經上對人心的分析亦細亦精亦微, 由此而窺見了佛的無上智慧, 而一心仰望."

21) 何建忠, 『八字心理推命學』, 「自序」, "爲了籌造一本八字學的敎本. 筆者目前主持「可健中心」, 該中心的服務項目包括: 心性·能力精微分析, 與心靈有關的事項之選擇(例如該從事何種職業, 該如何建立人事管理, 國家經濟如何推行……), 解決心理性及一般性疑難, 治療心理性疾病·怪癖·壞習慣·

명리학의 심리분석적 연구는 다양한 형태의 조직운영에 응용되고, 심리치료와 생활개선에 활용될 수 있다. 그가 '可健中心(건강센터)'을 운영하는 이유는 사람들의 심리적 문제를 해결하고자 함이고, 이러한 목적에 맞는 교재를 찾지 못했다는 것은 명리학을 심리분석적으로 발전시킨 연구가 그때까지 미진했음을 나타낸 것이다.『팔자심리추명학』에 있는 '팔자심리 상태 분석표'[22]도 그가 명리학의 심리학적 분석을 심리치료 분야에까지 확장해 나갔음을 보여준 것이다.

3. 학문적 연원

하건충 이론은 학문적으로『주역』을 비롯한 선진유학에 그 연원을 두고 있다. 우선『주역』과 연계성을 살펴보면 다음과 같다.

1)『주역』과 연계성

하건충은 인간의 본원적인 성性을 「계사상」의 '일음일양지위도一陰一陽之謂道'절을 인용하여 전개하고 있다. 천지만물의 근원인 태극太極은 자연에서는 음과 양의 작용으로 드러나는데,『천고팔자비결총해』에서는 다음과 같이 말한다.

困擾·身體的病痛·合婚·擇日·造命及傳授八字; 而在傳授八字中一直找不到適的敎材, 故而手撰本書, 以爲敎本."
22) 何建忠,『八字心理推命學』,「附錄1」.

본원은 무엇인가? 본원은 '무無'이고, 이 무는 '둘'이다. 무는 둘로 나누어지는데, 하나는 음이 되고 하나는 양이 된다. 이것이 '일음일양지위도'이다. 양은 일체를 생하고, 음은 일체를 소멸로 돌아가게 하기 때문에 본원은 무에서 유를 생하고, 유에서 무를 생한다. 이것은 처음으로 돌아가서 하나의 '대원지성'을 이룬다.[23]

우주의 근원인 무극無極에서 음과 양이 나누어지고, 일체는 음양의 소식消息작용을 거쳐 처음인 본래의 성性을 이루게 된다. 음양의 대립적인 관념체계는 자연뿐만 아니라 인간 대부분의 영역으로 확장되었는데, 반대되는 성질이 조화와 상호 합일을 이루면서 천지의 일을 수행하고 덕을 길러낼 수 있게 된다.[24] 그리고 대원지성大圓之性은 『주역』의 본원지성本原之性과 같은 것으로 하늘의 작용이 인간의 본성으로 그대로 품부된 것임을 나타낸다.

여기서 무無는 무극을 의미하는 것으로 보인다. 그 근거는 『주역』「계사상」의 "역易에는 태극이 있고, 이것이 양의를 낳고, 양의는 사상을 낳고, 사상은 팔괘八卦를 낳는다."[25]라는 구절에서 찾을 수 있다. 태극이 양의·사상·팔괘의 근본이 된다는 것은 하건충이 말한 음과 양으로 나누어지는 무無가 태극이라는 것을 의미한다. 태극이

---

23) 何建忠, 『千古八字秘決總解』, 第15章, "本原它是什麼? 本原它既是:「無」. 也是:「二」. 無分爲二, 一者爲陰, 一者爲陽, 此即「一陰一陽謂之道」. 陽者生出一切, 陰者歸息一切, 故而本原由無而生有, 由有而生無, 如此周而復始, 成一「大圓之性」."

24) 신철순, 「『周易』의 陰陽思想 硏究: 先秦兩漢時期를 中心으로」, 원광대학교대학원 박사학위논문, 2012, 158쪽.

25) 『周易』, 「繫辭上」, 第1章, "易有太極, 是生兩儀, 兩儀生四象, 四象生八卦."

무극이라는 근거는 주돈이의 『태극도설』太極圖說과 그에 대한 주자의 해석에서 더욱 분명해진다.

북송의 유학자인 주돈이(周敦頤, 1017~1073)는 『태극도설』 첫 구절에 '무극이태극無極而太極'이라 하고, 또 "오행은 하나의 음양이고, 음양은 하나의 태극이고, 태극의 본원은 무극이다."26)라고 하여, 무극을 태극의 본원으로 밝히고 있다. 이에 대하여 주희는 "하늘이 하는 일은 소리도 없고 냄새도 없으니 실제 조화의 밑둥이고 만물의 근원이다. 그러므로 무극이면서 태극이라고 한 것이지, 태극 외에 다시 무극이 있는 것은 아니다."27)라고 하여, 무극은 인간의 감각기관으로는 느낄 수 없지만 본연의 실체라고 말한다.

무극과 태극의 관계는 통상적으로 주자의 이 해석이 동원되고 있는데, 무극은 무엇보다 태극과 별리해서는 접근할 수 없기 때문이다. 무극은 우주와 만물의 존재 근거이고, 모든 생명체가 활동해 나가는 근원이 된다. 무극은 무상無狀, 무물無物, 무無 등의 용어들과 같은 용어로 해석되고 있는데, 이러한 용어들은 근원으로 복귀하는 도道의 여러 작용을 말한다.28) 따라서 하건충이 우주의 본원을 무극으로 파악한 것은 그의 우주론이 주돈이의 사상에 연원하고 있음을 나타낸 것이다.

또 유무有無의 변화가 처음으로 돌아가서 대원지성이 된다는 것은 『주역』 「계사상」의 "처음에 근원하여 끝을 돌이켜본다. 고로 삶과

---

26) 『太極圖說』, "五行一陰陽也, 陰陽一太極也, 太極本無極也."
27) 『太極圖說解』, "上天之載, 無聲無臭, 而實造化之樞杻, 品彙之根柢也. 故曰無極而太極, 非太極之外復有無極也."
28) 이천수, 「주렴계 사상의 연구: 『太極圖說』을 중심으로」, 원광대학교대학원 박사학위논문, 2021, 53~56쪽.

죽음의 말씀을 안다."29)라는 구절에서 밝힌 우주의 시원始原과 영원
성을 나타낸 것이다. 생과 사, 무와 유의 순환으로 이어지는 천도天道
는 우주의 법칙을 의미하는데, 「계사상」에서는 "음양을 예측할 수
없는 것을 신묘함이라 한다."30)라고 말한다. 태극에서 분화된 음양의
작용은 만물을 신묘하게 하는 우주의 법칙으로 우주의 본원에서 생
겨나는데, 하건충은 「계사상」의 역유태극易有太極절을 인용해 다음과
같이 말한다.

> 태극 이것은 하나의 형태인자로 물질과 사상을 대표할 수 있
> 는데, 단 이것은 구체적인 물질과 사상 자체는 아니고 크게는
> 물질일 수 있고 작게는 물질을 포함할 수 있다. 태극은 하나의
> 집합체로서 넓게는 신神과 도道로 지칭되기도 한다. 우주는 대태
> 극이고, 인간은 중태극이고, 세포는 소태극으로 당연히 높은
> 것은 태극이고, '인흘반人吃飯'과 '양광보조대지陽光普照大地'는
> 각각 하나의 태극을 이룬다. 태극은 분화할 수 있는데, 그 분화의
> 순서는 '태극은 양의를 낳고, 양의는 사상을 낳고, 사상은 팔괘
> 를 낳는 것'이다.31)

태극은 물질과 사상을 대표하는 하나의 집합체로 태극→양의→사

---

29) 『周易』, 「繫辭上」, 第4章, "原始反終, 故知死生之說."

30) 『周易』, 「繫辭上」, 第5章, "陰陽不測之謂神."

31) 何建忠, 『八字心理推命學』, 第3章, "「太極」只是一個形態因子, 可代表任何
物質‧事象, 但不是任何具體物質事象本身, 它要大, 則可大過任何物質; 它
要小, 則可被任何物質含蓋; 它似是一個集合, 它可廣指神及道. 而宇宙若是
大太極, 則人是個中太極, 細胞是個小太極, 當然, 桌子是太極, 「人吃飯」‧
「陽光普照大地」也各成一太極. 太極會分化, 其分化的次序爲: 「太極生兩
儀, 兩儀生四象, 四象生八卦」."

상→팔괘의 순으로 분화한다. 태극은 우주의 본체이고, 인간을 비롯해 지구상의 모든 사상은 대태극이 낳은 소태극이 된다. 이렇게 태극에서 분화된 음양이 우주의 법칙이라면 음양에서 분화된 사상과 팔괘도 태극의 속성을 가진다는 것인데, 『팔자심리추명학』에서는 이 문제를 다음과 같이 설명하고 있다.

> 태극의 분화, 이 도는 우주에 널리 퍼져나가서 만물의 기본원칙이 된다. 다만 주의해야 할 것은 물상 또는 사상도 자체적으로 하나의 태극을 이루는데 이러한 태극들은 본원적 도의 태극과는 같지 않지만 음양, 사상, 팔괘 등이 쌓여서 형성된 태극이기 때문에 마찬가지로 태극의 자격을 가지고 있다. 이러한 연유로 도의 태극이 직접 분화하는 것은 아니다. 옛 성인들은 팔괘를 음양으로 중합시켜 64괘를 만들고 이를 천지의 만사에 대응시켜 그 변화를 연구하였다. 도의 태극에는 무한한 종류의 분화법과 무한한 물상 태극이 성립되는데, 다만 현재 우리가 알고 있는 것은 64괘의 물상 태극으로, 이는 무한한 종류 중에서 우리 인간에게 가장 적합한 것이다.[32]

우주의 보편적 진리인 태극은 분화를 통해 만물을 형성하게 되는데, 만사만물은 태극에서 분화된 음양, 사상, 팔괘가 누적된 것이라서

---

32) 何建忠, 『八字心理推命學』, 第3章, "太極的分化, 是道衍爲萬物的基本原則. 但是要注意的是, 物象或事象也自成一個太極, 它們與初本爲道的太極並不一樣, 但卻同樣的具有太極之資格—是由陰陽或四象或八卦.……累積爲太極, 由此它們不該由道的太極直接分化, 職是之故, 往聖將八卦互相令爲陰·陽相重合, 而成六十四卦, 以應對天地萬事; 此變造的大略情況.……道的太極, 有無限種分化法, 成就物象太極, 只是依目前來看, 六十四卦物象太極, 是無限種中最適切於吾人的."

스스로 태극을 이루지만 본원적 태극과는 다르다. 무한한 태극 중에서 인간에게 가장 적합하면서 인지할 수 있는 것은 64괘의 물상 태극이다. 태극은 음양의 작용으로 드러나고, 음양은 사상으로 작용하고, 사상은 팔괘의 체계로 나누어지고, 팔괘는 음양적으로 중합重合해서 64괘로 펼쳐지기 때문에 64괘를 통해 세상의 변화를 알 수 있는 것이다. 여기서 태극과 음양은 체용體用이 되고, 음양과 사상, 사상과 팔괘, 팔괘와 64괘도 체와 용의 관계로 이루어져 있음을 알 수 있다. 따라서 태극에서 분화된 현상적 작용은 우주의 법칙을 그대로 담고 있다.

하건충은 도道인 태극이 무한 변역33) 즉 분화한다고 보았는데, 이는 「계사하」의 "도는 자주 옮기고 변화하여 머물지 않는다."34)라는 구절에 근원한 것으로 볼 수 있다. 또 인간의 인식으로는 64괘의 물상으로 드러나는 태극이 가장 적합하다고 주장하면서 태극 분화법칙을 다음과 같이 확장한다.

일반인들은 모두 태극의 분화 원칙은 알고 있지만, 태극이 하강해 다시 분화한다는 도道를 알지 못한다. 사실상 일체의 심리 및 심령과 유관한 형태인자 중에는 모두 '태극이 하강한 사실'이 필연적으로 내포되어 있다. 만약 그렇지 않으면 일체의 모든 심리 형태로부터 하나의 '주체'를 찾아낼 수 없다. 이른바 '태극 하강'이란 태극이 많은 동류에 속하는 '형태'로 분화한 후 본래의 태극이 아래로 떨어져서 이러한 형태들과 서로 관계를 맺는

---

33) 정이는 "역은 변역이니 때에 따라 변역해 도를 따르는 것이다.(『伊川易傳』,「周易程子傳序」, "易, 變易也, 隨時變易以從道也.")"라고 해석한다.

34) 『周易』, 「繫辭下」, 第8章, "爲道也屢遷, 變動不居."

것을 말한다.[35]

　태극은 하강한 후 다시 하강하는데, 모든 심리 및 심령과 관련된 형태인자 속에는 반드시 태극이 하강해 있고, 이는 심리 형태에서 주체를 찾을 수 있는 이유가 된다. 태극이 사상四象으로 분화된 후 사상은 태극을 중심으로 작용하는데 이는 어머니를 중심으로 네 명의 자식이 관계를 형성하는 것과 같다. 따라서 현상에서 나타나는 모든 심리 형태에는 주체가 있게 된다. 하건충은 태극이 음양으로 분화한 후 다시 태극이 아래로 내려와서 분화된 음양과 정正·반反·합合 구조를 이룬다고 보았다. 음양은 태극의 가장 기본적인 형태분화의 결과이고, 정·반·합은 하강한 태극의 가장 기본적인 형태분화의 결과가 된다. 이러한 태극 분화와 정·반·합의 관계를 표로 나타내면 다음과 같다.

---

35) 何建忠,『八字心理推命學』, 第3章, "一般人都知道太極分化原則, 但是都不知道, 太極會下降再分化, 事實上一切與心態心靈有關的形態因子中, 都必然遷入了「太極下降」的事實, 否則一切的心態, 都找不到一個「主體」. 所謂「太極下降」, 是太極在分化爲許多同類屬的「形態」後, 太極降落, 與這些形態相互成爲關係."

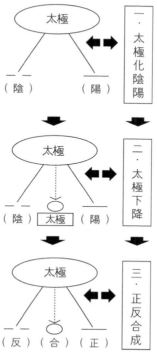

〈표-2〉태극분화와 정·반·합[36]

그리고 음양이 분화되어 생긴 오행의 가장 오래된 경전적 근거는 『서경』「홍범」[37]의 첫 번째 주疇에 나오는데, 오행의 수를 수水·화火

---

36) 何建忠, 『八字心理推命學』, 第3章.

37) 「홍범」은 본래 『서경』의 편명 가운데 하나이지만 성인의 경세를 다루고 있어 일찍이 독립적으로 취급되었고, 자연히 경학사 전반에서 비중있게 다뤄져 왔다. 「홍범」의 핵심은 홍범구주로 요약된다. 오행(五行)-오사(五事)-팔정(八政)-오기(五紀)-황극(皇極)-삼덕(三德)-계의(稽疑)-서징(庶徵)-오복육극(五福六極)의 순서로 이어지는 구주(九疇)는 고대 성인이 펼친 경세의 핵심으로 여겨졌으며, 주희를 비롯한 송대 학자들은 물론 조선시대에 이르기까지 그 영향력이 적지 않았다.(김정철, 「『홍범연의(洪範衍

·목木·금金·토土로 밝히고 있다.[38] 오행은 홍범구주의 핵심 사상이 었는데, 당시 사람들은 오행을 삶의 준칙으로 생각한 듯하다. 그들은 홍범구주에 살아가는 일정한 법칙이 있는 것으로 보았는데, 이것은 오행이 현상계의 물질적인 구조체계를 말한 것이 아니라 인간 삶의 법칙이고, 심신心身 운용의 지침임을 의미한다.[39] 오행에 인간의 마음 작용이 담겨 있다는 것은 오행별로 심리적 특성을 유추할 수 있는 근거가 된다. 하건충은 이러한 오행을 사상과 태극의 조합으로 인식하며 다음과 같이 말한다.

> 태극이 하강해 분화하는 것은 오행의 과정이 되는데, 태극은 먼저 양의로 분화되고 양의가 사상으로 분화된 후 태극이 다시 하강해 분화된 사상과 한 부류를 이루는데 이 다섯은 오행이 된다.[40]

義)』의 구성과 주자학적 특징: 「계의(稽疑)」를 중심으로」, 『한국학연구』 69호, 인하대학교 한국학연구소, 2023, 384쪽.)

38) 『書經』, 「洪範」, "一五行一曰水, 二曰火, 三曰木, 四曰金, 五曰土."

39) 송재국은 "위의 내용은 세 가지로 정리할 수 있는데, 첫째 五行이란 王者의 입장에서 보면 治天下의 大法이요, 民의 입장에서 보면 일상적 삶의 준칙이고, 둘째 오행은 天이 인간에게 내려 준 절대적인 당위이며, 셋째 오행을 어기는 자는 살아남지 못한다는 것이다. 다시 말하면 「五行이란 하늘이 인간에게 내려준 삶의 당위적 질서」인 것이다. 그러므로 유학이 탄생시킨 聖王으로서의 堯·舜은 王事의 이념을 구현하기 위해서 「오행적 사유방식」에 근거하여 治天下之事業을 전개시킬 수 밖에 없었던 것이다." 라 하고, 또 오행을 "인간의 주체성이 발현되는 보편적인 삶의 구조원리"라고 설명하고 있다.(송재국, 「易學에 있어서의 陰陽論과 五行論」, 『인문과학논집』 16권, 청주대학교 인문과학연구소, 1996, 15쪽.)

40) 何建忠, 『八字心理推命學』, 第3章, "太極下降分化爲五行其過程是太極先分化爲兩儀, 兩儀分化爲四象, 太極再下降與四象同成一屬; 此五者即爲五

오행은 사상에 태극이 하강해 성립된 것이고, 오행의 생성에 각각 그 성을 하나씩 가진다. 중국의 송대 유학자인 소강절(邵康節, 1011~1077)은 마음을 태극으로 보고, 『황극경세서』「관물외편」에서 "태극은 움직이지 않으니 성性이다."[41]라 하고, 또 "사람은 천지 가운데 있고, 마음은 사람 가운데 있다."[42]라고 하여, 태극은 적연부동寂然不動한 것이기 때문에 천지로부터 부여받은 본성도 변하지 않음을 밝히고 있다. 태극은 인간의 본성으로 구현되기 때문에 천지의 변화 작용인 음양과 오행을 통해 인간의 심성을 알 수 있게 된다.

하건충은 오행을 인간의 심리를 분석하는 최고의 도구로 보았다. 인간의 심리를 분석한다는 것은 주체적 자아의 특성을 해석하는 것인데, 자아는 평상시에 느끼기 어렵기 때문에 그 속성에 관한 이해가 필요하다.

> 자아에는 두 종류의 다른 속성이 있다. 첫째, '자아'는 나의 전부를 대표하는데, 예를 들면 '나의 감정', '나의 신체', '나의 지혜' 등이다. 둘째, '자아'는 '주체적 자아'가 될 수 있으므로 다른 심리 형태 모두는 자아와 관계를 발생시킨다. 예를 들면, '나는 생각한다.', '나는 원한다.', '나는 하고 싶다.' 등이다. 이 두 종류의 속성은 오행 중의 태극의 의미와 완전히 같다. 왜냐하면 오행 중의 태극도 두 종류의 다른 속성을 포함하고 있기 때문이다. 첫째, 태극은 오행 전부를 포함하고 있다. 왜냐하면 사상은 태극 분화로 된 것이고, 태극 하강 중의 태극은 태극 자신이기

行."

41) 『皇極經世書』, 「觀物外篇上」, "太極不動性也.……寂然不動."

42) 『皇極經世書』, 「觀物外篇上」, "人居天地之中. 心居人之中."

때문이다. 둘째, 태극은 오행 중에서 주체가 되어서 다른 사상과의 관계를 발생시킨다. 바꾸어 말하면, 토가 주체가 되어 토생금, 토극수 등의 관계를 발생시키는 것이다.[43]

심리학의 주요 명제인 '자아'에 두 종류의 다른 속성이 있는데, 이 속성은 오행 중의 태극의 의미와 같다. 자아는 개인을 온전히 대표하고 주체적 자아이기 때문에 심리적 작용을 일으킬 수 있는 것처럼 태극도 오행의 모두를 함유하고 오행의 주체가 되기 때문에 다른 사상四象과 생·극 작용을 일으킬 수 있다. 이런 연유로 태극 하강으로 오행이 성립되는 도리와 인간의 심리구조는 상호 관련성이 있게 된다.

명리학이 우주의 진리이자 도道를 근본으로 하는 학문임을 증명하기 위해서는 간지의 연원을 밝혀야 한다. 하건충은 십천간과 십이지지가 도道와 관계있다고 보았는데, 간지干支는 명리학의 가장 핵심적인 개념이기 때문에 간지의 연원이 우주의 보편적 진리인 도와 부합된다면, 명리학을 도구로 활용하여 선진유학에서 논하고 있는 인간 본성 회복과 심리학에서 다루고 있는 심리치유와 정신병리 등의 문제를 해결하는 방안을 마련할 수 있게 된다.

---

43) 何建忠, 『八字心理推命學』, 第3章, "但是我們知道「我」這個字有兩種極爲不同的屬性: A.「我」可代表「我之全部」, 例如說「我的感情」·「我的身體」·「我的智慧」……. B.「我」可當成「主體的我」, 其它心質都可與這個「我」發生關係, 例如「我想」·「我思」·「我要」……. 而這兩種屬性, 卻與五行中的太極意味完全相同, 因爲五行中的太極也包含兩種截然不同的屬性: A.此太極包含了五行之全部(因四象爲太極所分化, 而太極下降中的太極, 是太極自身). B.此太極可爲五行中的主體, 而和其它四象發生關係, 換句話而言, 土爲主體, 土可生金·土可尅水……."

하건충에 따르면, 십천간은 오행이 음양으로 분화되어 형성된 것이고, 십이지지는 사상四象이 음양으로 분화한 다음 각 사상에 소태극이 하강해 형성된 것이다. 이렇게 태극 하강으로 천간과 지지가 형성되면 이 또한 음과 양의 속성을 지니게 되는데, 이것은 인간의 기질을 파악하는 근거가 된다. 이 문제를 『팔자심리추명학』에서는 다음과 같이 말한다.

> 천간은 양이 되고, 지지는 음이 되는데, 양은 자동적으로 주동적이고, 음은 자연히 피동적이다. 주동자에게는 당연히 주인이 존재해 대태극이 하강하게 되고, 피동자에게는 주인이 없기 때문에 대태극의 하강이 없게 된다.[44]

천간은 양이므로 주동적인 성격을 띠고, 지지는 음이므로 피동적인 성격을 지닌다. 이것은 양의 성향이 강한 사람은 주동적·적극적이고, 음의 성향이 강한 사람은 수동적·소극적이라고 유추하는 근거가 된다.

태극하강으로 생긴 십천간과 십이지지의 분화도를 표로 나타내면 다음과 같다.

---

44) 何建忠, 『八字心理推命學』, 第3章, "當然是因爲天干爲陽, 地支爲陰; 爲陽者自動主動, 爲陰者自然被動, 而主動者, 當然有「主」在, 也自然有大太極下降, 而被動者, 沒有「主」在也自然沒有大太極下陣, 綜合此些情況, 天干數爲十, 地支數爲十二是最適切的."

〈표-3〉 십천간의 창립 과정

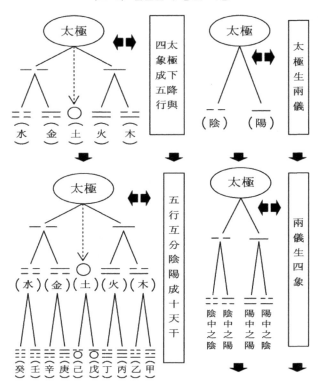

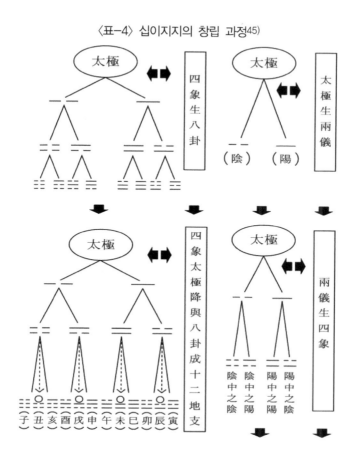

〈표-4〉 십이지지의 창립 과정[45]

2) 선진유학과 연계성

하건충은 천간과 지지를 정치형태로 파악하고 있는데, 이는 공자·맹자·순자가 말하는 인격적 완성과 다르지 않다. 그래서 십천간과 십이지지를 다음과 같이 설명하고 있다.

___

45) 何建忠, 『八字心理推命學』, 第3章.

십천간으로 나누어지는 법은 정치의 '중앙집권'과 같아서 하나씩 분화되는 사람 모두와 지도자(태극)는 관계를 맺게 된다. 그리고, 십이지방으로 나누어지는 법은 정치의 '지방자치'와 같아서 각 지방은 서로가 단결 및 자치를 할 뿐만 아니라, 각 지방 모두 한 사람의 지도자를 갖게 된다. 사실상 하나의 훌륭한 정치는 '집권'과 '자치' 모두를 중시해야 하고, 아울러 그들은 마땅히 적절한 조화를 이루어야 한다.46)

천간은 중앙집권과 같고 지지는 지방자치와 같아서 지도자와 백성 간에 형성되는 관계가 달라진다. 비록 이들 간에 관계 형성이 다르지만 천간과 지지의 연원은 태극이므로 이들은 따로 존재하는 것이 아니라 조화와 중용을 이루어야 한다. 이는 인간의 심리를 해석할 때 사주 내의 글자들이 상징하는 음양과 오행의 조화와 중용을 살펴야 함을 나타낸 것이라 하겠다. 조화는 선진유학에서 강조하는 중요 개념으로, 공자는 "내면의 질박함이 외면의 문채를 이기면 야野하고, 문채가 질박함을 이기면 겉모습만 화려하니, 문채와 질박함이 조화를 이룬 뒤에야 군자이다."47)라고 하여, 도덕의 실천이 조화에 있음을 강조하고 있다. 맹자는 조화를 천시·지리·인화로 논하고 있는데 다음과 같다.

---

46) 何建忠, 『八字心理推命學』, 第3章, "十天干的分法, 好似政治中的「中央集權」, 每個被分化的人都要與領導者(太極)成關係; 而十二地方的分法, 好似政治中的「地方自治」, 由各地方互相團結·自治, 並且讓各地方都有一個領導人. 事實上, 一個完美的政治, 「集權」與「自治」都得重視, 並且應將它們適度的調和."

47) 『論語』, 「雍也」, "質勝文則野, 文勝質則史, 文質彬彬然後君子."

천시는 지리만 못하고, 지리는 인화만 못하다. 삼 리의 성과 칠 리의 외곽을 포위해서 공격해도 이기지 못하는 경우가 있다. 포위해서 공격하는 것은 반드시 천시를 얻었기 때문이다. 그런 데도 이기지 못하는 것은 천시가 지리만 못하기 때문이다. 성이 높지 않은 것도 아니고, 못이 깊지 않은 것도 아니고, 무기와 갑옷이 견고하고 예리하지 않은 것도 아니고, 쌀과 곡식이 많지 않은 것도 아닌데 버리고 떠나가니, 이는 지리가 인화만 못하기 때문이다.[48]

전쟁에서 승리하려면 날씨나 계절이 적당한 때를 선택해 공격이나 방어해야 하고, 땅의 형세를 이용해 작전을 펼쳐야 하고, 지도자와 백성들이 단합된 마음으로 조화를 이루어야 한다. 이 셋 중에서 인화 人和가 가장 중요한데 아무리 천지의 도움이 있어도 서로 간의 조화와 화합하는 마음이 없으면 목표한 일을 달성할 수 없기 때문이다. 이 구절을 『맹자집주』에서는 "천시는 시일의 지간支干에 대한 고허 孤虛와 왕상旺相같은 등속을 이르고, 지리는 지형의 험조함과 성지의 견고함이고, 인화는 민심의 화和함을 얻음이다."[49]라고 해석한다. 천시를 얻음은 계절과 날을 상징하는 간지의 조화가 도움을 주는 것을 말하는 것으로 이는 앞서 하건충이 천간과 지지의 구조를 정치에 비유하여 조화를 강조한 것과 상통하는 것이라 하겠다.

---

48) 『孟子』, 「公孫丑章句下」, "天時不如地利, 地利不如人和. 三里之城, 七里 之郭, 環而攻之而不勝, 夫環而攻之, 必有得天時者矣. 然而不勝者, 是天時 不如地利也. 城非不高也, 池非不深也, 兵革非不堅利也, 米粟非不多也, 委 而去之, 是地利不如人和也."
49) 『孟子集註』, 「公孫丑章句下」, "天時謂時日支干孤虛王相之屬也, 地利險阻 城池之固也, 人和得民心之和也."

또 순자는 강한 나라를 건설하는 것을 명검名劍 제작에 비유하였다.[50] 명검은 쇠의 질, 주형鑄型, 대장장이의 기술, 불의 강도 등 모든 조건이 조화를 이루었을 때 만들어지듯이, 강한 나라가 되기 위해서는 훌륭한 군주와 지세地勢, 그리고 백성들의 조화가 뒷받침되어야 한다. 조화를 통해 나라를 부강하게 만들려는 순자의 이론은 개인의 사주팔자 구조를 정치에 비유하며 조화를 강조한 하건충의 이론에 영향을 끼쳤음을 짐작할 수 있다. 하건충은 명리를 개인의 운명을 논하는 도구가 아니라 인간의 본성을 파악하고 선진유학에서 강조하는 덕목을 실천하도록 이끄는 학문으로 인식하였는데, 다음 구절에 잘 나타나 있다.

> (심리를 분석하는 방법과 원리를) 통해 사람의 본성을 살펴보게 되었고, 또 사람이 세상의 주요 목적에 이르는 법을 계발하게 되었다. 여기, 이것은 자신을 내던지고, 명예와 이익에 대한 집착을 버리고, 사사로움이 없고, 무아이고, 타인을 사랑하고, 관대하고, 평범하고, 겸손하고, 천지와 합일하고, 천도를 받아들이는 것이다.[51]

인간의 궁극적인 목적은 도의 완성으로 탈이기脫利己, 애인愛人, 무사無私, 관대, 겸손, 천인지天人地 합일을 통한 천도天道 즉 천명을 받

---

50) 『荀子』,「彊國」, "彼國者, 亦彊國之剖刑已. 然而不敎誨, 不調一, 則入不可以守, 出不可以戰. 敎誨之, 調一之, 則兵勁城固, 敵國不敢嬰也."

51) 何建忠, 『八字心理推命學』, 第3章, "且由此窺見人的本性, 並悟及人到世上的主要目的, 是在. 丟棄身, 名, 利之執, 能無私, 無我, 愛人, 能寬大, 平凡, 謙卑, 能與天地合一, 天道相接. 而本書的著作, 即是筆者十餘年來硏究八字學術所悟得的道理之公開, 其中所希望的當是「有福同享, 閱者得益」."

아들이는 것을 내용으로 한다. 이것은 공자·맹자·순자가 주장하는 군자의 덕목과 같은 것으로 그의 이론이 선진유학에 연원하고 있음을 말해주는 것이라 하겠다. 이 구절을 통해 하건충이 개인의 성격과 심리를 분석하기 위해 다양한 원리와 방법을 계발한 것은 단순히 개인의 특성만 파악하려는 것이 아니라 인간 본유의 착한 성性을 확대하고 발전해 나가는 방법을 모색하려 했음을 짐작할 수 있다.

한편, 하건충은 자신의 독창적인 이론의 성과를 반자단의 공으로 돌렸다.[52] 그의 새로운 이론과 발명이 반자단의 선행연구로부터 영향을 받았다는 것은 반자단에서 시작된 명리학과 심리학의 학제 간 연구가 하건충에 이르러 한층 더 발전하였음을 보여주는 것이다. 이는 학문적 연원이 같다는 것을 의미하기 때문에 반자단의 사상이 어떤 학문에 근원하고 있는지 살펴볼 필요가 있다.

무릇 모든 학문적 이론은 복희에서 처음 시작되어 각각 성과 명을 바르게 하였다. 역경은 최고의 책으로 문왕과 주공이 괘사와 효사를 달았는데 이것은 아주 중요한 역할을 한다. 천명을 깨달아 즐기면서 이에 순응함은 공자가 계승하여 선양하였고, 죽음과 삶이 모두 천명에 달려 있음을 자하가 앞서 말하였다. 위험한 담장 아래에 서 있지 않은 맹자는 지혜롭고 원만하다. 만물이 부여받은 것은 성이고, 음양은 어긋남이 없고, 하늘이 부여한 것은 명이고, 오행은 승권한다. 주자의 주역본의는 천도를 받들어 정밀하게 연구한 것이다. 길흉과 회린은 사람에게 모두 있는 것이고, 진퇴와 존망에 응하는 방책은 모자라거나

---

52) 何建忠, 『八字心理推命學』, 「感謝」, "本書部份理論的發明成就, 應歸功於 水繞花堤館主的『命理新義』 一書之啟發. 而若沒有干支先師撰善指引, 本 書亦不能順利完成. 筆者謹以最大誠心, 感謝這些燃燈人."

흠이 없다. 옛사람의 교훈이 밝게 빛나는데 마음을 다하여 정성
스럽게 간직하지 않을 수 있겠는가. 군자는 천명을 알고 이치에
맞지 않는 생각을 모두 덜어내고, 근본과 평소의 행실에 힘쓰니
행복이 오래도록 이어진다. 천명을 아는 방법은 반드시 선인들
이 남긴 책을 읽는 것이다.[53]

위 내용은 반자단의 사상이 『주역』을 비롯한 선진유학에 근본을
두고 있음을 알 수 있는 문장이다. 명리학은 하늘로부터 부여받은
성性과 명命의 이치를 알고 천도를 받들어 실천하는 방법을 알려주는
학문이다. 지천명知天命의 방법으로 유학자들의 책에 대한 탐독을 제
시한 것은 명리학이 인간의 마음공부를 기반으로 나아가야 함을 말
한 것이다. 반자단의 이러한 사상은 앞서 논한 하건충 이론이 『주역』
과 선진유학에 연원하고 있음을 뒷받침하는 근거가 된다.

4. 기본사상

하건충은 명리학이 인간의 심리구조와 시공간의 흐름에 따른 심리
변화를 연구하는 학문이라는 사상 아래 자신만의 독창적인 이론을
전개하였다. 그는 다양한 심리분석법과 원리를 제시하였는데, 일간
주체적 자아론과 그에 따른 일간 진입의 법칙, 인간 심리의 다양성을

---

53) 水繞花堤館主, 『命學新義』, 「新命學四字經」, "凡百學術, 伏羲最先, 各正
性命. 易經首篇, 文周繫辭, 乃是中堅. 樂天知命, 孔子承宣, 死生有命, 子夏
言前. 巖墻不立, 孟子智圓. 物受為性, 陰陽不忒, 天賦為命, 五行乘權. 朱子
本義, 堪供精研. 吉凶晦吝, 人皆有焉, 進退存亡, 應策十全. 古訓煌煌, 能不
拳拳. 君子知命, 妄念悉蠲, 務本素行, 幸福綿延. 知命之法, 須讀遺編."

설명하는 복합성과 결합 십성, 사주팔자를 성星과 궁宮의 원리로 파악하는 궁성론 등이 있다.

1) 일간 주체적 자아론

일간 주체적 자아론은 일간이 개인을 대표하는 자아의 속성을 지닌다는 것이다. 하건충은 사주 구조를 통해 인간의 심리를 명리학적으로 분석할 수 있다고 보았는데, 사주 구조에 대한 심리학적 분석은 인간이 본유적으로 갖추고 있는 성性을 파악하는 단서를 제공한다. 그에 따르면, 하늘과 땅 사이에는 마음에 매여져 있는 학문 즉 심리학이 존재하는데, 천지간에는 인간의 마음이 있고, 인간의 마음작용은 십천간의 운행 법칙에 따라 일어난다.[54] 이때 일간은 개인의 정신적·육체적 주체 자아이면서 본성적 자아를 대표한다.[55] 일간이 정신적 주체 자아라는 것은 개인의 사고와 감정을 그대로 담지하고 있다는 뜻으로 한 개인의 심리작용을 이해하는 중요한 단서가 된다.

정신적 자아는 현상세계에서 육체적 자아의 행위를 통해 드러나기 때문에 체용體用의 관계로 볼 때 정신적 자아는 체體가 되고 육체적 자아는 용用이 된다. 체용 관계는 음양의 관계와 같은데, 정신적 자아

---

54) 何建忠, 『八字心理推命學』, 「自序」, "爲了再次闡澤在八字及天地間所存在的學問『心系學』. 記得民國六十八年四月筆者曾手著 『心系學的預設與試探』一書, 該書在闡明兩項事情, 其一爲天地間有一個『心系學』的存在, 其二爲十連因子(卽十天干) 是『心系學』中運作的主角."

55) 何建忠, 『八字心理推命學』, 第6章, "一個八字的日干有三種特性: 其一它可當成精神主體我, 其二它可當成肉體我, 其三它可當成其所値天干特性的我(例如日干是癸, 卽可以代表癸的心性, 命運事象當我, 下章再提及) 這三種我中「肉體我」是附屬的."

는 육체적 자아와 상호의존적인 관계에 있으면서 조절할 수 있는 위치에 있다. 그 내용을 살펴보면 다음과 같다.

　　주체적 자아는 기묘한 것이라서 어느 곳이든 모두 진입할 수 있지만 그것이 어떻게 진입하든지 상관없이 두 개의 원칙에 부합된다. 하나는 그것의 진입은 유일성을 가지고 있어서 동시에 두 종류 이상의 사물에 진입할 수 없다. 다른 하나는 그것의 진입은 시간을 다르게 해서 한층 한층씩 다른 층차의 사물에 진입할 수 있다. 예를 들면, 사람은 화를 내는 것과 동시에 이지적일 수는 없다(제1원칙에 부합). 하지만 이지적인 방법을 통해 화를 낼 수는 있다(제2원칙에 부합). 또 다른 예로, 사람은 감각기관의 세계를 중시하면서 동시에 신을 믿는 마음을 가질 수는 없지만(제1원칙에 부합), 감각기관의 세계를 통해 신을 설명할 수는 있다(제2원칙에 부합). 주체적 자아가 위의 두 가지 원칙에 부합한다는 것은 자연히 팔자의 주체인 일간이 반드시 그것을 준수해야 한다는 것을 뜻하고, 일간이 이 두 가지 원칙을 준수하기 때문에 일련의 '일간 진입 원리'를 구성할 수 있는 것이다.56)

일간진입의 법칙은 주체적 자아인 일간이 하나의 성星이나 궁宮으

---

56) 何建忠, 『千古八字秘決總解』, 第3章, "「主體我」是一個奇妙的東西, 它無孔不入, 但是不管它如何「進入」, 總會符合兩個原則: 一它的「進入」, 是唯一的, 不會同時進入兩種以上的事物. 二它的「進入」, 却可以在不同時間一層一層的進入不同層次的事物. 舉例來說: 一個人不可能同時是發脾氣及理智的(合乎第一原則), 但它却能夠用「理智」的方式來「發脾氣」(合乎第二原則). 又如: 一個人不可能同時 是「重感官」且「信神」的(合乎第一原則), 但却能夠 「以感官世界」來說明「神」(合乎第二原則). 「主體我」所合乎的這兩個原則, 自然就是八字的主體—日干所要遵循的, 而日干因爲遵循了這兩個原則, 也就構成了整套的 「日干進入原理」."

로 진입하는 것을 말한다. 이때 시간 간격을 두고 다음 성이나 궁으로 이동하는데, 특정 심리나 행위의 발현은 각 십성을 대표하는 특성이 동시에 일어나는 것이 아니라 짧은 순간이라도 시간 차이를 두고 일어나기 때문이다. 이는 사건이나 사물에 대한 개인의 반응이 다양하게 나타나는 이유를 설명해 주는데, 최왕규는 이 원리를 단일한 에너지 복합체인 인간의 사주가 에너지 간에 역동적으로 상호작용함을 보여준 것이라고 말한다.[57] 에너지는 시공간의 이동을 통해 전해지는 것이므로 일간의 중심적인 에너지가 다음 행동의 에너지로 전환되기 위해서는 하건충이 말한 시차를 두고 단계별로 진입하는 것이 타당하다.

이처럼 일간이 다른 성이나 궁으로 이동할 때는 전입과 도입의 과정을 거치게 되는데 그 원리는 다음과 같다.

> 만약 일간이 어떤 십성에 진입한 상태에서 다시 다른 십성으로 진입할 때는 통상 두 종류의 진입 방법이 있다. 1. 원래 십성 위에 자리한 천간 십성(원래 십성이 지지에 있는 경우), 원래 십성 아래에 자리한 지지 십성(원래 십성이 천간에 있는 경우). 2. 원래 십성과 같은 명칭의 궁에 자리한 십성; 예를 들어 원래 십성이 식신이라면 식신궁(월간)에 있는 십성으로 진입하고, 원래 십성이 정인이면 정인궁(년지) 내의 십성으로 진입한다. 위의 두 가지 진입 방법 중 첫 번째 방법은 전입이고, 두 번째 방법은 도입이라 말한다.[58]

---

57) 최왕규, 앞의 논문, 56~59쪽.
58) 何建忠, 『千古八字秘訣總解』, 第3章, "若日干在某一層次已進入某一十星, 則其再進入下一層次的十星, 通常有兩種方式: 1.原十星坐上的天干十星(如果原十星是在地支), 或原十星坐下的地支 十星(如果原十星是在天干). 2.與

일간이 어떤 심리를 나타내는 십성으로 진입한 후 해당 십성의 위 혹은 아래의 자리로 이동하는 것을 전입이라 하고, 해당 십성이 나타내는 궁에 자리한 성으로 이동하는 것을 도입이라 한다. 부연하면 어떤 심리를 나타내는 성으로 진입한 후 해당 십성의 천간이나 지지에 해당하는 십성으로 전입할 수 있고, 또 해당 십성과 같은 궁에 있는 십성에 도입할 수 있다. 이에 관한 예시를 살펴보면 다음과 같다.

〈표-5〉 전입과 도입

시			일			월			년		
정관			일간			편관			겁재		
甲			己			乙			戊		
戌			丑			丑			申		
겁재			비견			비견			상관		
辛	丁	戊	癸	辛	己	癸	辛	己	戊	壬	庚
식신	편인	겁재	편재	식신	비견	편재	식신	비견	겁재	정재	상관

위 명조의 일간은 기己토이고 십성은 정인이다. 일간의 첫 마음이 일간 기己토로 진입하면 다음으로 일지 축丑토 중 계癸수 편재, 신辛금 식신, 기己토 비견으로 전입할 수 있고, 일간 기己토에서 정인궁에 있는 신申의 지장간인 무戊토 겁재, 임壬수 정재, 경庚금 상관으로 도입할 수 있다. 또 일간이 시간 갑甲목 정관 심리로 진입하면 다음으로 술戌토의 지장간인 신辛금 식신, 정丁화 편인, 무戊토 겁재로 전입할 수 있고, 정관궁에 자리한 월지 축丑토 중 계癸수 편재, 신辛금 식신,

---

原十星同名稱的宮, 裏面之十星; 例如原十星爲食神, 則找食神宮(月干)內的十星, 又如原十星爲正印, 則找正印宮(年支)內的十星. 如果原十星進入下一十星所用的方式是第1種, 我們給這種「進入」特別稱爲「傳入」, 如果原十星進入下一十星所用的方式是第2種, 則我們給這種「進入」稱爲「跳入」."

기己토 비견으로 도입할 수 있다.

2) 결합 십성과 복합성

하건충은 결합 십성과 복합성을 주장하였다. 결합 십성은 인간의 보편적 심리와 행동적 특성이 둘 이상의 십성이 결합되어 나타나는 것이고, 복합성은 월간과 시간이 일간에 자리한 십성의 영향을 받는 것이다. 결합 십성은 일상생활에서 맞이하는 사건과 사물에 대한 반응으로 작용해 사람들과의 관계 형성에 영향을 미친다. 예를 들어, 상관과 겁재 심리의 결합은 타인의 잘못을 들추어내어 시비를 거는 마음으로 작용하는데, 그 연유를 다음과 같이 설명한다.

> 상관은 신선함을 추구하기 때문에 타인의 감춰진 사적인 일을 끊임없이 들추어내어 과장하고, 겁재는 강렬한 행동력 및 조작 욕구로 인해 타인의 안녕을 파괴하는데, 이 둘의 결합은 장차 대환란을 만든다.[59]

상관은 새로운 것에 대한 호기심이 가득하고 표현이 과장된 특성을 보이고, 겁재는 성격이 급하고 강렬한 조작의 욕망이 있다. 그래서 상관과 겁재 심리가 결합하면 타인의 일을 가십거리로 전락시키면서 화禍를 불러오는 언행을 할 확률이 높아지게 된다.

또 직업적 특성을 설명하는 단서가 되는데, 직업마다 요구되는 성

---

59) 何建忠, 『八字心理推命學』, 第7章, "傷官是爲求新鮮·誇大不停的揭發人的隱私, 劫財是以強烈的行動力及操作慾, 破壞別人的安寧, 這二者之結合將造成大禍亂."

격적 특성은 직무수행과 직업 만족도에 영향을 미친다. 예를 들어 군인은 겁재와 칠살(편관) 심리가 결합되어야 직업적 성취가 높아지게 되는데, 그 이유는 다음과 같은 특성이 작용하기 때문이다.

> 강력한 행동력, 공격력, 조작력, 용맹성이 있으려면 겁재가 없이는 불가하고, 강렬한 불굴의 의지와 엄격한 규율이 있으려면 칠살이 없으면 불가하다. 따라서 군인의 특성은 겁재와 칠살이다.[60]

군인은 용맹성, 공격성, 강한 행동력, 엄격한 규율성과 함께 늘 목표를 마음에 담아두면서 꺾이지 않는 의지가 있어야 한다. 군인이라는 직업에 대한 직무 만족도가 높기 위해서는 목표한 일은 바로 행동에 옮기고, 강렬한 조작의 욕망이 있고, 피를 보는 것을 두려워하지 않는 겁재 심리와 어렵고 힘든 일에 굴복하지 않고, 권위적이고 기백이 넘치지만 자제력과 절제력이 있는 편관 심리가 결합되어야 한다.

이렇게 십성의 결합으로 특정한 행동뿐만 아니라 직업적성을 논하는 것은 개인을 종합적으로 이해하는 근거가 된다. 왜냐하면 인간의 행동은 복잡한 심리적 결합으로 나타나고 직업적성도 한 가지 성격적 특성으로 규정하기 어렵기 때문이다.

또 하건충은 일간과 십성의 조합을 통해 복합성의 진의를 파악하였는데, 이는 개인의 주성격과 부성격을 파악하는 중요한 요인이 된다. 복합성은 일간과 일간의 작용을 받는 십성의 혼합을 분석하기

---

60) 何建忠, 『八字心理推命學』, 第7章, "要有強烈的行動力·攻擊力·操作力·勇猛性非有劫財不可; 要有強烈不屈的意志·嚴格的紀律, 非要有七殺不可, 因而軍人特性是劫財加七殺."

때문에 일간의 십성 종류를 파악할 필요성이 대두된다. 그는 이 문제를 각 궁의 위치에 맞게 천간의 십성 글자를 배치한 '궁위宮位 원리 이론'으로 설명하는데, 일간은 정신과 육체의 주체적 자아이고, 경庚 금도 주체적 자아를 대표하므로 일간은 주체궁이면서 경庚궁이 된다는 것이다.61) 여기서 왜 일간궁을 경庚궁으로 두는지에 대한 이론적 근거가 필요하다. 이에 대하여 하건충은 『적천수』에서 논한 십간론十干論과 십성 특성을 연계하여 다음과 같이 설명한다.

> 1. 십천간 중 갑甲·을목乙木만이 생장하는 유기체이고, 인간은 신체만이 성장하는 유기체이다. 신체는 십성 중에서 정재·편재를 가리키고 갑甲·을목乙木과 대응한다. 또 정신적 주체 자아는 육체와 밀접하게 결합되어 있는데 이러한 정황은 을경乙庚합으로 설명될 수 있다. 따라서 정재는 을목乙木이 되고, 경금庚金은 주체 자아가 되고, 갑목甲木은 편재가 된다.
> 2. 십천간 중 병丙, 정화丁火는 빛을 상징하므로 모든 사람들이 그것을 받아들인다. 이것은 보편성이 있는 것으로 십성 중에는 정관·편관이 보편성을 지닌다. 따라서 병丙, 정화丁火는 정관과 편관이 되는데, 경금庚金과 비교하면 정화丁은 정관, 병丙은 칠살이 된다.
> 3. 십천간 중 무戊, 기토己土는 태극하강의 본체이므로 종합성, 중용성, 도성道性을 지닌다. 이는 십성 중에 정인·편인이 지닌 귀일성歸一性, 함양성涵養性, 종교성과 유사하다. 토土가 지닌 중후성도 정·편인만이 갖고 있다.

---

61) 何建忠, 『千古八字秘決總解』, 第2章, "所謂「宮位」自然是指, 八字中每個 干支字所具有的獨立屬性. 例如八字中的日干字是代表「精神主體我」(也可 代表「肉體我」及「自性我」); 通常我們可稱它爲「主體宮」或「我宮」, 而由於 十干中, 庚金也可代表「主體我」, 故而日干又可稱爲「庚宮」."

이들을 경금庚金주체와 비교하면 기己는 정인, 무戊는 편인이 된다. 4. 십천간 중 경庚, 신금辛金은 강경하고 강건하여 십성 중의 비견·겁재와 대응된다. 이들을 경금庚金주체와 비교하면, 경금庚金은 비견, 신금辛金은 겁재가 된다. 5. 십천간 중 임壬, 계수癸水는 유동적이고 비안정적이라서 십성 중의 식신 ·상관과 대응된다. 이들을 경금庚金 주체와 비교하면, 임수壬水는 식신, 계수癸水는 상관이 된다. 6. 천간이 대표하는 십성의 관계는 십천간 간의 관계와 완전히 일치된다. 예를 들면, 계수癸水는 정화丁火를 극하는데 이는 곧 계수癸水가 대표하는 상관이 정화丁火가 대표하는 정관을 극한다는 의미도 되는 것이다.[62]

위에서 언급한 내용을 정리하면, 갑甲과 을乙은 생장할 수 있는 유기체이기 때문에 육체를 나타내는 재성에 해당되고, 정신적 주체인 경庚금과의 음양 구분에 의해 갑甲은 편재, 을乙은 정재가 된다. 병丙과 정丁은 세상을 비추는 빛으로 보편성을 의미하기에 관성에 해당되고, 경庚금과 음양 구분에 의해 병丙은 편관, 정丁은 정관이 된다. 무戊와 기己는 태극 하강의 본체이고 중용과 덕성을 겸비하고 있으므로 인성에 해당되고, 경庚금과 음양 구분에 의해 무戊는 편인, 기己는 정인이 된다. 경庚과 신辛은 강경한 특성으로 비겁에 해당되고, 경庚금과의 음양 구분에 의해 경庚은 비견, 신辛은 겁재가 된다. 임壬, 계癸는 이동이 많고 안정적이지 못해서 식상에 해당되고, 경庚금과 음양 구분에 의해 임壬은 식신, 계癸는 상관이 된다. 이들의 관계를 표로 나타내면 다음과 같다.

---

62) 何建忠, 『八字心理推命學』, 第7章.

〈표-6〉 일간에 위치한 천간의 십성 명칭63)

천간 명칭	甲	乙	丙	丁	戊	己	庚	辛	壬	癸
십성 명칭	편재	정재	칠살	정관	편인	정인	비견	겁재	식신	상관

다른 한편으로 일간궁을 경庚궁으로 두는 것에 이견異見들이 있지만 필자는 위에서 설명한 논리에 따라 경庚궁으로 파악하는 것이 타당하다는 입장이다. 그 이유는 인간 마음의 구조와 기능을 설명하는 심리학에서 찾을 수 있다. 인간은 정신세계의 핵심인 자기(self)를 지니고 있는데 이것은 의식과 무의식을 아우르는 하나로서 자신의 전부를 뜻한다. 우리가 말하는 자기실현은 자기원형(Archetypus des Selbst) 즉 무의식에 존재하면서 개인이 그의 자신이 되게 하는 근원적인 가능성을 자아의식이 받아들여서 실천에 이르게 하는 능동적인 행위를 말하는데, 이 과정에 자아의 결단, 용기, 인내심이 반드시 필요하기 때문이다.64) 이는 자아가 강건하고 주체적인 속성을 지니고 있다는 것으로 십간에서 경庚금이 주체적 자아가 되는 이유와 상통한다.

이처럼 하건충이 제시한 법칙에 따라 일간의 십성을 파악하면 일간과 대응하는 십성의 특성을 세분화할 수 있는데, 이에 관하여 다음과 같이 말한다.

실제 팔자를 분석할 때 우리가 직면하는 형태는 단순한 십성이 아니라, 두 종류의 십성이 혼합된 것들인데, 이러한 두 종류의

---

63) 何建忠, 『八字心理推命學』, 第7章.
64) 이부영, 『분석심리학: C.G. 융의 인간심성론』, ㈜일조각, 2011, 113~141쪽.

십성이 혼합된 것을 통상 '복합성'이라 칭한다. 예를 들어, 일간 갑甲이 시간의 정丁을 볼 때, 갑목甲木 자신은 편재가 되고, 정丁을 보는 것은 상관이 된다. 따라서 갑정甲丁이 만드는 혼합성은 곧 편재 중의 상관이 된다. 두 개의 천간이 만나서 만들어진 것 모두 는 혼합성을 대표하는 것으로 두 개의 천간 중 첫 번째 것은 일간 을 대표하고, 두 번째 천간은 일간에 의하여 작용을 받는 천간이 다.65)

일간에 갑甲이 위치하고 시간에 정丁이 위치했을 때, 갑甲은 일간 궁 즉 경庚궁을 기준으로 편재에 해당하고 정丁은 일간을 기준으로 상관에 해당하므로, 둘의 관계는 편재 중의 상관이 된다. 이때 일간 은 주체적 자아이므로 정丁상관은 일간이 지닌 편재속성의 영향을 받게 된다. 이와 같이 같은 십성이라도 일간 십성의 함의에 따라서 해석이 달라지기 때문에 일간의 십성을 파악하는 것은 사주 주인공 의 주성격을 판단하는 단서가 되고, 일간과 인접한 천간 글자의 특성 을 파악하는 것은 부성격과 외부적 조건에 따른 심리변화를 판단하 는 단서가 된다. 이러한 방법론은 명리학사에서 해결하지 못했던 일 간과 상호작용하는 천간의 함의를 구분할 수 있게 되었다는 점에서 큰 의의가 있다.

---

65) 何建忠, 『八字心理推命學』, 第7章, "在實際推算八字時, 我們所遇到的形態都不是單純的十星, 而是由兩種十星混合而成; 這種兩種十星的混合, 我們通常稱爲「複合星」, 例如日于甲見時干丁火, 甲木自身爲「偏財」, 而見丁爲「傷官」, 故而「甲丁」所成的複合星卽爲「偏財中的傷官」(按: 以下所出現兩個相疊的天干字, 皆代表有合星, 而相疊中的第一個字代表日干, 第二個字卽代表被日干作用的天干)."

3) 변성변궁론變星變宮論

하건충 이론의 독창성은 변성변궁론으로 집약된다. 변성변궁이란 궁宮과 성星의 관계 변화를 말하는데, 해당 궁에 위치한 십성에 따라 궁과 성의 본래 특성이 변화하는 것이다. 변성변궁론을 이해하기 위해서는 각 궁이 어떤 궁인지에 대한 파악이 필요한데, 그는 이 문제를 천간은 양의 속성을, 지지는 음의 속성을 지니고 있기 때문에 간지 간에는 강한 흡력인 간지력이 발생한다는 원리로 설명한다.66) 일간에 경庚이 위치하면 간지 구성원칙에 따라 각 궁의 명칭이 정해지는데 다음과 같이 요약된다.

(1) 일지와 정재궁

일간을 경庚궁으로 정하면 일지는 간지력에 따라 을乙이 된다. 왜냐하면 십천간 중 경庚과 상합관계에 있는 것은 오직 을乙이기 때문이다.

(2) 시지와 상관궁, 시간과 편인궁

하루는 지구의 1회 자전으로 생겨나고, 시진時辰은 하루 즉 일日이 탄생시킨 것이고 일日의 일부분이 된다. 이때 시간의 흐름을 나타내는 것은 시지時支로 시지는 일간이 생한 것이면서 간지의 법칙에 따라 음에 속하기 때문에 계癸궁이 되고 상관궁이 된다. 시간은 시지와 간지력에 따라 무戊궁이 되고 편인궁이 된다.

---

66) 何建忠, 『千古八字秘訣總解』, 第2章, "筆者已說出了干支建構的重要原則: 「天干屬陽, 地支屬陰, 陰陽相吸致使干支間有極大的吸力-干支力」."

(3) 월지와 정관궁, 월간과 식신궁

1년은 지구가 태양 주위를 한 바퀴 공전해서 만들어지므로 1개월은 지구 공전의 1/12이 된다. 지구는 자전하면서 공전하는데 케플러 법칙(Kepler's Law)에 따라 지구의 공전 속도는 여름에는 가장 빠르고 겨울에는 가장 느리는 등 달마다 다를 뿐만 아니라 자전의 궤적정황도 다르다. 이는 지구 자전에 월령법에 따른 공전이 영향을 미침을 말하는데, 지구의 자전을 일간인 나로 본다면 월지는 나를 극하는 것이 되어야 한다. 또 간지법칙에 따라 음에 속하는 것이 되어야 하므로 정丁궁이면서 정관궁이 된다. 월간은 월지와 간지력에 의해 임壬궁이면서 식신궁이 된다.

(4) 년지와 정인궁, 년간과 편재궁

일과 시, 년과 월은 지구가 회전하는 각도에서 보면 월은 년의 일부분이고 시는 일의 일부분이기 때문에 대등한 관계에 있다. 그러므로 시지는 일간이 생한 것이고 월지는 년간이 생한 것이 된다. 월지는 이미 정丁궁이므로 정丁을 생하면서 양에 속하는 것은 갑甲이 된다. 따라서 년간은 갑甲궁이 되고 편재궁이 된다. 년지는 음양의 상합에 의해 기己궁이 되고 정인궁이 된다.[67]

위에서 살펴본 법칙에 따라 도출된 궁위와 십성 간지의 관계를 표로 정리하면 다음과 같다.

---

67) 何建忠, 『千古八字秘決總解』, 第2章.

〈표-7〉 궁위와 십성[68]

시간	일간	월간	년간
戊	庚	壬	甲
편인	주체	식신	편재

시지	일지	월지	년지
癸	乙	丁	己
상관	정재	정관	정인

앞에서 고찰한 궁위론을 바탕으로 하건충은 '변성변궁론'을 도출해 내었다. 이것은 각 궁에 자리한 십성이 해당 궁과 생왕生旺, 조왕助旺, 손상損傷, 파破의 관계에 있다는 궁성 운영 원리를 바탕으로 하는데, 『천고팔자비결총해』에서는 이들의 관계를 다음과 같이 말한다.

> 년간에 비견성이 있으면, 년간궁인 편재궁을 극하면서 배척하기 때문에 편재궁은 '파궁'이 되고, 비견성은 '손실'이 있게 된다.......년지에 편인성이 있으면 정인궁은 '조왕'이 되고, 편인성도 '조왕'이 된다.......월간에 칠살성이 있으면 식신궁은 '손실'이 되고, 칠살성은 '파성'이 된다.......월지에 겁재성이 있으면 정관궁은 '손실'이 되고, 겁재성은 '파성'이 된다.......일지에 정관성이 있으면 정재궁은 '손실'이 되고, 정관성은 '생왕'이 된다.......시간에 칠살성이 있으면 편인궁은 '생왕'이고, 칠살성은 '손실'이 된다.......시지에 비견성이 있으면, 상관궁은 '생왕'이고, 비견성은 '손실'이 된다.[69]

십성의 생극제화生剋制化의 원리에 따라 궁위와 십성간에 파궁, 파

---

68) 何建忠, 『千古八字秘訣總解』, 第2章.
69) 何建忠, 『千古八字秘訣總解』, 第3章.

성, 생왕, 조왕, 손실의 관계가 성립된다. 이때 해당 궁위와 십성의 변화는 개인의 심리와 행동 및 인간관계의 변화를 불러오게 되는데 그 원리는 다음과 같다.

하나의 안정된 십성이 팔자 내의 다른 변화에 의해 원래 십성의 특성이 바뀌게 되는 경우를 변성이라고 말한다. 변성에는 세 가지 유형이 있는데, 원리 및 변화된 결과는 다음과 같다.

(1) 일간과 상합으로 인해 조성된 변성: 식신·편재·칠살·편인·비견의 다섯 개 星은 원래 일간과 '배척'하는 관계이지만, 이 십성들이 공교롭게도 일간과 상합(다섯 개 성이 일지에 있을 때, 일간과 합하는 천간에 있거나, 일지와 합하는 지지에 있거나, 일지와 합하는 지지의 천간에 있거나, 일간과 합하는 천간과 합하는 천간에 있을 때......)을 하게 되면 이들과 일간 사이에는 '흡력'이 성립되지만 원래의 생·극 관계는 변하지 않는다. 이로 인해 식신 중에 상관 기질, 편재 중에 정재 기질, 칠살 중에 정관 기질, 편인 중에 정인 기질, 비견 중에 겁재 기질을 띠게 된다.

(2) 일간과 충, 형으로 인해 조성된 변성: 상관·정재·정관·정인·겁재의 다섯 개 성과 일간의 관계는 '상흡'하는 관계이지만, 만약 이들이 공교롭게도 일주와 서로 충, 형을 하면, 이들과 일간 간에는 '척력'이 형성된다. 다만 원래의 생·극관계는 변하지 않는다. 이로 인해 상관 중에 식신 기질을, 정재 중에 편재 기질을, 정관 중에 칠살 기질을, 정인 중에 편인 기질을, 겁재 중에 비견 기질을 띠게 된다.

(3) 십성이 파괴된 후의 변성: 십성이 만약 극·충파·공망을 당

하게 되면 원래 십성이 극하는 십성으로 변하게 된다.[70]

변성은 사주구조 내의 변화작용에 의해 본래 십성이 지닌 심리적
·행동적 특성이 바뀌는 것을 말한다. 이때 일주와 합·충·형을 하면
서 생긴 흡·척력의 변화에 따른 십성 기질로 바뀌게 된다. 또 변궁을
다음과 같이 설명한다.

하나의 안정된 궁위가 팔자 내의 다른 변화에 의해 원래 궁위
가 가지고 있던 특성이 바뀌게 되는 경우를 변궁이라 말한다.
변궁에는 세 가지 유형이 있는데, 원래 및 변화된 결과는 다음과
같다.

(1) 일간과 상합으로 인해 조성된 변궁: 시간·월간·년간은 본
래 편인궁·식신궁·편재궁으로 구분된다. 시간과 일간이
서로 합하면 편인궁과 일간은 흡력이 생겨서 편인궁은 정인
궁의 기질을 겸하고, 월간과 일간이 서로 합하면 식신궁과
일간은 흡력이 생겨서 식신궁은 상관궁의 기질을 겸하고,
년간과 일간이 서로 합하면 편재궁과 일간은 흡력이 생겨서
편재궁은 정재궁의 기질을 겸하게 된다.

(2) 일지와 충·형으로 인해 조성된 변궁: 시지·월지·년지는
본래 상관궁·정관궁·정인궁으로 구분된다. 시지와 일지
가 서로 형·충하면 상관궁과 일간지는 척력이 생겨서 상관
궁은 식신궁의 기질을 겸하게 되고, 월지와 일지가 서로
형·충하면 정관궁과 일지는 척력이 생겨서 정관궁은 칠살

---

70) 何建忠, 『千古八字秘決總解』, 第4章.

궁의 기질을 겸하게 되고, 년지와 일지가 서로 형·충하면 정인궁과 일간지는 척력이 생겨서 정인궁은 편인궁의 기질을 겸하게 된다.

(3) 궁위가 파괴된 후의 기질: 궁위가 팔자 내에서 극파·충파·공망을 당하게 되면, 원래 궁위가 극하는 궁위로 변하게 된다.[71]

변궁은 본래 궁위가 나타내는 심리적·행동적 특성이 변하는 것을 말한다. 일간지와 합·충·형을 하면 궁위간 흡·척력이 변화되어 궁위가 지닌 특성이 바뀌게 된다. 이러한 변성변궁법은 인간의 심리와 행동의 변화성을 설명하는 근거가 되지만 심리상담이나 명리 통변에서의 적용과 효용성에 관한 검증이 요구된다. 향후 명리학과 심리학을 연계한 연구에서 이 주제를 심도있게 다루게 된다면 개인의 심리와 행동변화를 예측하는 중요한 자료를 얻게 될 것이다.

---

71) 何建忠, 『千古八字秘決總解』, 第4章.

Chapter 3

선진유학의 심성론과
이상적 인격론

동아시아의 사상적 뿌리인 유학은 오랫동안 사람들의 삶의 방식과 사유체계에 영향을 미치며 개인뿐만 아니라 사회를 하나의 유기체로 파악하여 상호 간의 관계 속에서 개인의 존재의의를 찾고 있다. 춘추시대에 공자孔子(B.C551~479)에 의해 창시된 유학은 전국시대의 맹자孟子(B.C372~289)와 순자荀子(B.C313?~238?)에 이르러 사상적 체계를 완성하였는데, 유학자들은 당시의 혼란한 사회의 원인을 사익私益 추구에 따른 인간관계의 근본이 무너져 내린 것으로 생각하고 인간성 회복을 목표로 삼았다. 이러한 역사적 배경은 현대사회에서 맞이하는 극단적인 이기주의, 가치관 부재, 인간 소외 등의 문제에 관한 해답을 유가의 심성론에서 찾아야 하는 이유가 된다.

공자·맹자·순자는 선진유학의 대표적 사상가로서 개인의 도덕적 자각을 통해 바람직한 사회인이 되는 실천론을 강조하였기 때문에 이들의 사상을 중심으로 인간의 심리체계를 고찰하는 것은 인간의 심리작용에 관한 이해와 발전에 한 단계 나아가는 길이 될 것이다.

1. 선진유학의 이론적 체계

1) 공자의 인仁과 예악禮樂 사상

공자의 사상은 인仁과 예악禮樂으로 요약된다. 인간은 내적 인격 세계를 지닌 존재로 이 세계는 자아성찰과 자기개선을 통해 완성된다. 공자는 '인仁'이 내재적 인격 세계를 대표한다고 보고 인의 실현을 강조하였는데, 이전까지 외재적 규범으로 여겼던 예를 인에 귀속시키고, 인을 예의 근본으로 삼았다. 그에게 있어서 인은 생명의 근원이고, 유한한 생명에서 무한한 가치를 창조하고, 도덕을 성취하여 인격의 가치를 완성하는 모든 덕목의 총칭이다.[1] 또 주周나라의 예악과 문물제도의 중건을 통해 혼란한 사회와 나라를 바로 잡고자 하였는데, 인과 예를 인간의 보편적 개념으로 제시함으로써 내재적 인격 세계의 계발 가능성을 제시하였다.

(1) 인仁 사상과 실천 덕목

공자는 인간의 본질적인 덕성을 인仁으로 규정짓고, 인을 실천하는 덕목들을 제시하였다. 그에게 있어서 인은 생존의 필수조건인 물과 불보다 더 중요한 것으로 인간이 갖추고 있어야 할 근본이다. 인은 내면에 잠재되어 있는 인격 세계의 자각과 실천을 통해 드러나게 되는데, 세상이 인으로 돌아가기 위해서는 도덕적 실천 윤리가 필요하다. 공자는 적극적인 자장과 소심한 자하 중에서 누가 더 우등하냐는 물음에 과유불급過猶不及으로 답해 도덕을 실천할 때는 과하지도 모자라지도 않는 중용中庸의 자세가 필요하다고 말한다.

중용의 자세는 『중용』에 잘 나타나 있는데, "희노애락이 아직 일어나지 않은 것을 중中이라 하고, 일어나서 모두 절도에 맞는 것을 화和라고 하니, 중中은 천하의 큰 근본이고, 화和는 천하에 두루 통하는 도이다."[2]라고 하여, 중용을 인간의 감정상태로 정의하고 있다. 중中은 인간의 감정이 작용하지 않은 상태이고, 화和는 절도에 맞게

---

1) 심현섭, 「先秦儒家의 美學思想 硏究: 孟·荀을 중심으로」, 성균관대학교대학원 박사학위논문, 2006, 9~19쪽.
2) 『中庸』, 第1章, "喜怒哀樂之未發謂之中, 發而皆中節謂之和, 中也者天下之大本也, 和也者天下之達道也."

작용하는 것이다. 중과 화를 바르게 실행해 나갈 때 세상에 도가 펼쳐지는데 이 도를 펼치는 원리가 중용인 것이다.

이처럼 중용이 도를 실현하는 중요한 태도이기는 하지만 그것을 실천하는 것은 어려운 일이다. 그래서 세상을 공평하게 다스리고 작록을 사양하고 흰 칼날을 밟는 일이 있더라도 중용에 능할 수는 없다고 말한다.3) 왜냐하면 외적인 환경이나 조건은 개인의 의지와 주변의 도움으로 변화시킬 수 있지만, 내적인 사고와 마음을 바르게 다스리는 것은 불가능에 가까울 만큼 힘든 일이기 때문이다.

공자도 중용의 실천이 어렵다고 보았다. 그래서 만약 중용의 도를 실천하는 사람과 함께 할 수 없다면 과감한 광자狂者나 고집 센 견자狷者와 함께 하는 것이 낫다고 말한다.4) 광자나 견자는 도에 대한 마음과 행동이 일치하지 못한 사람이지만 그들이 지닌 기질을 억제하고 격려함으로써 도의 세계로 이끌 수 있기 때문이다. 이들이 도에 들어가기 위해서는 수련의 과정을 거쳐야 하는데 이때 필요한 덕목이 성실이다. 「요왈」에서는 성실을 다음과 같이 말한다.

요임금이 '훌륭하도다! 순이여! 하늘의 대명이 너의 몸에 와 있으니 성실하게 그 중용을 잡도록 하여라. 만약 사해가 곤궁해지면 하늘이 내리는 복록은 영원히 끊어질 것이다.'라고 하였다.5)

도의 실천 원리인 중용은 인간의 내면에 잠재되어 있는 것으로

---

3) 『中庸』, 第9章, "天下國家可均也, 爵祿可辭也, 白刃可蹈也, 中庸不可能也."
4) 『論語』, 「子路」, "不得中行而與之, 必也狂狷乎. 狂者進取, 狷者有所不爲也."
5) 『論語』, 「堯曰」, "堯曰 咨爾舜. 天之曆數 在爾躬, 允執其中. 四海困窮, 天祿永終."

그 덕을 실천할 때는 변함없이 정성을 다해야 한다. 왜냐하면 도덕적인 인품은 중용의 마음가짐과 태도가 끊임없이 유지될 때 완성되기 때문이다.

공자는 인의 또 다른 실천 방법으로 충忠과 서恕를 제시한다. 그는 임금과 신하가 지켜야 할 도리가 예禮와 충忠에 있다고 보았는데,[6] 예와 충을 다할 때 군신의 명분을 다하게 된다. 서恕의 정신은 자신이 하고 싶지 않은 일을 타인에게 시키지 않는 것으로 일생의 지침이라고 말한다. 하지만 서恕는 역지사지易地思之의 실천으로 타인을 향한 관심과 배려가 필요하기 때문에 쉽사리 갖출 수 있는 덕이 아니다. 충은 내적으로 자기를 완성하는 것이고 서는 외적인 관계를 완성하는 것이다. 그래서 공자가 말하는 인도人道는 내외內外를 모두 관통하는 것이다.

또 의義를 인仁의 실천 덕목으로 제시하였다. 군자는 의에 밝고 소인은 이익에 밝은데,[7] 인간은 선천적으로 의를 부여받고 실천하는 존재이다. 의에 관한 언급은 『주역』에서도 찾을 수 있는데, 「계사하」에서는 "재능을 다듬고, 말을 바르게 하고, 백성들에게 잘못된 행동을 금禁하는 것을 의義라고 한다."[8]라고 하여, 의는 사물을 다스리는 것에 그치지 않고 올바른 언행을 통해 사회의 질서를 바로 세우는 것에까지 이르는 것임을 밝히고 있다. 의는 예와 함께 인을 구현하는 방법으로 실생활에 구현될 때는 직直의 방식으로 드러나는데, 『논어』「헌문」에서는 다음과 같이 말한다.

---

6) 『論語』, 「八佾」, "君使臣以禮, 臣事君以忠."
7) 『論語』, 「里仁」, "君子喩於義, 小人喩於利."
8) 『周易』, 「繫辭下」, 第1章, "理財正辭, 禁民爲非曰義."

어떤 사람이 '덕德으로 원怨을 갚으면 어떻습니까?'라고 묻자,
공자는 '그러면 무엇으로 덕을 갚을 것인가. 직直으로 원怨을
갚고 덕으로 덕을 갚아야 한다.'라고 대답하였다.[9]

직直은 올바르고 합리적인 행위로 선한 덕은 덕행으로 보답하고,
원망은 바르고 곧음의 잣대로 처리해야 사회에 예의와 질서가 바로
서게 된다. 이처럼 군자는 곧고 강직한 면모를 지녀야 하지만 시비를
가리지 않고 무턱대고 의로움에 집착해서도 안 된다.

(2) 예악禮樂 사상

공자는 인을 바탕으로 예의 세계를 구현하고자 노력하였는데, 주
공周公이 정비한 예악의 문화를 부흥시켜 사회에 통일된 질서를 회복
해야 한다고 주장하였다. 예는 인의 마음에서 비롯되어 현실적 삶에
서 행위로 드러나는데, 『논어』「태백」에서는 "공손하지만 예가 없으
면 수고로워지고, 신중하지만 예가 없으면 두려워지고, 용감하지만
예가 없으면 난폭해지고, 정직하지만 예가 없으면 박절하게 된다."[10]
라고 말한다. 겉으로 드러나는 행위가 아무리 공손하고 신중하고 용
감하고 정직하다고 하여도 예를 근본으로 하지 않으면 참된 인의 실
천이 아닌 것이다.

또 예는 절도에 맞게 행동하는 것으로 관계의 질서를 확립하기
위해서는 예의 본체를 잘 지키고, 설계에 필요한 제반 사항에 신중해

---

9) 『論語』,「憲問」, "或曰 以德報怨, 何如. 子曰 何以報德, 以直報怨, 以德報
德."
10) 『論語』,「泰伯」, "恭而無禮則勞, 愼而無禮則葸, 勇而無禮則亂, 直而無禮
則絞."

야 한다. 이 문제를 『중용』에서는 다음과 같이 말한다.

> 비록 천자의 지위에 있지만 진실로 그에 맞는 덕이 없으면 감히 예악을 제정하지 못하고, 비록 그에 맞는 덕이 있어도 진실로 그 지위가 없으면 또한 감히 예악을 제정하지 못한다.11)

예악은 성인의 덕을 갖추고 있으면서도 천자라는 최고 권력을 지닌 자만이 지어낼 수 있는 것으로 덕과 최고의 위位가 모두 갖추어져야만 제정될 수 있다. 이 구절은 공자가 성인의 경지에 이르는 덕을 겸비하였지만, 최고의 위에 오르지 못하였기 때문에 예를 제정하지 못하고 주공의 예법을 따르고자 한 근거가 된다. 이렇게 공자가 예악의 제정에 있어서 최고의 자리를 필수조건으로 인식했다는 것은 『논어』「계씨」의 다음 구절에서도 볼 수 있다.

> 세상에 도가 있으면 예악과 정벌은 천자로부터 나오고, 세상에 도가 없으면 예악과 정벌은 제후로부터 나온다. 제후로부터 나오면 십세十世로 망하지 않는 일이 드물고, 대부로부터 나오면 오세五世로 망하지 않는 일이 드물고, 가신이 국권을 잡으면 삼세三世로 망하지 않는 일이 드물다. 세상에 도가 있으면 정사가 대부의 손에 있지 아니하고, 세상에 도가 있으면 서민들이 정치를 의논하지 않는다.12)

도가 있으면 천자가 예악과 정벌을 주관하지만, 도가 없으면 대신

---

11) 『中庸』, 第28章, "雖有其位, 苟無其德, 不敢作禮樂焉, 雖有其德, 苟無其位, 亦不敢作禮樂焉."

12) 『論語』, 「季氏」, "天下有道, 則禮樂征伐, 自天子出, 天下無道, 則禮樂征伐, 自諸侯出. 自諸侯出, 蓋十世希不失矣, 自大夫出, 五世希不失矣, 陪臣執國命, 三世希不失矣. 天下有道, 則政不在大夫, 天下有道, 則庶人不議."

들이 국가의 모든 권력을 장악하게 되어 정치질서가 붕괴된다. 공자는 정치질서가 파괴되는 주원인을 권력의 찬탈로 보았는데, 정치 질서를 확립하기 위해서는 지도자의 지위에 따른 권한이 보장되고 그에 따른 책무를 완수하는 것이 가장 중요하다고 생각하였다. 또 시와 음악의 예술적 활동으로 인간의 정서를 감화시키고, 예에 따라 공경하고 사양하는 마음을 기르면 인격적으로 완성될 수 있다고 보았다. 예는 타인의 입장을 배려하고 자신을 스스로 낮추는 마음에서 드러나는데, 이러한 마음이 없으면 나라의 기강이 흔들리게 되는 것이다.

공자는 예와 악의 형식이 중요하지만, 인은 윤리의 근본 덕목이므로 인격을 갖추기 위해서는 반드시 행해야 한다고 말한다. 그의 예악론은 인仁한 사람을 만드는 데 의미가 있기 때문에 인을 실천에 옮기지 못하면 예악의 교화가 이루어질 수 없다.[13] 여기서 인은 체體가 되고 예는 용用이 됨을 알 수 있는데, 인과 예의 체용관계가 올바르게 형성되면 세상도 인을 근본으로 움직이게 된다.

2) 맹자의 성선설性善說과 사단지심四端之心

맹자는 공자의 사상을 계승하여 유학의 이론체계를 확립한 사람으로 인간의 심성에 관하여 본격적으로 논의하였다. 그래서 심성을 도덕과 가치의 근원으로 간주하고 '성선설'과 '사단지심'을 통해 심성론을 완성하였다.

---

13) 류성태, 『중국철학사의 이해』, 학고방, 2016, 53쪽.

(1) 성선설性善說

맹자 사상의 핵심은 인간이 선한 본성의 단서를 지니고 있다는 것이다. 그는 공자의 인仁을 발전시켜 인간 본성의 선善에 관한 논증으로 펼쳐나갔는데, "인은 사람의 마음이고, 의는 사람이 가야 할 길이다."[14]라는 구절을 통해 인간의 고유한 본성을 인과 의로 요약하고 있다. 인은 현상세계에서 구현해야 할 진정한 가치이고, 의는 인간으로서 당연히 따라야 할 도리이다. 인간은 다른 금수와 다르게 인과 의를 본유적 도덕성으로 갖추고 있지만 그것을 보존하고 실천하기란 지극히 어렵다. 이 문제를 「고자장구상」에서는 다음과 같이 논하고 있다.

> 사람이 어찌 인의의 마음이 없겠는가? 그러나 그들이 어진 마음을 버리는 것은 또한 도끼로 나무를 찍어대는 것과 같아서, 날마다 그 마음을 찍어대는데 어찌 아름다워질 수 있겠는가? 저 밤과 낮이 길러주는 맑고 맑은 기운이 있어도 좋아하고 싫어함이 남과 서로 가까운 것이 거의 드문 것은 낮에 하는 행위가 그것을 어지럽혀 없애버리는 일이 있기 때문이다. 그것을 어지럽히는 것이 되풀이되면 야간의 평정한 기운은 보존할 수 없다. 그리고 야간의 평정한 기운을 보존하지 못하게 되면 짐승과 다른 점은 멀지 않게 된다. 사람들은 그가 짐승과 같은 것을 보고서는 그에게는 일찍이 자질이 있은 적이 없었다고 생각하지만, 그것이 어찌 사람의 참모습이겠는가![15]

---

14) 『孟子』, 「告子章句下」, "仁人心也, 義人路也."

15) 『孟子』, 「告子章句上」, "雖存乎人者, 豈無仁義之心哉. 其所以放其良心者, 亦猶斧斤之於木也, 旦旦而伐之, 可以爲美乎. 其日夜之所息, 平旦之氣, 其好惡與人相近也者幾希, 則其旦晝之所爲, 有梏亡之矣. 梏之反覆, 則其夜氣

인의는 외부에서 주어지는 것이 아니라 본래부터 지닌 성性으로 보존되어야 한다. 하지만 인간은 욕망과 사익에 눈이 멀어 본성에 위배되는 행위를 반복함으로써 인의의 참다운 모습을 드러내지 못하게 된다. 그래서 늘 인의를 구현하려고 노력해야 한다. 인의는 관계라는 구조 속에서 구현되는데,『중용』의 "인은 사람이니 어버이를 친애함이 으뜸이고, 의는 마땅함이니 현자를 높임이 으뜸이다."16)라는 구절처럼 인의의 행위는 친친親親과 존현尊賢으로 나타난다. 인은 사람됨으로 어버이를 친애함에서 시작되고, 의는 사리 분별을 통해 일의 마땅함을 좇는 것으로 현자를 높임에서 시작되는 것이다.

이처럼 인의가 현상세계에서 구현될 때는 상대방에 대한 행위로 나타난다. 맹자 또한 어버이를 섬기고 형을 따르는 것을 인과 의의 핵심으로 보았는데, "집 안에서는 부자, 집 밖에서는 군신이 사람의 큰 윤리이다. 부자 사이는 은혜를 주로 하고, 임금과 신하 사이는 공경을 주로 한다."17)라고 하여, 가정 내의 인의의 실천을 사회적 관계로 확장하였다. 어버이를 섬기고 형을 따르는 가정 내의 인의의 도리는 웃어른을 공경하고 임금을 섬기는 사회적 실천으로 확장되는데, 인은 은혜로, 의는 공경의 모습으로 드러난다. 그러므로 인의의 도리를 지키면 타인과 더불어 살아가는 건강한 사회적 발달을 촉진할 수 있다.

인간의 본성을 선善으로 규정하는 근거는『주역』「계사상」의 "한 번 음하고 한번 양하는 것을 도라고 한다. 계승하는 것은 선善이고,

---

不足以存, 夜氣不足以存, 則其違禽獸不遠矣. 人見其禽獸也, 而以爲未嘗有才焉者, 是豈人之情也哉."
16) 『中庸』, 第20章, "仁者人也, 親親爲大, 義者宜也, 尊賢爲大."
17) 『孟子』, 「公孫丑章句下」, "景子曰 內則父子, 外則君臣, 人之大倫也. 父子主恩, 君臣主敬."

이루는 것은 성性이다. 인자는 그것을 인仁이라 하고 지자는 지知라고 한다."18)라는 구절에서 찾을 수 있다. 하늘은 인간의 탄생에 영향을 미치면서 명命과 성性을 부여하고 있는데,19) 우주의 법칙인 일음일양의 도는 인간에게 선한 본성으로 내면화되었기에 자신이 부여받은 인仁과 지知의 성性을 천명으로 알고 실천해야 한다. 이것은 「설괘」의 "이치를 궁구하고 성性을 다하여 명命에 이른다."20)라는 구절처럼 우주의 진리를 궁구하여 하늘의 명령으로 받은 본성을 구현하는 데 최선을 다해야 함을 뜻한다.

인간의 본성이 선하다는 근거는 불인지심不忍之心을 통해 알 수 있는데, 『맹자』 「공손추장구상」에서는 다음과 같이 말한다.

> 사람은 모두 차마 어찌하지 못하는 마음이 있는 것이다.......
> 사람은 모두 어찌하지 못하는 마음이 있다고 하는 이유는 이러하다. 만약 어린아이가 우물로 들어가려는 모습을 보면 누구나 깜짝 놀라면서 측은한 마음이 일어나는데, 그 이유는 아이의 부모와 사귀려는 마음이 있어서도 아니고, 친구들로부터 칭찬을 받으려는 것도 아니고, 도와주지 않으면 나쁜 평판이 생길까 두려워서도 아니다.21)

---

18) 『周易』, 「繫辭上」, 第5章, "一陰一陽之謂道. 繼之者善也, 成之者性也. 仁者見之謂之仁, 知者見之謂之知."

19) 김우정, 「왕충(王充)의 명정론(命定論) 研究: 천인관계(天人關係)를 중심으로」, 『한국종교』 57집, 원광대학교 종교문제연구소, 2024. 189쪽.

20) 『周易』, 「說卦」, 第1章, "窮理盡性以至於命."

21) 『孟子』, 「公孫丑章句上」, "人皆有不忍人之心.……所以謂人皆有不忍人之心者, 今人乍見孺子將入於井, 皆有怵惕惻隱之心, 非所以內交於孺子之父母也, 非所以要譽於鄕黨朋友也, 非惡其聲而然也."

어린아이가 생명이 위태로운 상황에 처한 것을 보면 슬프고 불쌍한 마음이 저절로 일어나는데, 이는 무의식에 잠재되어 있던 인의 마음이 어린아이가 처한 상황을 통해 의식화되기 때문이다. 무의식에 있던 양심이 수면 위로 떠오르는 것은 자기 이익과는 상관없는 자연스러운 반응이다. 그래서 맹자는 인간의 본성 자체는 선하게 될 수 있지만 만약 선하지 않은 일이 발생해도 그것은 내적인 문제가 아니라 외부적 환경의 영향 때문이라고 말한다. 왜냐하면 우물에 빠지려는 아이를 보자마자 구하려는 감정은 자신의 이익을 고려치 않은 본능적 발동이기 때문이다.

그리고 선성善性의 발현이 환경과 관련이 있다는 것은 풍년과 흉년을 맞이하는 젊은 사람들의 행동을 통해서도 알 수 있다. 맹자는 동일한 인물이 풍년과 흉년에 보이는 태도가 달라지는 이유는 외적 환경 변화에 따른 것이지 본질적인 것이 바뀐 것이 아니라고 보고, 그 증거로 인간은 발 모양이 같거나 맛을 즐기는 입의 기호가 비슷하다는 것을 제시한다.[22] 인류가 다른 류類와 구분되는 공통적인 특성을 지니고 있듯이 선을 표현하는 것도 그와 같은 이치로 작동한다는 것이다. 결국 선성은 생물학적 욕구를 억제하고 환경적 제약에서 벗어나려는 마음이 있어야 구현되는 것이다.

이렇게 선성의 완성이 현실 세계에 구현되기 위해서는 자각이라는 동기가 필요하다. 성인聖人의 행위를 통해 인간은 자신이 선한 본성

---

22) 『孟子』,「告子章句上」, "富歲子弟多賴, 凶歲子弟多暴, 非天之降才爾殊也. 其所以陷溺其心者然也.……故龍子曰 不知足而爲屨, 我知其不爲蕢也. 屨之相似, 天下之足同也. 口之於味, 有同耆也, 易牙先得我口之所耆者也. 如使口之於味也, 其性與人殊, 若犬馬之與我不同類也, 則天下何耆皆, 從易牙之於味也. 至於味, 天下期於易牙, 是天下之口相似也."

을 지닌 존재임을 깨닫게 되는데, 결국 천명을 구현하는 문제는 마음의 자각 능력에 달린 것으로 마음은 상황을 인식하고 덕성을 발휘하도록 이끄는 중요한 기관이라 하겠다.

(2) 사단지심四端之心

맹자는 마음을 도덕심과 사단지심으로 파악하고 있다. 도덕심은 인간이라면 누구나 지닌 도덕실천의 선천적 근거가 되고,[23] 사단지심은 선한 본성이 드러나는 구체적인 모습의 단서가 된다. 그러므로 인간의 본성이 선하다는 것을 증명하기 위해서는 사단지심에 대한 파악이 중요한데, 『주역』에서 그 단서를 찾을 수 있다. 「중천건」에서는 하늘의 작용인 원元·형亨·이利·정貞을 다음과 같이 밝히고 있다.

> 원은 선의 으뜸이고, 형은 아름다움의 모임이고, 이는 의에 화합함이고, 정은 일의 근간이다. 군자는 인을 체득하여 사람의 우두머리가 될 수 있고, 모임을 아름답게 하여 예에 합할 수 있고, 만물을 이롭게 하여 의에 조화될 수 있고, 곧고 바름이 일의 근간이 될 수 있으니, 군자는 이 사덕을 행하는 자이다. 그러므로 건은 원하고 형하고 이하고 정하다고 한 것이다.[24]

천도의 사상四象인 원·형·이·정은 인·예·의·지 사덕이라는 인격화된 모습으로 나타난다. 이때 인과 지의 마음 상태는 사회관계에

---

23) 유성선, 「孟子·荀子의 心論 硏究」, 『강원인문논총』 12집, 강원대학교 인문과학연구소, 2004, 445~452쪽.

24) 『周易』, 「重天乾」, "文言曰 元者善之長也. 亨者嘉之會也, 利者義之和也, 貞者事之幹也, 君子體仁足以長人, 嘉會足以合禮, 利物足以和義, 貞固足以幹事, 君子行此四德者. 故曰 乾元亨利貞."

서 예와 의의 모습으로 표현되는데, 군자는 그 본분을 깨닫고 실행해야 한다. 인·예·의·지가 인간 본성의 선천적 도덕성이라는 것은 『맹자』 「공손추장구상」의 다음 구절에 잘 나타나 있다.

> 측은한 마음이 없으면 사람이 아니고, 미워하고 부끄러워하는 마음이 없으면 사람이 아니고, 사양하는 마음이 없으면 사람이 아니고, 옳고 그른 마음이 없으면 사람이 아니다. 측은한 마음은 인의 단서이고, 미워하고 부끄러워하는 마음은 의의 단서이고, 사양하고 양보하는 마음은 예의 단서이고, 옳고 그름의 마음은 지의 단서이다.[25]

인간의 선성은 어려운 상황에 놓인 사람을 보면 측은하게 생각하고, 자신의 잘못된 행동을 부끄러워하면서 다른 사람의 잘못을 미워하고, 타인에게 겸손하고 양보할 줄 알고, 옳고 그름을 정확하게 판단할 수 있는 심리작용으로 나타난다. 측은지심은 인仁, 수오지심은 의義, 사양지심은 예禮, 시비지심은 지知에 그 근거를 두고 있기 때문에 지도자는 측은한 마음을 베풀어 사람을 통솔하고, 겸양과 겸손으로 모임을 미화하고, 시비에 대한 정확한 판단으로 모두의 이익을 추구하고, 곧고 바른 행동으로 일의 근간을 세워야 한다.

이러한 실천은 사덕에 관한 지각에서 시작되는데, 「고자장구상」에서는 "인예의지는 외부로부터 나에게 주어지는 것이 아니라, 내가 본래 지니고 있는 것이다. 다만 생각하지 않을 뿐이다."[26]라고 하여,

---

25) 『孟子』, 「公孫丑章句上」, "無惻隱之心非人也, 無羞惡之心非人也, 無辭讓之心非人也, 無是非之心非人也. 惻隱之心, 仁之端也, 羞惡之心, 義之端也, 辭讓之心, 禮之端也, 是非之心, 知之端也."
26) 『孟子』, 「告子章句上」, "仁義禮智, 非由外鑠我也, 我固有之也. 弗思耳矣."

사단지심은 인간 고유의 본성이고, 자각을 통해서만 구현되는 것임을 강조하고 있다. 자각을 통한 실천은 확충의 문제로 이어지는데, 「공손추장구상」에서는 다음과 같이 논하고 있다.

> 인간에게 사단이 있다는 것은 인체에 사지가 있는 것과 같은 것이니, 이 사단을 가지고 있으면서 (선한 일을) 할 수 없다고 말하는 사람은 스스로를 해치는 자이고, 자신의 임금이 할 수 없다고 하는 사람은 자신의 임금을 해치는 자이다. 자기에게 있는 사단을 확충할 줄 알면, 불이 처음 타오르고 샘이 처음 솟아나는 것과 같을 것이다. 만약 그것을 확충할 수 있다면 천하를 보존할 수 있지만, 그것을 확충하지 않는다면 부모조차 섬길 수 없을 것이다.[27]

사단의 마음은 인간의 보편적인 성性이기 때문에 이 사단을 잘 함양하고 확충해 나가면 세상을 편안하게 안정시킬 수 있지만, 그렇지 못하면 부모의 봉양마저도 힘들어진다. 인을 실천하는 범위는 사단지심의 확충에 따라 결정되는데, 이 마음을 확충하지 못하면 인간사에서 어려움에 직면하게 된다. 왜냐하면 사단의 실천이 근본이 되어야 인간다운 삶을 살 수 있기 때문이다.

3) 순자의 화성기위化性起僞와 호리지심好利之心

순자의 사상은 성악설性惡說에서 시작된다. 그는 인간을 본유적 선

---

27) 『孟子』, 「公孫丑章句上」, "人之有是四端也, 猶其有四體也. 有是四端而自謂不能者, 自賊者也, 謂其君不能者, 賊其君者也. 凡有四端於我者, 知皆擴而充之矣, 若火之始然, 泉之始達. 苟能充之, 足以保四海, 苟不充之, 不足以事父母."

성善性의 존재로 파악하는 맹자를 비판하면서 인간은 모두 같은 성性을 가지고 태어나지만 후천적 노력인 위僞에 의해 서로 달라진다는 성위지분性僞之分을 주장하였다. 또 마음으로 성性을 제어하고 성性으로 마음을 구현한다는 독특한 심성론을 펼치면서 마음을 인간의 본성과 도를 연결하는 매개체로 간주하였다.

(1) 화성기위化性起僞와 예의禮義

순자는 인간의 본성을 생리적 욕구와 감정 등으로 간주해 화성기위를 주장하였다. 선은 본유적인 것이 아니라 성인으로부터 예와 의를 배우고 변화한 연후에 얻을 수 있다고 보고 성性과 위僞를 구분하였는데,『순자』「성악」에서는 다음과 같이 말한다.

> 무릇 성이란 하늘로부터 타고난 것이어서 배워서 되는 것도 아니고, 행동해서 되는 것도 아니다. 예의란 성인이 만든 것으로 인간이 배워서 알 수 있는 것이고 노력해서 이룰 수 있는 것이다. 배우지 않고 행하지 않아도 그대로 있는 것을 성性이라 하고, 배우고 노력해야 되는 것을 인위라고 한다. 이것이 성과 위의 구분이다.28)

순자에 따르면 인간의 본성은 배움이나 행동으로 되는 것이 아닌 자연적인 것이고, 예의는 후천적 노력으로 획득되는 것이다. 자연적인 본성은 인위를 행하는 바탕이고, 인위는 본성을 미화시키는 노력이 되는데 이러한 작용이 화성기위化性起僞이다. 화성기위가 되기 위해서

---

28)『荀子』,「性惡」, "凡性者, 天之就也, 不可學, 不可事. 禮義者, 聖人之所生也, 人之所學而能, 所事而成者也. 不可學, 不可事而在人者, 謂之性, 可學而能, 可事而性之在人者, 謂之僞, 是性僞之分也."

는 위僞의 작용이 중요한데, 「정명」에서는 다음과 같이 밝히고 있다.

> 태어나면서 그렇게 되어 있는 것을 성性이라 하고, 태어나면
> 서 조화되어 생겨난 것이 안의 정기와 합쳐지고 밖의 감각과
> 호응하여 애쓰지 않아도 스스로 그러한 것 또한 성이라 한다.
> 성으로부터 나타나는 좋아함과 싫어함, 기쁨과 노여움, 슬픔과
> 즐거움을 정情이라 한다. 정이 그렇게 드러나더라도 마음이 이
> 를 가려서 하는 것을 려慮라 한다. 마음이 사려하여 관능官能이
> 사려에 따라 움직이는 것을 위僞라 하고, 사려가 쌓이고 감각기
> 관의 작용이 습관화된 이후에 이루어진 것 또한 위僞라 한다.29)

선천적으로 타고난 성은 호好·오惡·희喜·노怒·애哀·락樂이라는
감정으로 드러나고, 려慮는 이러한 감정이 적절하게 표출되도록 작
용하고, 사려하는 마음에 따라 행동하여 습관화된 것이 위僞이다. 그
래서 인위를 행하려면 마음의 기능인 사려가 잘 작동하는지 살펴보
아야 한다. 화성과 기위는 일반인들이 성인의 경지에 이를 수 있는
근거가 되는데, 「성악」에서는 다음과 같이 말한다.

> 요임금, 우임금, 군자가 귀한 것은 본성을 변화시킬 수 있고,
> 위를 일으킬 수 있고, 위를 일으켜서 예의를 만들어 내기 때문이
> 다. 그렇다면 성인이 예를 만들고 위를 쌓아가는 것은 도공이
> 진흙으로 기와를 만들어 내는 것과 같다. 이렇게 본다면 예의와
> 적위가 어찌 사람의 본성이겠는가?30)

---

29) 『荀子』, 「正名」, "生之所以然者, 謂之性, 性之和所生, 精合感應, 不事而自
然, 謂之性. 性之好惡喜怒哀樂, 謂之情. 情然而心爲之擇, 謂之慮. 心慮而
能爲之動, 謂之僞, 慮積焉, 能習焉而後成, 謂之僞."

화성化性은 행동의 방향을 이끌고, 전환시키고, 본래의 성을 다스려서 선에 부합되도록 하는 것인데, 인간은 누구나 끊임없는 인위적 노력을 통해 성인의 도덕적 경지에 도달할 수 있다. 이때 적위는 예의를 근본으로 이루어지기 때문에 순자에게 있어서 예의는 본성을 다스리는 중요한 개념이다. 화성기위는 표면적으로는 성위지분性僞之分이지만 궁극적으로는 성위지합性僞之合을 추구하기 때문에 순자는 예의의 실천을 강조하였다.

그에게 있어서 예의는 중도中道의 실천이면서 군자의 통치법이다. 군자가 예의를 체득하려면 보이거나 들리는 바에 상관없이 신독慎獨의 자세가 필요하다. 그 이유를 『중용』에서 찾을 수 있는데, "숨겨진 것보다 더 잘 드러나는 것이 없고, 작은 일보다 더 잘 나타나는 것이 없기 때문이다."[31] 인간의 욕구와 사욕은 잠재적인 것으로 항상 경계하고 두려워하는 마음이 없으면 언제든지 선의 방향에 역행할 소지가 있다. 그래서 사람의 이목이 있고 없고를 떠나 늘 삼감을 몸에 익혀야 하는 것이다.

(2) 호리지심好利之心

순자는 인간이 본유의 도덕심을 갖추고 있는 것이 아니라 호리지심을 지니고 있다고 보았다. 이것은 선성설에 근본한 맹자의 사단지심과 상반되는 주장으로 인간의 본성을 악한 것으로 규정하고 있다. 인간은 선천적으로 이기심을 지니고 있어서 타인에 대한 배려심이

---

30) 『荀子』, 「性惡」, "凡所貴堯禹君子者, 能化性, 能起僞, 僞起而生禮義. 然則聖人之於禮義積僞也, 亦猶陶埏而生之也. 用此觀之, 然則禮義積僞者, 豈人之性也哉."

31) 『中庸』, 第1章, "莫見乎隱, 莫顯乎微, 故君子愼其獨也."

없어지고, 시기와 질투로 인해 타인을 해치고 충忠과 신信이 사라진다. 여기서 이利는 인간의 생존과 직결된 본능뿐만 아니라 삶의 여정에서 일어나는 모든 상황을 자기에게 유리한 방향으로 이끌어가려는 욕망을 말한다. 특히 생물학적인 욕구는 생명을 유지하는 기본이기 때문에 무의식적으로 작용하게 된다. 이 문제를 『순자』「성악」에서는 다음과 같이 말한다.

> 눈은 아름다운 색을 좋아하고 귀는 아름다운 소리를 좋아하고, 입은 맛 좋은 음식을 좋아하고, 마음은 이익을 좋아하고, 육체는 편안하고 유쾌한 것을 좋아한다. 이것은 모두 인간의 성정에서 나오는 것으로, 외부 사물의 자극에 의해 저절로 그렇게 되는 것이지 일부러 노력해서 생기는 것이 아니다.[32]

인간은 태생적으로 심신의 이익을 따라가는데 이 모든 것은 성정에서 나온다. 만약 이익을 추구하는 성정을 교화하지 않으면 이기적인 사람에 머물게 되므로 군자는 늘 교화에 힘써야 한다. 이러한 이기적인 성정을 『대학』에서는 소인의 특성으로 규정하고 있는데, "군자는 어짊을 어질게 여기고 친함을 친하게 여기며, 소인은 즐거움을 즐거워하고 이로움을 이롭게 여기니 이 때문에 세상에 없는데도 잊지 못하는 것이다."[33]라고 말한다. 부연하면 군자는 어짊과 친함을 가까이 하지만, 소인은 즐거움과 이익에 따라 움직인다는 것이다. 인간의 본성은 소인과 다르지 않기 때문에 이러한 본성에 따르면 심신의 즐거움과

---

32) 『荀子』, 「性惡」, "若夫目好色, 耳好聲, 口好味, 心好利, 骨體膚理好愉佚. 是皆生於人之情性者也, 感而自然不待事而後生之者也."
33) 『大學』, 傳3章, "君子賢其賢而親其親, 小人樂其樂而利其利, 此以沒世不忘也."

이로움의 충족을 지향하는 소인의 삶에서 벗어날 수 없게 된다.

호리지심은 작게는 개인 일신의 문제이지만 크게는 사회와 국가의 일에 영향을 미친다. 그래서 지도자는 늘 호리지심의 발동을 경계해야 하는데, 「왕패」에서는 다음과 같이 말한다.

> 대국의 군주가 작은 이익을 보고 좋아하면 이는 나라를 상하게 하는 것이다. 음악과 여색, 전각과 누대, 동산의 옛것이 싫어져서 새것을 가지는 것을 좋아하면 이는 나라를 상하게 하는 것이다. 소유하고 있는 것을 바로잡아 나가는 것을 좋아하지 않고 항상 게걸스럽게 남의 소유를 욕심내면 이는 나라를 상하게 하는 것이다. 이 세 가지 간사한 생각이 마음속에 있고, 거기에 다시 권모술수를 일삼아 남을 쓰러뜨리기를 일삼는 무리를 등용하여 대외적인 국사를 전담하게 하면, 곧 권위가 가벼워지고 명망이 욕되고 사직이 위태로워질 것이니, 이것이 나라를 해치는 것이다.34)

지도자는 작은 이익을 욕심내지 말아야 하고, 새것을 탐닉하지 말아야 하고, 탐욕심을 버려야 한다. 이러한 마음을 경계하지 않으면서 권모술수에 능한 자를 구분하지 못하면 일신의 불명예가 나라의 안위를 위협하는 수준에까지 이르게 된다. 즉 지도자가 잘못된 호리지심을 다스리지 못하면 백성들도 본래의 성性에서 벗어나지 못하고 이기만을 추구하게 되는 것이다. 순자는 이 마음을 다스리는 방법으로 예와 악을 제시한다. 인간의 편벽된 호리의 마음도 예악으로 교화

---

34) 『荀子』, 「王霸」, "大國之主也, 而好見小利, 是傷國. 其於聲色臺榭園囿也, 愈厭而好新, 是傷國. 不好循正其所以有, 唊唊常欲人之有, 是傷國. 三邪者在匈中, 而又好以權謀傾覆之人斷事其外, 若是則權輕名辱, 社稷必危, 是傷國者也."

해 나가면 덕성으로 전환될 수 있는데, 예와 악을 근본으로 위계질서가 바로 서고, 사랑과 만인의 이익을 추구하는 마음을 실천하면 백성들은 지도자를 자연스레 따르게 된다.

상기한 공자·맹자·순자의 이론적 체계를 표로 나타내면 다음과 같다.

<표-8> 공자·맹자·순자의 이론체계[35]

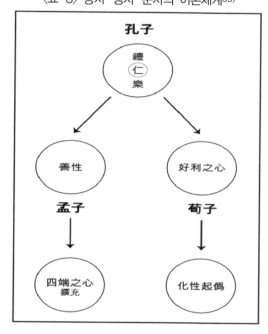

35)   <표-8> 공자·맹자·순자의 이론체계 論者註

공자	인은 윤리의 근본이고, 예와 악은 교화의 수단이다.
맹자	인간은 선한 본성의 단서를 지니고 있기 때문에 사단의 마음을 확충하려고 노력해야 한다.
순자	인간에게는 호리지심이 있어서 악으로 향할 가능성이 있다. 그래서 본성을 미화시키는 인위적인 노력이 필요하다.

2. 선진유학의 인간관

농경사회였던 고대 중국은 농작물의 생산성을 높이기 위해 이웃과의 조화와 협력이 절대적으로 필요하였다. 또 일찍이 중앙집권적인 왕조가 출현해 상하 위계질서가 잡힌 관료 조직사회를 이루었는데, 이러한 사회적 기반을 둔 중국인들은 개인의 가치와 존재 의미는 각 개체에 있는 것이 아니라 상호연관된 관계 속에 존재한다고 인식하였다. 공자에 이르러 천명관天命觀이 대두되고 인간은 사회공동체의 일원이라는 인식이 확립되면서 다양한 인간관이 생겨났는데, 공통적으로 도덕성·가변성·사회성의 가치를 기반으로 인간 존재의 의미를 파악하고자 하였다.[36]

1) 공자의 인간관

(1) 사회관계의 개체

인간은 관계 속에서 자신의 존재를 확인하기 때문에 개인의 생활과 사회적인 요구에 적응하며 자신을 변화시켜 나간다. 공자는 가족 및 사회조직 속에서 관계를 맺으며 살아가기 위해서는 사회화 과정이 필요하다고 보았는데, 『논어』「학이」에서 다음과 같이 말한다.

> 그 사람됨이 효도하고 공경하면서 윗사람에게 거역하기를
> 좋아하는 이가 적으니, 윗사람에게 거역하는 것을 좋아하지 않

---

36) 조긍호, 『유학심리학의 체계Ⅲ: 인간 삶의 목표 추구와 보편심리학의 꿈』, 학지사, 2021, 28쪽.

으면서 난을 일으키는 것을 좋아하는 이는 아직 있지 않다. 군자
는 근본에 힘쓴다. 근본이 서면 나아갈 길이 생기는 것이니 효도
와 공경은 인을 하는 근본이다.[37)]

　가정에서 부모와 형제에 대한 예가 이루어지면 사회에서 공경의
예가 바로 서게 된다. 효제孝弟는 인을 행하고 사회적 질서를 바르게
잡는 근본이 되기 때문에 가정에서는 효를 행하고, 사회에서는 웃어
른을 공경하고, 언행을 삼가면 인덕仁德에 도달할 수 있게 된다.
　인간이 사회생활을 영위하기 위해서는 상대방에 대한 예의가 근본
되어야 하는데, 『중용』에서는 "도가 사람에게서 멀지 않으니, 사람이
도를 행하면서 사람을 멀리한다면 도라 할 수 없다."[38)]라고 말한다.
이는 도와 인간은 불가분의 관계에 있음을 말하는 것으로 도는 사람
에 의해 완성되고 사람들 속에서 실현되기 때문에 사람과의 관계가
없는 도는 의미가 없는 것이다. 따라서 도가 완성되고 실현되기 위해
서는 '관계'라는 구조적 내용이 형성되고, 그 내용에 따른 실천이 이
어져야 한다. 그래서 공자는 개인의 실천을 나라를 다스리는 일에까
지 확장하면서 다음과 같이 말한다.

　　백성들에게 장중하게 임하면 공경스러워지고, 효도와 자비
　로 임하면 충성스러워지고, 착한 이를 등용하고 능하지 못한
　이를 가르치면 선을 힘쓰게 된다.……서경에 효를 말하였다.
　오직 효도하고 형제에게 우애하여 정치에 베푼다고 하였으니,

---

37) 『論語』, 「學而」, "其爲人也, 孝弟, 而好犯上者鮮矣, 不好犯上, 而好作亂者,
　　未之有也. 君子務本. 本立而道生, 孝弟也者, 其爲仁之本與."
38) 『中庸』, 第13章, "道不遠人, 人之爲道而遠人, 不可以爲道."

이 또한 정치를 하는 것이다. 어찌 따로 정치를 한다고 하겠는
가!39)

가정 내의 효제 정신은 치세治世로 확장되는데, 솔선수범하는 행동
이 아랫사람의 공경과 충성스러움을 일으켜 마침내 선에 도달하도록
이끈다. 인간은 사회적 관계의 개체로서 주어진 역할이 있는데, 공자
는 군신부자君臣父子의 관계로 밝히고 있다.40) 정치는 인륜의 실천을
근본으로 하기에 임금은 임금으로서의 직분에, 신하는 신하로서의
도리에, 아버지는 아버지로서의 역할에, 자식은 자식으로서의 도리
에 충실할 때 사회의 질서가 바로 서고 선정善政이 이루어지게 된다.
이것이 바로 공자가 말하는 정명定命인 것이다.

(2) 도덕성의 주체

공자는 인간을 밝은 덕성을 갖춘 존재로 파악하고 밝은 덕으로
인간존재의 의미를 부여하였다. 인간이 본유적으로 부여받은 도덕성
이 밝다는 근거는『대학』의 "큰 배움의 도는 밝은 덕을 밝힘에 있고,
백성을 새롭게 함에 있고, 지극한 선에 그침에 있다."41)라는 구절에
서 찾을 수 있다. 큰 배움의 도는 인간 본성의 자각 문제와 직결되는
것으로 밝고 신명한 본성을 깨달아야 자기를 조절하고 마침내 도덕
과 선이 완성된 내면의 상태를 유지할 수 있게 된다.

공자가 말하는 덕은 내면에 존재하는 본질적인 것이고, 인仁 개념

---

39) 『論語』,「爲政」, "臨之以莊則敬, 孝慈則忠, 擧善而敎不能則勸.……書云孝
　　乎. 惟孝, 友于兄弟, 施於有政, 是亦爲政, 奚其爲爲政."
40) 『論語』,「顏淵」, "齊景公 問政於孔子, 孔子 對曰 君君臣臣父父子子."
41) 『大學』, 經1章, "大學之道, 在明明德, 在新民, 在止於至善."

은 이러한 모든 덕을 통칭하는 명칭으로 제기된 것이다.[42] 또 인간존재의 근거를 인을 실현하는 것으로 규정하였는데, 인은 도덕과 가치의 근본이자 인간이 달성해야 할 최고의 경지이다. 부연하면 인은 외부에 있는 것이 아니라 순수한 내면의 자각에 의해 일어난다. 그래서 「자장」에서는 "덕을 지니고도 넓히지 않고, 도를 믿고서 성실하지 않다면 어찌 존재한다고 할 수 있고, 또 어찌 존재하지 않는다고 할 수 있겠는가?"[43]라는 구절을 통해 인덕을 외부로 확장하라고 말한다. 확장된 인은 타인에 대한 태도로 드러나는데 다음과 같다.

> 무릇 인자仁者는 자신이 서고자 하면 남을 세워주고, 자신이 통달하고자 하면 남도 통달하게 하는 것이다. 능히 가까운 데에서 취해서 타인의 처지를 미루어 보는 것이 인을 행하는 방법이다.[44]

인간은 자기가 속한 조직의 영향을 받기 때문에 진정한 인의 실천은 타인과 상호작용을 주고받는 과정에서 이루어진다. 비록 개인의 선호에 따라 상황을 지각하고 대인관계의 방식이 다르지만 사회적 안정성을 유지하기 위해서는 타인과의 협력은 필수적이다. 그러므로 자신의 마음을 미루어 그것을 외부로 확장하는 것은 진정한 인을 실천하는 방법이 된다. 이러한 도덕성의 구현은 자유의지와 밀접한 관

---

42) 이상은, 「先秦儒學의 根本問題와 傳承關係에 관한 考察: 孔子·孟子·荀子의 天人觀, 心性論을 中心으로」, 『동양철학연구』 17권, 동양철학연구회, 1997, 267~268쪽.
43) 『論語』, 「子張」, "子張曰 執德不弘, 信道不篤, 焉能爲有, 焉能爲亡."
44) 『論語』, 「雍也」, "夫仁者, 己欲立而立人, 己欲達而達人. 能近取譬, 可謂仁之方也已."

계가 있다. 그래서 공자는 인의 실천은 남이 아니라 자신에게 달린 문제라고 말한다.[45] 개인의 신념, 추구하는 목표, 일처리 방식은 개인의 행동에 강한 영향을 미치는데, 신념을 변화시키고 실천 의지를 강화하면 덕성의 완성이라는 목표에 도달할 수 있게 된다.

(3) 가능성의 주체

공자는 인간을 무한한 가능성을 지닌 존재로 보고, 그 근본이 배움에 있다고 말한다. 가능성이 있다는 것은 개인의 성격적 특질과 행동이 변화될 수 있다는 것인데, 「양화」에서는 옛사람들과 지금 사람들의 병폐를 비교하면서 다음과 같이 설명하고 있다.

> 옛날에는 사람들에게 세 가지 병폐가 있었는데, 지금은 그것 마저 없어졌다. 옛날에 자기 망상에 빠진 자는 단지 바람이 너무 컸을 뿐인데, 지금의 자기 망상자는 방탕하고, 옛날에 교만한 자는 단지 다가서기 어려웠을 뿐인데, 지금의 교만한 자는 흉악하고 난폭하다. 옛날에 어리석은 자는 단지 솔직한 것뿐이었는데, 지금의 어리석은 자는 간사할 따름이다.[46]

옛날 사람들의 망상, 교만함, 어리석음의 행동적 양상이 세월의 변천과 함께 방탕함, 흉폭함, 간사함으로 표출된다는 것은 개인의 환경이나 시대적 배경 등의 후천적 영향에 따라 외현적으로 드러나는 행동이 달라질 수 있음을 의미한다. 기존의 행동 방식의 변화를 유도하

---

45) 『論語』, 「顏淵」, "爲仁由己, 而由人乎哉."
46) 『論語』, 「陽貨」, "古者 民有三疾, 今也 或是之亡也. 古之狂也 肆, 今之狂也 蕩, 古之矜也 廉, 今之矜也 忿戾, 古之愚也 直, 今之愚也, 詐而已矣."

기 위해서는 특정한 계기나 요인이 있어야 하는데, 공자는 학습學習을 통한 후천적 노력을 요인으로 제시한다. 부연하여 설명하면, 배움을 시의적절하게 실천하고, 대인관계에 힘쓰고, 흔들리지 않는 마음을 세우면 도의 경지를 완미할 수 있게 된다. 「양화」에서는 학문의 중요성을 다음과 같이 논한다.

> 인을 좋아하면서 배우기를 싫어하면 그 폐단은 어리석어지고, 지혜를 좋아하면서 배우기를 싫어하면 그 폐단은 무질서해지고, 신의를 좋아하면서 배우기를 싫어하면 그 폐단은 의를 해치게 되고, 정직함을 좋아하면서 배우기를 싫어하면 그 폐단은 가혹해지고, 용기를 좋아하면서 배우기를 싫어하면 그 폐단은 난폭해지고, 굳세기를 좋아하면서 배우기를 싫어하면 그 폐단은 무모해진다.[47]

성숙한 인격에 필요한 인仁·지知·신信·직直·용勇·강剛은 배움을 근본으로 함양해야 한다. 배움이 뒷받침되지 않은 덕성은 어리석고, 무질서하고, 의롭지 못하고, 가혹하고, 난폭하고, 무모한 행위로 표출되기 때문에 늘 학문을 가까이해야 한다. 그리하면 일상생활의 작은 부분에서부터 배우고 알게 되어 점차 행하기 어려운 높은 경지에까지 도달하게 된다. 이 경지는 하학이상달下學而上達[48]로 이어지는데, 진정한 앎은 자신의 무지를 꿰뚫어 볼 수 있는 자각심과 타인을 이해하는 능력에 있다. 이렇게 모르는 것을 알아가고 앎의 축적을 통해

---

47) 『論語』, 「陽貨」, "好仁不好學, 其蔽也愚, 好知不好學, 其蔽也蕩, 好信不好學, 其蔽也賊, 好直不好, 其蔽也絞, 好勇不好學, 其蔽也亂, 好剛不好學, 其蔽也狂."

48) 『論語』, 「憲問」, "下學而上達, 知我者, 其天乎."

만사에 통달하는 과정은 인간이 무한한 잠재력을 지닌 존재임을 말해준다. 하지만 실행력이 뒷받침되지 않는 잠재력은 하나의 가능성에 그치게 되므로 개선의 의지와 노력을 부단히 이어가야 한다.

2) 맹자의 인간관

(1) 사회관계의 개체

맹자가 말하는 인의仁義사상의 핵심은 가족관계에 있다. 그는 가족 간에 근본이 되어야 할 도와 사회적으로 확장된 인간관계에서 지켜야 할 도를 강조하였는데, 『맹자』 「등문공장구상」에서는 다음과 같이 말한다.

> 사람에게는 도리가 있는데, 배불리 먹고 따뜻하게 입고 편안하게 거처하기만 하면서 가르침이 없으면 짐승에 가까워진다. 성인이 이를 근심하시어 설을 사도로 삼아서 인륜人倫을 가르치게 하셨으니, 어버이와 자식 사이에는 친밀함이 있어야 하고, 임금과 신하 사이에는 의리가 있어야 하고, 남편과 아내 사이에는 분별이 있어야 하고, 연장자와 연소자 사이에는 서열이 있어야 하고, 벗들 사이에는 믿음이 있어야 한다는 것이다.[49]

사람과 사람 사이에는 지켜야 할 도리가 있는데, 부자유친, 부부유별, 장유유서의 가족관계는 붕우유신, 군신유의의 사회관계로 확대

---

49) 『孟子』, 「滕文公章句上」, "人之有道也, 飽食煖衣, 逸居而無敎, 則近於禽獸. 聖人有憂之, 使契爲司徒, 敎以人倫, 父子有親, 君臣有義, 夫婦有別, 長幼有序, 朋友有信."

된다. 이 문장은 맹자가 인간을 사회관계의 질서와 조화를 이루는 일원으로 생각하고 있음을 보여주는 것으로 공자의 정명사상을 계승·발전시킨 것이라 하겠다. 그는 도를 먼 곳이 아니라 가까운 곳에서 구해야 한다고 말하는데, 도는 가장 가까운 육친과의 도리를 지키는 것에서 비롯된다고 보았기 때문이다. 사단지심의 근본은 인륜에 있다. 인은 어버이를 섬기는 효에서 나오고 의는 윗사람을 공경하는 제悌에서 비롯되는 것으로, 이 둘에서 예악의 정신이 나오는 것이다.

인간은 부여받은 천명에 순응해야 한다. 이러한 진리는 『주역』「설괘」의 "옛날에 성인이 역을 지은 것은 장차 성명의 이치를 따르려고 한 것이다."[50]라는 구절에 잘 나타나 있다. 하늘의 도는 본성과 천명에 순응하는 것인데 맹자는 이러한 성명의 이치를 인륜으로 논한다.

> 인이 아버지와 아들 사이에 있는 것과, 의가 임금과 신하 사이에 있는 것과, 예가 손님과 주인 사이에 있는 것과, 지가 현자에게 있는 것과, 성인이 하늘의 도에 있는 것은 명命이다. 그러나 거기에는 사람의 본성이 있다. 그러므로 군자는 그것을 명이라고 하지 않는다.[51]

원만한 인간관계의 원리는 천명에서 비롯되지만 인간의 본성에 뿌리를 두고 있다. 인仁은 부자 간에, 의義는 군신 간에, 예禮는 주객 간에 지켜야 할 도리이고, 이러한 도리를 깨우치고 지智를 겸비하면 군자의 경지에 이르게 된다. 이것은 인륜이 인간의 본성으로 갖추어

---

50) 『周易』, 「說卦」, 第2章, "昔者聖人之作易也, 將以順性命之理."
51) 『孟子』, 「盡心章句下」, "仁之於父子也, 義之於君臣也, 禮之於賓主也, 智之於賢者也, 聖人之於天道也, 命也. 有性焉. 君子不謂命也."

져 있기에 노력으로 발현될 수 있음을 나타낸 것이라 하겠다.

한편, 맹자는 공자가 제창한 서恕를 한층 더 확충해 나갔는데, 「양혜왕장구상」에서는 다음과 같이 말한다.

> 나의 노인을 공경하여 남의 노인에까지 이르게 하고, 나의 어린아이를 사랑해서 남의 어린아이에까지 이르게 한다면, 천하는 손바닥에서 움직일 수 있다. 시경에 이르기를, 아내에게 모범이 되어서 형제에 이르고 이로써 집과 나라를 다스린다고 하였으니, 이 마음을 들어서 저기에 더한 것 뿐임을 말한 것이다. 그러므로 은혜를 미루면 사해를 보호할 수 있고, 은혜를 미루지 않으면 처자도 보호할 수가 없다. 옛날 사람이 일반인보다 크게 능가한 까닭은 다른 것이 없으니, 그 하는 바를 잘 미루었을 뿐이다.[52]

자신의 마음과 처지를 헤아려 넓히면 가족 구성원과 친밀한 관계를 형성할 뿐만 아니라 건강한 사회와 국가를 이룰 수 있다. 왜냐하면 서恕를 통한 배려의 마음은 더불어 살아가는 사회의 필요조건이기 때문이다.

(2) 도덕성의 주체

맹자는 인간이라면 누구나 본유적으로 도덕성을 갖추고 있다고 보았다. 이는 인간이 도덕적으로 완성될 수 있는 단서가 되는데, 『맹자』

---

52) 『孟子』, 「梁惠王章句上」, "老吾老以及人之老, 幼吾幼以及人之幼, 天下可運於掌. 詩云 刑于寡妻, 至于兄弟, 以御于家邦, 言擧斯心加諸彼而已. 故推恩足以保四海, 不推恩無以保妻子. 古之人所以大過人者, 無他焉, 善推其所爲而已矣."

「고자장구상」에서는 다음과 같이 말한다.

> 불쌍히 여기는 마음은 사람마다 모두 가지고 있고, 나의 나쁜
> 일을 부끄러워하고 남의 나쁜 일을 미워하는 마음도 사람마다
> 모두 가지고 있고, 공경하는 마음도 사람마다 모두 가지고 있고,
> 좋고 나쁨을 분별하는 마음도 사람마다 모두 가지고 있다. 불쌍
> 히 여기는 마음은 인이고, 나의 나쁜 일을 부끄러워하고 남의
> 나쁜 일을 미워하는 마음은 의이고, 공경하는 마음은 예이고,
> 좋고 나쁨을 분별하는 마음은 지이다. 인의예지는 외부로부터
> 나에게 주어진 것이 아니라, 내가 원래 가지고 있는 것이다. 다만
> 생각하지 못할 뿐이다.[53]

인간의 내면에는 측은지심, 수오지심, 공경지심, 시비지심이 있는
데, 사단지심으로 드러나는 인·의·예·지는 외부 활동이나 환경에
의해 습득되는 것이 아니라 내면에 깃들어 있는 고유한 속성이다.
이 마음은 자각을 통해서만 발현되기 때문에 적절한 마음의 긴장이
필요하다. 이는 도덕성이 인간의 고유한 특성임에도 불구하고 구현
되기 어려움을 의미하는데, 『중용』에서는 다음과 같이 말한다.

> 도가 행해지지 못함을 내가 아니, 지혜로운 자는 지나치고
> 어리석은 자는 미치지 못하기 때문이다. 도가 밝아지지 못함을
> 내가 아니, 현명한 자는 지나치고 불초한 자는 미치지 못하기
> 때문이다. 사람들이 마시고 먹지 않음이 없지만 맛을 아는 이가

---

53) 『孟子』, 「告子章句上」, "惻隱之心, 人皆有之, 羞惡之心, 人皆有之, 恭敬之
心, 人皆有之, 是非之心, 人皆有之, 惻隱之心仁也, 羞惡之心義也, 恭敬之
心義也, 是非之心智也, 仁義禮智, 非由外鑠我也, 我固有之也. 弗思耳矣."

드물다.54)

도의 완성이 어려운 이유는 어리석고 불초한 사람의 마음과 행동적 특성이 지혜롭고 현명한 사람들의 그것과는 다르기 때문이다. 그래서 달도達道라는 동일한 목표가 주어져도 개인의 성격과 실행 능력 등의 차이에 따라 결과가 달라지게 된다. 그러나 군자의 본성인 사덕四德의 근본은 마음에 있기 때문에 누구나 마음을 닦고 실천하면 군자와 같은 본성을 발현할 수 있게 된다.

(3) 가능성의 주체

맹자는 인간을 소체小體와 대체大體를 겸비한 존재로 인식한다. 이는 소체의 마음을 억제하고 대체의 마음을 기르면 누구나 성인이 될 수 있음을 의미하는데, 『맹자』「고자장구상」에서는 다음과 같이 말한다.

> 공도자가 묻기를, '똑같이 사람인데, 혹은 대인이 되고 혹은 소인이 되는 것은 무엇 때문입니까?'라고 하자, 맹자께서는 '그 대체를 따르면 대인이 되고, 그 소체를 따르면 소인이 된다.'라고 하셨다. 이에 '똑같이 사람인데, 혹은 대체를 따르고 혹은 소체를 따르는 것은 무엇 때문입니까?'라고 하자, '귀와 눈이란 기관은 생각하지 않으므로 외계의 사물에 가려지니 외물과 사물 (이목耳目)이 만나면 거기에 끌려갈 뿐이고, 마음의 기관은 생각할 수 있으니 생각하면 얻고 생각하지 못하면 얻지 못한다. 이들

---

54) 『中庸』, 第4章, "道之不行也, 我知之矣, 知者過之, 愚者不及也. 道之不明也, 我知之矣, 賢者過之, 不肖者不及也. 人莫不飮食也, 鮮能知味也."

은 모두 하늘이 우리에게 부여한 것이니, 먼저 그 큰 것을 세운다
면 그 작은 것이 능히 빼앗지 못할 것이니, 이것이 대인이 되는
이유일 뿐이다.[55]

　인간은 천하고 작은 소체와 귀하고 큰 대체를 함께 지니고 있다.
여기서 소체는 귀·눈·코·입의 감각기관을 말하고, 대체는 마음을
가리킨다. 감각기관의 욕구만을 중시하면 외부 사물에 가려져서 인
도人道를 벗어나게 되고,[56] 본심의 만족을 추구하면 고유한 사덕의
도덕성을 드러내게 된다. 이것이 소인과 대인의 차이점인데 대인의
마음 즉 생각은 내면을 향한 반성과 성찰을 가리킨다. 마음은 인체조
직의 감각기관을 넘어선 지각과 사고를 담당하는 심관心官이기 때문
에, 대체와 본심을 내면에 확립하고 보존하면 누구나 대인이 될 수
있다.
　대인이 된다는 것은 인격적 완성을 의미하는데 그 필수조건의 하
나가 자기성찰이다. 그래서 군자는 늘 자신의 언행을 성찰해야 하는
데, 『중용』에서는 이러한 자세를 "활을 쏘아 과녁의 정곡을 맞히지
못하면 돌이켜 자기 자신에게서 구한다."[57]라고 말한다. 활쏘기처럼
문제상황이나 위기에 당면했을 때는 외부적 요인보다 우선 자기 자

---

55) 『孟子』, 「告子章句上」, "公都子問曰 鈞是人也, 或爲大人, 或爲小人, 何也.
　　孟子曰 從其大體爲大人, 從其小體爲小人. 曰 鈞是人也, 或從其大體, 或從
　　其小體, 何也. 曰 耳目之官, 不思而蔽於物, 物交物則引之而已矣, 心之官則
　　思, 思則得之, 不思則不得也, 此天之所與我者, 先立乎其大者, 則其小者不
　　能奪也. 此爲大人而已矣."
56) 연재흠, 「孟子의 心性論 研究」, 『범한철학』 51권 4호, 범한철학회, 2008,
　　95~96쪽.
57) 『中庸』, 第14章, "射有似乎君子, 失諸正鵠, 反求諸其身."

신에게서 원인을 찾아야 한다. 왜냐하면 내적 원인을 정확하게 파악해야 외부적인 상황에 적절하게 대처할 수 있기 때문이다. 맹자도 인간에게 자아 성찰력이 있다고 보고 다음과 같이 말한다.

> 여기에 어떤 사람이 있는데 그가 나에게 함부로 대하면, 군자는 반드시 자신을 반성하여, '내가 반드시 어질지 못하고, 반드시 무례한 가보다. 이러한 일에 어떻게 이를 수 있겠는가?'라고 한다. 자신을 뒤돌아보아도 어질고, 자신을 뒤돌아보아도 예가 있는데도 그 횡포함이 여전하다면 군자는 반드시 자신을 반성하여 '내가 반드시 성실하지 못한 것이다.'라고 한다. 자신을 뒤돌아보아 성실하였지만 그 횡포함이 여전하다면 군자는 '이 사람은 다만 제멋대로 하는 사람일 뿐이다. 이와 같다면 금수와 어찌 다르겠는가? 금수에게 무엇을 꾸짖을 것이 있겠는가?'라고 말한다.58)

군자는 상대방의 반응을 통해 자신의 마음과 행동의 올바름을 살펴야 한다. 인간은 다른 동물과 다르게 자신의 언행을 반추하는 능력이 있는데, 이러한 능력은 현실을 객관적으로 인식하고 대처해 나갈 수 있는 바탕이 된다. 이처럼 인간이 자반自反을 통해 개선할 수 있다는 것은 양지良知와 양능良能이 있음을 의미하는데, 「진심장구상」에서는 다음과 같이 말한다.

---

58) 『孟子』, 「離婁章句下」, "有人於此, 其待我以橫逆, 則君子必自反也, 我必不仁也, 必無禮也. 此物奚宜至哉. 其自反而仁矣, 自反而有禮矣, 其橫逆由是也, 君子必自反也, 我必不忠. 自反而忠矣, 其橫逆由是也, 君子曰 此亦妄人也已矣. 如此則與禽獸奚擇哉. 於禽獸又何難焉."

사람이 배우지 않고서도 할 수 있는 것은 그의 타고난 능력이
고, 생각하지 않고서도 아는 것은 그의 타고난 지력이다. 어린
아기도 그의 어버이를 사랑할 줄 모르는 자가 없고, 그 장성함에
미쳐서는 그의 형을 공경할 줄 모르는 자가 없다. 어버이를 친애
함이 인이고, 어른을 공경함이 의이다. 이는 다름이 아니라 천하
에 이르게 하는 것이다.[59]

　양지는 인간의 선천적인 도덕적 분별력과 판단능력을 말하는데,
도덕을 실천하는 근거가 된다. 인간은 양지와 양능을 본연적으로 갖
추고 있기 때문에 배우거나 사고하지 않아도 도덕적 판단에 따라 규
범을 지킬 수 있다. 이들은 인간의 고유한 도덕성을 나타내기도 하지
만, 인도人道를 실천하는 무한한 가능성도 내포하고 있기 때문에 누
구나 그 능력을 자각하고 실천하면 인격을 완성할 수 있다.

3) 순자의 인간관

(1) 사회관계의 개체

　순자는 인간이 다른 동물에 비해 육체적으로 열등한 조건에 있음
에도 불구하고 사회생활이 가능한 것은 상하 분별에 따른 사회조직
을 운영하기 때문이라고 보았다. 원만한 조직 운영을 위해서는 대인
관계에서 지켜야 할 질서가 있는데, 『순자』 「왕제」에서는 효孝·제弟
·순順·군君으로 규정하고 있다.

---

59) 『孟子』, 「盡心章句上」, "人之所不學而能者, 其良能也, 所不慮而知者, 其
　　良知也. 孩提之童, 無不知愛其親也, 及其長也, 不知敬其兄也. 親親仁也,
　　敬長義也. 無他, 達之天下也."

어버이를 잘 섬기는 것은 효이고, 형을 잘 섬기는 것은 제이고,
윗사람을 잘 섬기는 것은 순이고, 아랫사람을 잘 부리는 것은
임금이라 하니, 임금은 사람을 잘 뭉치게 하는 자이다.[60]

부모와 자식, 형과 아우의 가족관계에서는 효도와 공경을 근본으로 하고, 군주와 신하, 연장자와 연소자의 사회관계에서는 순종과 다스림을 근본으로 해야 한다. 순자는 이러한 인간관계를 종시終始의 개념으로 해석하여 "군신·부자·형제·부부의 도리는 시작되면 끝나고 끝나면 시작되니, 천지와 더불어 함께 다스려지고 만세萬世와 더불어 영원히 지속되는 것으로, 이를 가리켜 위대한 근본이라고 한다."[61]라고 말한다. 임금과 신하, 아버지와 자식, 형과 아우, 남편과 아내의 관계는 시·공간을 초월해 영원히 지속되는 것으로 사회조직의 근본이 된다. 이것은 인간존재의 근거를 사회관계 속의 역할에서 찾고 있음을 보여주는 것이라 하겠다.

종시의 개념은 『주역』에서도 찾을 수 있는데, 「계사상」에서는 "시작에 근원하여 끝으로 되돌아오기 때문에 삶과 죽음의 설을 안다."[62]라는 구절을 통해 천도의 운행으로 밝히고 있다. 우주의 삼라만상은 유에서 무로, 무에서 유로, 시작에서 끝으로 무한 반복하기 때문에 만물은 시공간을 초월하는 영원성을 지닌다. 이렇게 만물이 영속성을 지닐 수 있는 것은 정해진 규칙에 따라 천도가 운행되기 때문

---

60) 『荀子』, 「王制」, "能以事親謂之孝, 能以事兄謂之弟, 能以事上謂之順, 能以使下謂之君, 君者善群也."
61) 『荀子』, 「王制」, "君臣父子兄弟夫婦, 始則終, 終則始, 與天地同理, 與萬歲同久, 夫是之謂大本."
62) 『周易』, 「繫辭上」, 第4章, "原始反終, 故知死生之說."

인데, 순자 또한 자신이 속한 위치에서 주어진 역할을 다하는 것이 사회적 질서와 안정을 도모하는 길이라고 보았다.

(2) 도덕성의 주체

순자는 인간과 존재물의 차이점을 도덕적 지향성의 문제로 인식한다. 인간이 다른 동물보다 우월한 위치에서 자유로운 행위자가 될 수 있었던 것은 예의라는 후천적 노력을 통해 도덕적 행위능력을 갖추었기 때문이다. 그는 공경함을 예로, 직분職分을 의로 정의하였는데 도덕적 행위인 예의지도는 인간의 욕망을 자제함으로써 악을 변화시켜 선에 도달하는 방법이다. 이것은 사회질서 유지, 신분의 구별, 왕도 등의 이상적인 사회를 만드는 근본 규범이 된다. 또 인간에게는 선천적으로 변별력과 같은 도덕성이 내재해 있기 때문에 부자간·남녀 간의 윤리가 존재한다. 하지만 순자는 이러한 분별과 변별이 분리에 그치지 않고 조화로 이어진다고 보고, 다음과 같이 말한다.

> 예의와 음악은 잘 정비되고, 신분과 의리는 분명하고, 여러 가지 하는 일은 때에 알맞고, 사람들을 사랑하고 이롭게 하려는 뜻이 잘 드러난다면, 백성들은 임금을 하느님처럼 존귀하게 여기고, 하늘처럼 높이 받들고, 부모처럼 친근히 여기고, 귀신처럼 두려워한다. 그러므로 상을 내릴 필요도 없이 백성들은 힘쓰게 되고, 형벌을 쓸 필요도 없이 위엄이 행해진다.63)

---

63) 『荀子』, 「彊國」, "禮樂則脩, 分義則明, 擧錯則時, 愛利則形. 如是, 百姓貴之如帝, 高之如天, 親之如父母, 畏之如神明. 故賞不用而民勸, 罰不用而威行."

예악을 정비하고 신분의 분계를 확실히 하고 도덕에 근본을 둔 치세는 나라를 평안하고 강하게 만드는 요인이 된다. 군자가 예의와 분별에 근본을 두고 굳게 지키면 백성들은 저절로 존경의 마음을 품고 절도에 맞게 행동하게 된다. 이렇게 군자가 덕성으로 치세를 할 때는 반드시 정성을 다해야 한다. 이 문제를 「불구」에서는 다음과 같이 말한다.

> 천지는 위대하지만 정성되지 않고는 만물을 화육하지 못한다. 성인은 지혜가 있지만 정성되지 않고는 만백성을 교화하지 못한다. 아버지와 자식은 친한 관계이지만 정성되지 않으면 멀어진다. 임금은 존귀한 자리이지만 정성되지 않으면 천해진다. 정성이란 군자가 지켜야 할 덕성이고 정치의 근본이다.[64]

천지만물을 비롯한 모든 인간관계는 정성이 근본이 되어야 발전할 수 있다. 이 문장은 정성이 인간만의 도리가 아님을 말해준다. 만물을 화육하는 것은 하늘의 정성이고, 사람을 교화하고 올바른 인간관계를 형성하고 인격을 도야하는 것은 인간의 정성이다. 천도는 인간 내면에 도덕성으로 품부되어 도덕적 행위를 이루는 근본이 되기 때문에 인간은 강인한 의지로 덕을 완성해 나가야 한다.

(3) 가능성의 주체

순자는 인간을 선천적인 인지능력을 지닌 존재로 인식한다. 인지

---

64) 『荀子』, 「不苟」, "天地爲大矣, 不誠則不能化萬物. 聖人爲知矣, 不誠則不能化萬民. 父子爲親矣, 不誠則疏. 君上爲尊矣, 不誠則卑. 夫誠者, 君子之所守也, 而政事之本也."

능력은 인간이 변화하고 발전하는 가능성의 근거가 되어 외부의 사물을 기억하고 분별하게 하고 그 이치에 대한 탐구를 가능케 한다. 또 인간이 자기 내면의 사고와 신념을 자각하고 예의의 법도에 따르도록 이끌어 지혜로운 삶을 운용하도록 만든다. 지혜를 발휘하는 것은 지知와 지智의 융합에 의한 것으로 지知는 인간에게 지각이 있는 것이고, 지智는 지각이 외물에 부합하는 것을 말한다.[65] 부연하면 지知는 인지능력의 내적 근거가 되고, 지智는 인지능력이 사물이나 환경에 맞게 작용하여 나타나는 것이다.

인지능력을 지닌 마음이 외적 환경이나 사물과 접촉하면서 축적된 지식이 지智가 되는데, 이는 배우기를 좋아하면 지智에 가까워진다는 『중용』구절과[66] 상통한다. 지혜는 천도에도 내적 도의 완성이 외부로 확장되어 나가는 바 이르기 위해 반드시 필요한 덕성으로 타인과 만물을 완성해 준다. 탕이 되는데, 이것은 배움을 통해 완성된다. 다시 말해 배움은 무지無智에서 지智로, 무한한 가능성의 세계로 나아가는 통로가 되는 것이다.

추론하면 인간의 인지능력은 사물의 인식을 넘어 도덕적 완성을 이루는 근본이 될 뿐만 아니라 인간이 환경에 조작되지 않고 주재자로서 살아갈 수 있는 근거가 된다. 『순자』「수신」에서는 "옳은 것을 옳다 하고 그른 것을 그르다 함을 지혜라 하고, 옳은 것을 그르다 하고 그른 것을 옳다 함을 어리석음이라고 한다."[67]라고 하여, 지우智愚는 시비是非에 대한 올바른 판단에 있다고 말한다. 옳고 그름에

---

65) 『荀子』,「正名」, "所以知之在人者, 謂之知, 知有所合, 謂之智."
66) 『中庸』, 第20章, "或學而知之."
67) 『荀子』,「修身」, "是是非非謂之知, 非是是非謂之愚."

대한 올바른 인지능력은 당면한 문제를 현명하게 해결할 수 있는 실마리를 제공해 준다. 이런 연유로 지혜로운 사람은 이치에 따라 정확한 판단을 내릴 수 있는 것이다.

상기한 공자·맹자·순자의 인간관을 표로 나타내면 다음과 같다.

〈표-9〉 공자·맹자·순자의 인간관[68]

	인간관		
	사회관계의 개체	도덕성의 주체	가능성의 주체
공자	孝弟 實踐	仁 自覺, 自由意志	知的能力, 自覺心
맹자	五倫之道, 恕	四端之心	良能, 良知
순자	上下分別	辨別力	徵知

3. 선진유학의 이상적 인격론

유학 사상은 인간을 도덕성에 근거한 사회적 관계체로 파악하고, 그 핵심이 인간 본성의 회복에 있다고 규정한다. 그 길은 자신뿐만 아니라 타인에 대한 관심과 배려를 통한 궁극적 목적인 도에 함께 이르는 것으로 군자 혹은 성인의 모습으로 묘사하고 있다. 군자는

---

[68] 〈표-9〉 공자·맹자·순자의 인간관 論者註

공자	효제를 실천한다. 인을 자각하고 자유의지가 있다. 지적능력과 자각심을 지니고 있다.
맹자	인간관계에서 오륜지도를 지키고, 서의 마음을 확장한다. 사단지심을 지니고 있다. 배우지 않아도 할 수 있는 양능과 생각하지 않아도 알 수 있는 양지를 갖추고 있다.
순자	가족관계와 사회관계에서 상하를 분별한다. 사물과 상황에 대한 변별력이 있다. 물건에 따라 차이를 알 수 있는 인지능력인 징지가 있다.

인과 의를 바탕으로 도를 체득하여 자기 개선을 이루고, 모든 일의 책임을 자기 자신에게서 구하고, 이기적인 욕구와 자기 표출을 삼가고, 체득한 도를 실행하려고 노력하는 사람이다. 즉 군자는 수기修己를 바탕으로 자신의 도덕적·인격적 완성과 대인관계에서 조화를 이루고 사회적 책무를 맡아 완수해 나가는 사람으로 일반인들도 노력으로 도달할 수 있다.

군자의 이런 모습은 우리에게 인격 완성을 위한 이상적 지향점을 제시한다. 또 도덕에 대한 올바른 인식을 확립하게 하고 성숙한 인격을 향해가는 지침이 된다.

1) 공자의 이상적 인격론

유가에서 추구하는 이상적 인격체는 성인聖人, 군자君子, 현자賢子 등으로 불리고 있는데, 공자는 최상의 완성된 인격체인 성인보다 일상에서 호학好學을 통해 인의 실천을 끊임없이 노력하는 가능성의 존재인 군자를 이상적 인격의 정형으로 정립하였다.

(1) 인·의·예·지 실천을 통한 자립성 확립

유가 사상에서 인·의·예·지 사덕은 인간이 지켜야 할 기본 덕목이자 공동생활을 영위하는 원리이다. 공자는 인을 도덕의 근원으로 간주하고, 군자를 인의仁義를 바탕으로 자주적으로 행동하는 존재로 보았다. 그래서 『논어』 「이인」에서는 "군자는 천하 모든 일에 옳다고 고집하지도 않고, 안된다고 부정하지도 않고, 오직 의에 따라서 행한다."[69]라는 구절을 통해 군자는 만사에 어진 마음을 기반으로 선입견이나 치우침 없이 오직 의에 따라 행동해야 한다고 말한다.

의로움은 사물에 대한 비판적 사고를 바탕으로 이루어지는 것이기 때문에 통섭하면서 편파적이지 않아야 한다.

이러한 인과 의의 관계는 『대학』의 "윗사람이 인을 좋아하는데 아랫사람이 의를 좋아하지 않는 때는 없고, 아랫사람이 의를 좋아하는데 그 윗사람의 일이 끝마쳐지지 못하는 때는 없다."[70]라는 구절에서도 찾을 수 있다. 인과 의는 인간관계의 근본 덕목으로 윗사람의 어짊은 아랫사람이 자주적으로 행동할 수 있는 원인으로 작용하여 마침내 일의 완성으로 연결된다.

또 자신에게 맞게 자주적으로 행동하기 위해서는 상황을 바르게 파악하고 이치에 따라 행동해야 한다. 그래서 군자는 타인과 화합하지만 동同하지 않고, 소인은 동同하지만 화합하지 않는다.[71] 군자는 자신이 처한 환경을 객관적으로 인식하고 자주적으로 행동하기 때문에 사람들과 화합을 이루되 시류에 휩쓸리지 않지만, 소인은 외부적으로는 열정적으로 참여하는 듯 보여도 사익에 눈이 멀어 도리에 맞는 일에 화합하지 않는다. 그러므로 성숙한 인격자들은 자기 생각과 행동에 긍지를 가지지만 의견이 다른 사람과 분쟁하지 않고, 사람들과 활발한 교류를 하지만 당파는 만들지 않는다.

이처럼 군자는 인·의·예·지 실천을 통해 현실을 객관적으로 파악하고 자립적으로 살아가기 때문에 근심하거나 미혹되거나 두려워하는 일이 없다. 이러한 군자의 실천은 언행일치에 따른 책임감으로 이어지는데, 「자한」에서는 다음과 같이 말한다.

---

69) 『論語』, 「里仁」, "君子之於天下也, 無適也, 無莫也, 義之與比."
70) 『大學』, 傳10章, "未有上好仁, 而下不好義者也, 未有好義, 其事不終者也."
71) 『論語』, 「子路」, "君子和而不同, 小人同而不和."

산을 쌓아 올리는데 한 삼태기의 흙이 모자라서 완성을 보지
못했다 하여도, 그 일을 그만두면 내가 그만둔 것이다. 땅을 고르
는데 한 삼태기의 흙을 부어 놓았다 하여도 그 일을 진척시켰으
면 내가 진척시킨 것이다.[72]

덕을 쌓아 인격을 완성하는 것도 학문을 넓히는 일도 모두 자신의
선택과 노력에 의한 결과일 뿐 다른 사람이나 환경 탓이 아니다. 모
든 선택의 책임은 자신에게 달려 있기 때문에 군자는 어떤 일이든
자기 소임으로 알고, 잘못의 원인을 자기에게서 구해야 한다.

(2) 학문의 완성

학문은 사고의 확대와 신념의 변화를 이끌고 개인의 인생관과 가
치관의 구조적 문제를 해결하는 중요한 매개체이다. 그래서 공자는
학문에 뜻을 두는 것을 군자의 첫 단계로 보고 호학好學의 중요성을
강조하였는데, 『논어』 「위령공」에서는 "내가 일찍이 하루 종일 먹지
않고, 밤새도록 자지 않고 사색하였지만 아무 유익함이 없었고 배우
는 것만 못하였다."[73]라고 하여, 배움을 사색보다 윗 단계에 두었다.
왜냐하면 사색은 개인의 가치관과 경험에 따라 치우칠 수 있지만 옛
성인의 말씀은 정도正道를 담고 있기 때문이다.

인간은 충분히 그리고 완벽하게 알고 있을 때는 상황에 적합한
행동이 자동적이고 반사적으로 뒤따르게 되기 때문에[74] 배움은 군자

---

72) 『論語』, 「子罕」, "譬如爲山, 未成一簣, 止吾止也. 譬如平地, 雖覆一簣, 進
    吾往也."
73) 『論語』, 「衛靈公」, "吾嘗終日不食, 終夜不寢以思, 無益, 不如學也."
74) Abraham H. Maslow 지음, 정태연·노현정 옮김, 『존재의 심리학』, 문예

의 덕목을 완전히 수행하기 위한 필수조건이 된다. 비록 배움이 인격의 깊이를 더하는 요인이기는 하지만 사색이 병행되지 않으면 올바른 완성이라고 할 수 없다. 『중용』의 "널리 배우고, 자세하게 묻고, 신중하게 생각하고, 밝게 분별하고, 독실하게 행해야 한다."[75]라는 구절처럼 배움은 문헌 습득에만 그치는 것이 아니라 체화體化하고 생활에 실행할 수 있어야 한다.

학문은 자기에게 결여되고 알지 못하는 세계를 조명하는 활동으로 반성적 사고이자 물음이다.[76] 인간은 자기반성을 통해 부족한 부분을 깨닫고 잘못된 것을 수정하는 과정을 거쳐야 공자가 말하는 하나로써 관철하는 경지에 도달할 수 있게 된다. 이처럼 군자의 도는 덕행과 배움이 완벽한 조화를 이룰 때 완성되는데, 「옹야」에서는 학문의 진의를 다음과 같이 말한다.

> 애공이 '제자 중에 누가 학문을 좋아합니까?'라고 묻자, 공자께서 '안회라는 제자가 학문을 좋아하여 노여움을 옮기지 않고, 같은 잘못을 되풀이하지 않았는데, 불행하게도 단명하여 죽고 없으니, 아직 학문을 좋아하는 자가 있다는 말을 듣지 못하였습니다.'라고 답하셨다.[77]

공자에게서 가르침을 받은 사람은 많지만 호학을 올바르게 실천한

---

75) 『中庸』, 第20章, "博學之, 審問之, 愼思之, 明辨之, 篤行之."
76) 임헌규, 「공자의 군자론과 철학의 이념」, 『동방학』 20집, 한서대학교 동양고전연구소, 2011, 153쪽.
77) 『論語』, 「雍也」, "哀公問弟子, 孰爲好學. 孔子對曰 有顏回者好學, 不遷怒, 不貳過, 不幸短命死矣. 今也則亡, 未聞好學者也."

사람이 오직 안회 한 명뿐이라는 것은 학문의 완성이 지극히 어렵다는 것을 의미한다. 이 구절은 진정한 학문의 완성은 무엇인가에 대한 물음을 남긴다. 여기에 대한 답은 선한 본성을 근본으로 자기를 돌아보고 반성하고 마침내 완벽한 극기克己의 경지에 이르는 것에 있다. 그러므로 군자는 호학을 바탕으로 자기 통찰에 힘써야 한다.

(3) 대인관계의 조화

인간은 각자의 직분에 맞는 행위를 했을 때 사람들과 조화로운 관계를 형성하게 되는데, 공자는 자신의 위치에서 본분을 다하고 군신·부자·부부·형제·친구 간의 도리를 다할 것을 강조한다. 그는 효도와 공경을 인을 행하는 근본으로 보았는데,78) 가정 내의 부모·형제간의 인간관계는 사회에서 장유관계로 이어지기 때문에 가정에서 근본이 바로 서면 사회의 질서가 저절로 잡히게 된다. 그리고 붕우朋友관계에서는 학문을 바탕으로 친구를 사귀고 인덕을 높여야하는데, 「계씨」에서는 익자삼우益者三友와 손자삼우損者三友로 설명하고 있다.

> 정직한 사람을 벗하고, 성실한 사람을 벗하고, 많이 아는 사람을 벗하면 유익하고, 편벽된 사람을 벗하고, 아첨을 잘하는 사람을 벗하고, 빈말을 잘하는 사람을 벗하면 해롭다.79)

---

78) 『論語』, 「學而」, "有子曰 其爲人也孝弟, 而好犯上者 鮮矣, 不好犯上, 而好作亂者 未之有也. 君子務本. 本立而道生, 孝弟也者, 其爲仁之本與."

79) 『論語』, 「季氏」, "益者三友, 損者三友, 友直, 友諒, 友多聞, 益矣, 友便辟, 友善柔, 友便佞, 損矣."

군자가 사귐을 할 때는 사사로운 정이나 외형에 이끌리지 말고 신언서판身言書判에 근거한 객관적인 인지를 바탕으로 해야 한다. 왜냐하면 선악은 마음에서 일어나서 모습으로 나타나기 때문에 마음의 표상은 몸이 된다. 이런 연유로 마음을 보는 것은 형체를 보는 것이고, 형체는 행동으로 드러나게 되는 것이다.[80) 올바른 교우관계는 신의를 바탕으로 서로가 절차탁마하도록 도울 때 이루어지는데, 덕을 갖추지 못한 사람과는 그러한 관계를 형성하기 어렵다.

또 대인관계에서는 경계해야 할 사람이 있는데, 아랫사람이면서 윗사람을 비난하거나, 과감하게 행동하지만 융통성이 없거나, 불손한 태도를 용맹함으로 착각하거나, 남의 잘못을 엿듣고 폭로하면서 그것을 강직함이라 여기는 사람들이다. 이러한 군자의 처신을 『중용』에서는 다음과 같이 말한다.

> 군자는 자신의 지위에 따라 마땅히 해야 할 것을 행하고, 그밖의 것은 원하지 않는다. 부귀한 처지가 되어서는 부귀에 마땅하게 행하고, 빈천한 처지가 되어서는 빈천에 마땅하게 행하고, 오랑캐의 처지가 되어서는 오랑캐에 마땅하게 행하고, 환난을 당해서는 환난에 마땅하게 행하니, 군자는 가는 곳마다 자득하지 않음이 없다.[81)

인간은 매 순간 사고하고 판단하고 반응하게 되는데, 이때 자기 지위에 맞게 행동해야 한다. 부귀·빈천·이적·환난에 상관없이 자기

---

80) 오서연, 『인상과 오행론』, 학고방, 2017, 171쪽.
81) 『中庸』, 第14章, "君子素其位而行, 不願乎其外. 素富貴, 行乎富貴, 素貧賤, 行乎貧賤, 素夷狄, 行乎夷狄, 素患難, 行乎患難, 君子無入而不自得焉."

가 처한 상황을 객관적으로 인식하고 그에 합당한 행동을 하는 것이 자득하는 방법이다.

(4) 사회적 책무 완수

대인관계의 조화는 성숙한 인격을 바탕으로 이루어진다. 인격적으로 성숙하기 위해서는 잘못된 점을 지적하고 도덕적 행위를 하도록 교화하고 이끄는 존재가 있어야 하는데 군자는 이러한 책무를 완수해야 할 사명이 있다. 이에 대해 공자는 "백성들에게 장중하게 임하면 공경하고, 효도와 자비로 임하면 충성하고, 잘하는 자를 등용하여 능하지 못한 자를 가르치면 권면하게 될 것이다."[82]라는 구절을 통해 먼저 백성들에게 모범을 보여야 한다고 말한다. 이렇게 군자가 백성들에게 공경·충성·권면함을 이끌어내기 위해서는 장중함·효도와 자비·가르침에 근본을 두어야 한다. 왜냐하면 군자의 행동은 백성들의 거울이기 때문이다. 이러한 이치를 『대학』에서는 다음과 같이 말한다.

> 소위 천하를 화평하게 함이 그 나라를 다스림에 있다는 것은 윗사람이 노인을 노인으로 대접하면 백성들이 효를 일으키고, 윗사람이 어른을 어른으로 대접하면 백성들이 공경하는 마음을 일으키고, 윗사람이 고아를 구휼하면 백성들이 배반하지 않는다.[83]

---

82) 『論語』, 「爲政」, "臨之以莊則敬, 孝慈則忠, 擧善而敎不能則勸."
83) 『大學』, 傳10章, "所謂平天下在治其國者, 上老老而民興孝, 上長長而民興弟, 上恤孤而民不倍."

조직을 올바르게 이끌기 위해서는 지도자가 솔선수범을 보여야 한다. 백성들은 그 모습을 본받아 자연히 효제孝弟를 실천하고 충성하게 되므로 천하를 평안하게 하려면 먼저 나라를 올바르게 다스려야 한다. 국가의 기반을 튼튼히 하기 위해서는 사람들 간의 결속력을 높이는 것이 중요한데, 사회적으로 약자 계층을 돕는 것은 지도자가 반드시 해야 할 책무이다. 이러한 문제를 『논어』「자장」에서는 다음과 같이 말하고 있다.

> 군자는 믿음을 받은 후에 백성들을 부려야 하는데, 믿지 않으면 자기들을 괴롭힌다고 생각한다. 신임을 받은 후에 간해야 하는데, 신임을 받지 못하고 간하면 자기를 헐뜯는다고 생각한다.[84]

인간관계에서 강한 연대감을 형성하기 위해서는 반드시 신임의 관계가 먼저 형성되어야 한다. 신뢰가 전제되지 않은 상태에서 일을 진행하면 상대방과의 관계를 회피하거나 방어적으로 대응하기 때문이다. 공자는 그 방법의 하나로 인재 등용을 제시하는데, 곧은 사람을 등용하면 백성들은 자연히 따르게 되고 올바르지 못한 사람을 등용하면 백성들은 따르지 않게 된다는 것이다. 인재를 등용하는 문제는 사람들의 공감이 필요한 일로 국정 운영에서 아주 중요한 일이다.

또한 군자가 사회적 책무를 완수하기 위해서는 자기에게 부여된 명命이 무엇인지 알아야 한다. 「요왈」에서는 "천명을 알지 못하면 군자가 될 수 없고, 예를 알지 못하면 설 수 없고, 말을 알지 못하면

---

84) 『論語』,「子張」, "子夏曰 君子信而後勞其民. 未信則以爲厲己也. 信而後諫. 未信則以爲謗己也."

사람을 알 수가 없다."[85)]라고 하여, 명命·예禮·언言에 대한 앎을 강조하고 있다. 군자는 천명을 알아야 자신에게 부여된 사회적 책무를 알 수 있고, 예의를 알아야 사람들 앞에서 자주적으로 행동할 수 있고, 말의 의도나 요지를 알아야 상대방의 진의를 파악해서 대처할 수 있게 된다.

2) 맹자의 이상적 인격론

맹자는 공자의 이상적 인간상을 그대로 계승하면서 군자·성인과 함께 대인大人을 이상적 인간상으로 제시하였다. 그는 성인을 인륜의 표준으로 삼으면서도 공자와는 달리 인간 본유의 성향을 먼저 구현한 존재로 보았다. 지금까지 초월적이고 신비한 존재로 숭상되었던 성인이 맹자에 이르러 중심적 인간상으로 확립되면서 성인의 개념이 확대되었는데, 성인인 요堯·순舜도 일반사람이라는 그의 말 속에는 성인은 일반인들이 목표로 삼아야 할 대상이자 이상적인 인간상이라는 뜻이 내포되어 있다.

(1) 인·의·예·지 실천을 통한 자립성 확립

맹자는 군자의 덕목으로 인仁과 의義를 강조하였다. 인과 의의 실천은 백성이 따르고 현자를 만나는 길로 이어지는데, 『맹자』「이루장구상」에서는 "인은 사람의 편안한 집이고, 의는 사람의 올바른 길이다."[86)]라고 말한다. 몸과 마음은 편안히 머물 수 있는 공간이 있어

---

85) 『論語』, 「堯曰」, "不知命, 無以爲君子也, 不知禮, 無以立也, 不知言, 無以知人也."

85) 『論語』, 「堯曰」, "不知命, 無以爲君子也, 不知禮, 無以立也, 不知言, 無以
  知人也."

야 하는데, 몸의 안락처는 집이고 마음의 안락처는 본심이라는 것이다. 그래서 인간은 인에 있을 때 편안함을 느끼고, 이理를 체득하여 하늘과 사람에 대해 부끄러움이 없게 되고, 사물과 사건을 마땅하고 합리적인 의에 따라 처리하기 때문에 정정당당하게 행동할 수 있다.[87] 여기서 인은 내면적 근본이 되고, 의는 마땅히 해야 할 행위가 된다.

어진 사람이 지도자가 되면 선정善政이 펼쳐지지만 어질지 못한 사람이 지도자가 되면 많은 사람에게 악영향을 미친다. 그러므로 군자는 늘 인의의 덕을 귀하게 여기고 백성을 사랑해야 함을 명심해야 한다. 또 자신의 본분에 충실해야 하고 그 본분은 본성에 근거해야 하는데, 「진심장구상」에서는 이 문제를 다음과 같이 말한다.

> 땅을 넓히고 백성을 많이 모으는 것은 군자가 바라는 일이기는 하지만, 그가 즐거워하는 것은 거기에 있지 않다. 천하의 한 가운데에 서서 사해의 백성들을 안정시켜 주는 일은 군자가 즐거워하지만 본성은 거기에 있지 않다. 군자가 본성으로 하는 것은 크게 행해지더라도 더 보태지지 않고 비록 곤궁하게 살더라도 줄어들지 않으니, 분수가 정해져 있기 때문이다. 군자가 본성으로 하는 인·의·예·지는 마음에 뿌리하여 그것이 빛으로 드러나면 윤택하여 얼굴에 나타나고, 등에 넘쳐흐르고, 사지에까지 이르는데, 사체四體는 굳이 말하지 않아도 저절로 깨달아 올바르게 되는 것이다.[88]

---

86) 『孟子』, 「離婁章句上」, "仁人之安宅也, 義人之正路也."

87) 채인후 저, 천병돈 역, 『맹자의 철학』, 예문서원, 2000, 71쪽.

88) 『孟子』, 「盡心章句上」, "廣土衆民, 君子欲之, 所樂不存焉. 中天下而立, 定四海之民, 君子樂之, 所性不存焉. 君子所性, 雖大行不加焉, 雖窮居不損焉,

군자에게 영토를 확장하고 백성의 수를 늘리고 민생을 안정시키는 일은 기쁜 일이지만 이보다 본성을 구현하는 일이 우선이다. 군자는 세상에 도가 크게 행해지기를 바라는데 외적인 일들의 성공 여부와는 상관없이 사덕으로 내면을 닦기 때문에 그 덕은 외형에 드러나 정도正道를 걷게 된다. 이러한 군자의 자세를 『중용』에서는 조화와 강인함으로 말하고 있다.

> 군자는 조화를 이루되 휩쓸리지 않으니 강하다 꿋꿋함이여! 중립하여 치우치지 않으니 강하다 꿋꿋함이여! 나라에 도가 있을 때는 궁색했을 때 지키던 뜻을 변치 않으니 강하다 꿋꿋함이여! 나라에 도가 없을 때는 죽어도 지조가 변치 않으니 강하다 꿋꿋함이여![89]

군자는 주변 세력과 조화를 이루지만 시류에 편승하지 않아야 하고, 중립을 지키며 한쪽으로 편벽됨을 조심해야 하고, 나라에 도의 유무와 상관없이 굳건한 뜻을 지켜야 한다. 독립성과 자율성이 강한 사람은 외부적 조건에 흔들리지 않고 자기 신념에 따라 행동하게 되는데, 맹자는 군자의 이러한 강직함과 지조의 표본으로 백이를 언급한다.

> 백이는 눈으로는 나쁜 빛깔을 보지 않고, 귀로는 나쁜 소리를 듣지 않고, 그의 임금이 아니면 섬기지 않고, 그의 백성이 아니면

分定故也. 君子所性, 仁義禮智根於心, 其生色也, 睟然見於面, 盎於背, 施於四體, 四體不言而喩."

89) 『中庸』, 第10章, "故君子和而不流, 强哉矯. 中立而不倚, 强哉矯. 國有道, 不變塞焉, 强哉矯. 國無道, 至死不變, 强哉矯."

부리지 않았다. 세상이 다스려지면 나아가고 혼란하면 물러났다. 횡포한 정치가 나오는 곳과 횡포한 백성들이 거주하는 곳에서는 차마 살지 못하였다. 향인들과 함께 사는 것을 조복을 입고 조관을 쓰고서 진흙과 숯 위에 앉아있는 것처럼 생각하였다. 紂 때에 북해 부근에 살면서 천하가 맑아지기를 기다렸다. 그러므로 백이의 風度를 들으면 완악한 사나이는 청렴해지고, 나약한 사나이는 뜻을 세우게 된다.90)

백이는 나쁜 것은 보지도 듣지도 않고, 올바르지 못한 임금이나 백성과는 가까이 하지 않고, 평화로운 시기에 관직으로 나아가고, 향인들과 함께 있는 것을 피하면서 세상이 맑아지기를 기다렸다. 이러한 행동은 『대학』의 지어지선止於至善91)의 경지와 일치하는 것으로, 군자는 자기수양을 통해 순수함과 청렴함을 일관되게 견지해야 한다. 그래서 맹자는 백이를 성지청자聖之淸者라고 하였다.

(2) 학문의 완성

유가에서 학문의 완성은 지식의 완성만이 아니라 행동과 인품의 완성까지 포함된다. 맹자는 학문의 도는 구방심求放心에 있다고 보고, 군자가 세제를 정비하고 백성들의 생활을 안정시키면 반드시 교육을 통해 도덕을 깨닫고 실천하도록 이끌어야 한다고 주장하였다. 그래서 상고시대의 교육을 통해 학문의 중요성을 강조하였는데, 『맹자』

---

90) 『孟子』, 「萬章章句下」, "伯夷目不視惡色, 耳不聽惡聲, 非其君不事, 非其民不使. 治則進, 亂則退. 橫政之所出, 橫民之所止, 不忍居也. 思與鄉人處, 如以朝衣朝冠, 坐於塗炭也. 當紂之時, 居北海之濱, 以待天下之淸也. 故聞伯夷之風者, 頑夫廉, 懦夫有立志."
91) 『大學』, 經1章, "大學之道……在止於至善."

「등문공장구상」에서는 다음과 같이 말한다.

> 상·서·학·교를 만들어서 백성들을 가르쳤으니, 상은 봉양
> 한다는 뜻이고, 교는 가르친다는 뜻이고, 서는 활쏘기를 익힌다
> 는 뜻입니다. 하나라에서는 교라 하고, 은나라에서는 서라고
> 하고, 주나라에서는 상이라 하고, 학은 삼대가 그것을 함께 하였
> 으니, 모두 인륜을 밝히기 위한 것이었습니다. 인륜이 위에서
> 밝아지면, 백성들은 아래에서 서로 친밀하게 될 것입니다. 왕자
> 가 일어나는 일이 있으면, 반드시 와서 법으로 취할 것이니, 이는
> 왕자의 스승이 되는 것입니다.[92]

하·은·주 시대의 상·서·학·교는 인간의 도리를 가르치는 것이
가장 큰 임무의 하나였는데 이들의 공통 목표는 인륜을 밝히는 데
있었다. 교육을 통해 인륜의 도를 알게 되면 백성들 간의 질서는 자
연히 바로 서기 때문에 군주는 학문의 중요성을 기억하고 실행에 옮
겨야 한다. 도를 배울 때는 가르치는 사람도 배우는 사람도 마음의
자세가 중요한데, 맹자는 목수의 일을 배울 때 컴퍼스와 곱자를 사용
하는 것처럼 법에 따라 정밀하게 익히고, 널리 배우고 자세히 풀어야
한다고 말한다. 그래야 도의 귀착점을 알 수 있기 때문이다. 「이루장
구하」에서는 가르치는 사람의 책무를 다음과 같이 말한다.

> 중용의 덕을 갖춘 자가 중용의 덕을 갖추지 못한 자를 길러주
> 고, 재능이 있는 자가 재능이 없는 자를 길러준다. 그러므로 사람

---

92) 『孟子』, 「滕文公章句上」, "設爲庠序學校, 以敎之, 庠者養也, 校者敎也, 序
者射也. 夏曰校, 殷曰序, 周曰庠, 學則三代共之, 皆所以明人倫也. 人倫明
於上, 小民親於下. 有王者起, 必來取法, 是爲王者師也."

들은 현명한 부형을 갖는 것을 즐거워한다. 만약 중용의 덕을
갖춘 자가 중용의 덕을 갖추지 못한 자를 버리고 재능이 있는
자가 재능이 없는 자를 버린다면, 현명한 자와 불초한 자의 거리
는 한치도 못 될 것이다.[93]

　중용의 덕을 갖춘 사람과 재능이 있는 사람은 그렇지 못한 사람을
가르쳐야 할 사회적 책무가 있다. 만약 중용과 재능을 갖추지 못한
사람을 교육하지 않는다면 자신들의 책임을 다하지 않은 것이므로
갖춘 사람이나 갖추지 못한 사람이나 별반 차이가 없게 되는 것이다.
군자가 사회적 책무를 인식하고 백성들이 인의를 실천하도록 가르칠
때는 몇 가지 방법이 있는데,「진심장구상」에서는 다음과 같이 제시
하고 있다.

　　군자가 가르치는 방법은 다섯 가지이다. 제 때에 내리는 비가
　변화시켜 주는 것이 있고, 덕을 이루어 주는 것이 있고, 재능을
　통달하게 한 것이 있고, 물음에 대답해 주는 것이 있고, 사사로이
　선으로 다스린 경우가 있으니, 이 다섯 가지는 군자가 가르치는
　방법이다.[94]

　가르칠 때는 첫째, 만물의 생장을 위해서는 때에 맞는 적절한 비가
필요하듯이 때에 맞는 가르침으로 사람을 변화시키고, 둘째, 덕을 완
성하도록 도와주고, 셋째, 자신이 가진 재능에 통달할 수 있도록 도

---

93) 『孟子』,「離婁章句下」, "中也養不中, 才也養不才. 故人樂有賢父兄也. 如
　　中也棄不中, 才也棄不才, 則賢不肖之相去, 其間不能以寸."
94) 『孟子』,「盡心章句上」, "君子之所以敎者五, 有如時雨化之者, 有成德者,
　　有達財者, 有答問者, 有私淑艾者, 此五者, 君子之所以敎也."

와주고, 넷째, 궁금한 점에 대한 해답을 주고, 다섯째, 정식으로 배움을 받지 못해도 군자의 도를 듣고 그에 따라 선한 행위를 하도록 이끌어야 한다. 이렇게 도덕을 가르치고 배우는 일에는 인내심이 필요한데, 보통 사람들은 인격적 완성을 목표로 도전하지만 중도에 포기하는 경우가 많기 때문이다. 이러한 상황은 『중용』의 "군자는 중용을 따라 세상에 은둔해 인정받지 못 해도 후회하지 않으니, 오직 성자聖者만이 그렇게 할 수 있다."95)라는 구절에 잘 나타나 있다. 진정한 학문의 실천은 세상 사람들의 인정에 상관없이 도를 향해 연마해 나가는 데 있는 것이다.

또 인격완성의 경지에 도달하기 위해서는 인생행로에서 맞이하는 상황이나 환경에 상관없이 끊임없이 도를 행해야 한다. 도의 경지는 개인의 한계점을 극복해야 도달할 수 있는 것이기 때문에 일반인들은 도중에 포기하는 경우가 많다. 그래서 맹자는 "그만두어서는 안 될 때 그만두는 사람은 그만두지 않는 일이 없을 것이고, 후하게 해야 할 때 박하게 하는 사람은 박하게 하지 않는 것이 없을 것이다."96)라고 하여, 도의 완성을 위해서는 자신의 마음을 다잡아 원래 상태로 돌아가지 않도록 끊임없이 노력해야 한다고 강조하였다. 왜냐하면 학문의 완성은 서두른다고 되는 것이 아니라 점진적인 과정을 통해 이루어지기 때문이다.

---

95) 『中庸』, 第11章, "君子依乎中庸, 遯世不見知而不悔, 唯聖者能之."
96) 『孟子』, 「盡心章句上」, "於不可已而已者, 無所不已, 於所厚者薄, 無所不薄也."

(3) 대인관계의 조화

맹자는 자기수양을 통해 체득한 인의를 사람들과의 조화 속에서 발휘하는 것을 이상적 인간상의 하나로 보고, 대표 인물로 유하혜를 언급하였다. 그는 앞서 말한 백이와는 다른 행적을 보였는데 다음 문장에 잘 나타나 있다.

> 유하혜는 더러운 임금을 섬기는 것을 부끄럽게 여기지 않고, 작은 벼슬도 사양하지 않았다. 나아가면 뛰어난 능력을 감추지 않고 반드시 도리대로 하였다. 버림을 받아도 원망하지 않고, 곤궁하게 되어도 근심하지 않았다. 향인들과 함께 있으면서도 유유하게 지내며 차마 떠나지 못해서 말하기를, '너는 너이고, 나는 나이다. 비록 내 곁에서 옷을 걷고 벗는다고 한들 네가 어찌 나를 더럽히겠는가.'라고 하였다. 그러므로 유하혜의 풍도를 들으면 속이 좁은 사나이도 너그러워지고 인정이 없는 사나이도 인심이 후해진다.[97]

유하혜는 아무리 타락한 군주라도 섬기고, 낮은 직급이라도 나아가서 자기의 능력을 발휘하고, 등용에 상관없이 향리들과 유유하게 어울리신 분이다. 이러한 행동은 『대학』의 "좋아하면서도 그의 나쁜 점을 알고, 미워하면서도 그의 아름다운 점을 아는 사람이 천하에 적다."[98]라는 구절과 상통하는 것으로, 군자는 통찰력으로 주위 사람과 상황을 바르게 파악하면서도 조화를 이루어 나가야 함을 보여준

---

97) 『孟子』, 「萬章章句下」, "柳下惠不羞汙君, 不辭小官, 進不隱賢, 必以其道, 遺佚而不怨, 阨窮而不憫, 與鄕人處, 由由然不忍去也, 爾爲爾, 我爲我, 雖袒裼裸裎於我側, 爾焉能浼我哉. 故聞柳下惠之風者, 鄙夫寬, 薄夫敦."
98) 『大學』, 傳8章, "好而知其惡, 惡而知其美者, 天下鮮矣."

것이라 하겠다. 그래서 맹자는 유하혜를 성지화자聖之和者라고 말한다.

또 맹자는 남녀 간에 구별이 있어 손을 직접 잡지 않는 것이 예이지만, 목숨이 경각에 달린 상황에서는 예의 굴레에서 벗어나서 행동할 수 있어야 한다고 말한다. 그래서 주자는 권權을 저울의 추에 비유하여 "상황을 저울질하여 중도를 얻었다면 이것이 예이다."[99]라고 하였다. 이는 공자가 시의時義에 맞는 행동을 했다는 것으로 대인관계에서 오륜이 중요하기는 하지만, 생명과 직결된 절박한 상황에서는 절도에 맞게 대처하는 융통성이 필요함을 시사한다. 또한 사람들과 관계를 맺을 때는 이익이 아니라 인의에 근본해야 한다고 보았는데, 「고자장구하」에서 부자·형제·군신 관계로 설명하고 있다.

> 다른 사람의 신하가 된 자도 이익을 생각하여 그의 임금을 섬기고, 다른 사람의 자식이 된 자도 이익을 생각하여 그의 아비를 섬기고, 다른 사람의 아우가 된 자도 이익을 생각해서 그의 형을 섬긴다면, 이는 군신도 부자도 형제도 인과 의를 버리고 이익을 생각하여 서로 만나는 것입니다. 그렇게 하고도 망하지 않은 자는 아직 없습니다.......다른 사람의 신하가 된 자도 인의를 생각하여 그 임금을 섬기고, 다른 사람의 자식이 된 자도 인의를 생각하여 그 아비를 섬기고, 다른 사람의 아우가 된 자도 인의를 생각해서 그 형을 섬긴다면, 이는 군신도 부자도 형제도 이익을 버리고 인의를 생각하여 서로 만나는 것입니다. 이렇게 하고도 왕 노릇을 하지 못하는 자가 아직 있지 않는데, 어찌 이익을 말씀하십니까.[100]

---

99) 『孟子集註』, 「離婁章句上」, "權稱錘也, 稱物輕重而往來以取中者也. 權而得中, 是乃禮也."

일이 진행되는 과정이 비슷해 보여도 기준점을 어디에 두느냐에 따라 흥망의 결과가 달라진다. 그래서 대인관계에서는 눈앞의 이익 보다는 도를 근본으로 멀리 볼 줄 아는 혜안이 필요하다. 맹자는 교우관계에서도 나이, 지위, 혈연관계를 떠나 오직 덕성의 유무를 살펴야 한다고 말한다. 군자가 일반 사람들과 다르게 생각하고 행동하는 이유는 그 마음을 보존하고 있기 때문이다. 군자가 인과 예의 마음을 보존하여 타인을 사랑하고 공경하면 타인도 사랑과 공경으로 답하게 된다. 『대학』에서는 이러한 이치를 다음과 같이 말한다.

> 요·순임금이 천하를 인仁으로 거느리자 백성들이 그를 따랐고, 걸·주왕이 천하를 포악함으로 다스리자 백성들이 그를 따랐으니, 임금이 명령하는 것이 임금 자신이 좋아하는 것과 상반되면 백성들은 그 명령을 따르지 않는다. 그러므로 군자는 자기 몸에 선이 있고 난 다음에 남에게 선하기를 요구하고, 자기 몸에 악이 없고 난 다음에 남의 악을 비난한다.[101]

본유의 마음을 자각해 인으로 세상을 다스리면 백성들이 인을 실천하고, 악으로 세상을 다스리면 백성들도 악을 일삼게 된다. 이 문장은 군자가 하늘로부터 품부받은 마음을 자각하고 보존하여 외부로

---

100) 『孟子』,「告子章句下」, "爲人臣者, 懷利以事其君, 爲人子者, 懷利以事其父, 爲人弟者, 懷利以事其兄, 是君臣父子兄弟, 終去仁, 義懷利以相接. 然而不亡者, 未之有也.……爲人臣者, 懷仁義以事其君, 爲人子者, 懷仁義以事其父, 爲人弟者, 懷仁義以事其兄, 是君臣父子兄弟, 去利, 懷仁義以相接也. 然而不王者, 未之有也, 何必曰利."

101) 『大學』, 傳9章, "堯舜帥天下以仁, 而民從之, 桀紂帥天下以暴, 而民從之, 其所令反其所好, 而民不從. 是故君子有諸己而後求諸人, 無諸己而後非諸人. 所藏乎身不恕, 而能喩諸人者, 未之有也."

실천하는 문제가 얼마나 중요한지 알려준다.

(4) 사회적 책무 완수

군자는 상황과 환경에 상관없이 사람들이 자신의 사명을 깨닫고 사회적으로 성장해 나갈 수 있도록 도와야 할 의무가 있다. 맹자가 이상적 인간상의 하나로 제시한 이윤은 선지자先知者와 선각자先覺者로서 책임을 다한 인물이다. 그의 행적은 다음 구절에 잘 나타나 있다.

> 이윤은 '누구를 섬긴들 임금이 아닐 것이고, 누구를 부린들 백성이 아니겠느냐!'라고 하여, 세상이 다스려져도 나가고 어지러워도 나가면서 '하늘이 이 백성들을 세상에 내어놓을 때, 먼저 안 사람이 뒤에 아는 사람을 일깨워 주고, 먼저 깨달은 사람이 뒤에 깨닫는 사람을 일깨워 주도록 하셨다. 나는 하늘이 낸 백성 중의 먼저 깨달은 자이니 내 장차 도로써 이 백성들을 일깨워 주겠다.'라고 하였다. 천하 백성 중에 필부필부匹夫匹婦라도 요·순의 은택을 입지 못하는 자가 있으면, 마치 자기가 그들을 도랑 가운데에 밀어 넣은 것처럼 생각하였다. 이는 천하의 중대한 사명을 자임自任한 것이다.102)

이윤은 사람의 인품과 세상 물정에 상관없이 백성들에게 도를 일깨워 주려는 목적의식이 뚜렷한 분이다. 사회를 긍정적으로 변화시키기 위해서는 각자의 전문 분야에서 역량을 발휘하도록 이끌어 주

---

102) 『孟子』,「萬章章句下」, "伊尹曰 何事非君, 何使非民, 治亦進, 亂亦進, 曰 天之生斯民也, 使先知覺後知, 使先覺覺後覺, 予天民之先覺者也, 予將以此道覺此民也, 思天下之民匹夫匹婦, 有不與被堯舜之澤者, 若己推而內之溝中, 其自任以天下之重也."

는 선지자들과 인간 본유의 선한 단서를 먼저 깨닫고 확충한 선각자
들이 지도자로서 완수해야 할 책임과 의무를 자각하고 충실히 이행
해야 한다. 그래서 맹자는 이윤을 성지임자聖之任者라고 하였다.

맹자는 앞서 언급한 것처럼 백이·이윤·유하혜의 행동을 통해 성
인의 덕을 설명하였는데, 궁극적으로는 세 성인의 인품을 모두 갖춘
공자를 성인의 표본으로 삼고 본받을 것을 목표로 한다. 그 내용은
다음 문장에 잘 나타나 있다.

> 백이는 성인으로서 맑았던 분이고, 이윤은 성인으로서 사명
> 을 자임하였던 분이고, 유하혜는 성인으로서 조화로웠던 분이
> 고 공자는 성인으로서 때를 알아서 일을 해나간 분이었다. 공자
> 와 같으신 분을 집대성했다고 하는 것이다. 집대성했다는 것은
> 金으로 소리를 울리고, 옥으로 거두어들인다는 것이다. 금으로
> 소리를 울린다는 것은 음악 연주를 시작하는 것이고, 옥으로
> 거두어들인다는 것은 연주를 맺는다는 것이다. 연주를 시작하
> 는 것은 지혜로운 사람의 일이고, 연주를 맺는 것은 성인의 일이
> 다. 智는 비유해서 말하자면 기교이고, 성聖은 비유해서 말하자
> 면 힘이다. 이는 백보 밖에서 활을 쏘는 것과 같으니, 그것이
> 도달하는 것은 너의 힘이지만, 그것이 적중하는 것은 너의 힘이
> 아니다.103)

백이·이윤·유하혜 세 성인은 자신의 신조에 따라 행동한 분들이

---

103) 『孟子』, 「萬章章句下」, "伯夷聖之淸者也, 伊尹聖之任者也, 柳下惠聖之
和者也, 孔子聖之時者也. 孔子之謂集大成. 集大成也者, 金聲而玉振之.
金聲也者, 始條理也, 玉振之也者, 終條理也. 始條理者, 智之事也, 終條理
者, 聖之事也. 智譬則巧也, 聖譬則力也. 由射於百步之外也, 其至爾力也,
其中非爾力也."

고, 공자는 때와 이치에 맞게 행동한 분이다. 맹자가 성인들의 성품과 행동을 언급한 것은 도를 실천하는 양상은 다르지만 지향하는 방향은 의미론적으로 볼 때 하나이기 때문이다. 이 하나는 도의 본체적 내용상으로 인이고, 이 인에서 실천적 의가 나오게 된다.[104] 그는 세 성인의 덕행도 훌륭하지만 공자처럼 하나에 편벽되지 않고 시의에 적절하게 행동하는 것이 지극한 경지라고 말한다. 공자를 모든 경지를 집대성한 성인으로 생각하기 때문에 그의 이상적 인간상은 지智를 겸비하되 성聖을 근본으로 상황에 적절한 행동을 취하는 공자의 모습이라 하겠다.

또 공자의 이러한 경지는 『중용』의 "말이 미리 정해지면 차질이 없고, 일이 미리 정해지면 곤란하지 않고, 행동이 미리 정해지면 탈이 없고, 도가 미리 정해지면 궁하지 않게 된다."[105]라는 구절과 상통하는 것으로, 미리 알고 대비하면 특정한 대상이나 상황을 맞이했을 때 적절한 행동을 취할 수 있다. 선각자로부터 깨우침을 받게 되면 그들이 겪었던 유사한 상황에서 올바른 선택과 반응을 할 수 있기에 군자는 자신의 지혜와 경험을 백성들과 나누어야 할 소임이 있다.

그리고 군자로서의 책무를 완수하기 위해서는 사람들을 이끄는 방법도 중요하다. 「공손추장구상」에서는 이 문제를 다음과 같이 말한다.

> 현명한 사람을 존중하고 유능한 인재를 부려서 뛰어난 인물들이 벼슬자리에 있으면, 천하의 선비들은 모두 기뻐하여 그 나라의 조정에 서기를 원할 것이고, 시장에서 점포세는 거두지

---

104) 류성태, 『東洋의 修養論』, 서울: 學古房, 1996, 53쪽.
105) 『中庸』, 第20章, "言前定則不跲, 事前定則不困, 行前定則不疚, 道前定則不窮."

만 물품세는 거두지 않고 법대로 처리하기만 하고 점포세를 거두지 않으면, 천하의 상인들은 모두 기뻐하여 그 시장에 상품을 두기를 원할 것이고, 관문에서는 살피기만 할 뿐 통행세를 거두지 않으면 천하의 여행자들은 모두 기뻐하여 그 길로 나가기를 원할 것이고, 농사짓는 사람들에게는 공전公田을 경작하게 하고 사전私田에 대한 세금을 거두지 않는다면, 천하의 농민들은 모두 기뻐하여 그 들에서 농사짓기를 원할 것이고, 사는 집에 부포와 리포가 없으면 천하의 백성들이 모두 기뻐하여 그의 백성이 되기를 원할 것이다.106)

현자를 존중하고 재능있는 자에게 그에 합당한 지위를 주면 세상의 인재들이 관직에 지원할 것이고, 각 계층에 매겨진 여러 세금을 가볍게 하면 백성의 생활이 여유로워지면서 국정 운영이 원활히 이루어진다. 이렇게 인의仁義의 도가 세상에 펼쳐지도록 각 계층에 맞는 정책을 훌륭하게 시행하면 자국민뿐만 아니라 이웃 나라의 백성들로부터도 존경을 받게 되는 것이다.

3) 순자의 이상적 인격론

순자도 군자와 성인을 이상적 인간상으로 보지만, 이들이 지닌 기본 특성은 공자·맹자와는 다른 견해로 제시한다. 그래서 선한 인간 본성에 대한 믿음을 바탕으로 백성들을 인도하려고 했던 맹자와는

---

106) 『孟子』, 「公孫丑章句上」, "尊賢使能, 俊傑在位, 則天下之士皆悅, 而願立於其朝矣. 市廛而不征, 法而不廛, 則天下之商皆悅, 而願藏於其市矣. 關譏而不征, 則天下之旅皆悅, 而願出於其路矣. 耕者助而不稅, 則天下之農皆悅, 而願耕於其野矣. 廛無夫里之布, 則天下之民皆悅, 而願爲之氓矣."

달리 전문성과 지도자의 권위에 기반한 예치禮治를 강조하였다.

(1) 인·의·예·지 실천을 통한 자립성 확립

순자의 성악설은 인간이 악하다는 전제에 그치는 것이 아니라 생리적인 본성을 교화하는 것에 목적이 있다. 그는 인간을 교화하는 방법이 예와 의에 있음을 강조하였는데, 예의을 근본으로 악한 본성을 억제함으로써 인격적 완성에 이를 수 있다고 보았다. 『순자』「대략」에서는 이 문제를 다음과 같이 말한다.

> 군자는 의로움을 바탕으로 어짊에 처신한 뒤에야 어질게 되고, 예의를 바탕으로 의로움을 실천한 뒤에야 의롭게 되고, 예를 제정할 때 그 근본원칙을 돌아보고 맨 끝의 지엽적인 부분을 완성하여야 예가 된다. 이 세 가지가 다 통달되어야 도가 이룩된다.[107]

군자는 따뜻한 인간관계를 맺으면서 자기 신념과 의지가 뚜렷해야 하는데 이 모든 행동이 예에서 벗어나지 않아야 한다. 예에 따라 행동하면 돌발적인 상황에서도 미혹되지 않고 신속하게 대응할 수 있게 된다. 이처럼 군자의 덕을 강조한 이유는 백성들과 관련된 모든 인사人事가 군자의 덕에 달려 있다고 보았기 때문이다. 그래서 예를 인도人道의 표준으로 삼았는데, 『중용』에서도 "재계하고 깨끗이 하며 의복을 갖추어 입고서 예가 아니면 움직이지 않는 것이 몸을 닦는 것이다."[108]라는 구절을 통해 수신의 근본이 예에 있다고 말한다. 군

---

107) 『荀子』, 「大略」, "君子處仁以義, 然後仁也. 行義以禮, 然後義也. 制禮反本成末, 然後禮也. 三者皆通, 然後道也."

자는 몸과 마음을 깨끗하게 할 뿐만 아니라 예의에 맞게 처신해야 하는데, 「예론」에서는 다음과 같이 말한다.

> 형식적인 수식과 인정과 실용적인 면이 서로 안팎으로 이루어 겉과 속이 나란히 행해지면서 섞여 있는 것, 이것이 올바른 예이다. 군자는 위로는 예의 융성함을 다하고 아래로는 예의 등급을 낮추어, 그 가운데 알맞게 처신해 걷거나 달리거나 뛰어도 여기에서 벗어나지 않는다. 이것이 군자가 높이는 바이다. 사람에게 이것이 있다면 사군자이고, 이것에서 벗어난다면 무지한 백성이다. 여기에서 예에 알맞게 두루 행동하는 것이 모두 그 질서에 들어맞는다면 그 사람은 바로 성인이다.[109]

올바른 예는 형식·인정·실용적인 면이 잘 어우러진 것으로 이것을 균형있게 지키면 군자이고, 항상 질서에 맞게 행하면 성인이다. 군자는 삶의 시작에서 끝까지 예의를 한결같이 지켜야 하는데, 그 예는 도에 어긋나지 않아야 한다.

또 순자는 지도자가 의로움을 행하는 유형에 따라 왕자·패자·망자로 구분하고, 의로움과 신용을 지키고 권모술수의 마음을 억제하는 것을 올바른 도를 지키는 길로 보았다. 의로움은 이익과 권세에 따라 움직이는 것이 아니라 옳고 그름에 대한 명확한 판단력을 기반으로 지조있게 행동하기 때문에 군자의 덕목인 용기로 이어지게 된

---

108) 『中庸』, 第20章, "齊明盛服, 非禮不動, 所以修身也."
109) 『荀子』, 「禮論」, "文理情用, 相爲內外表裏, 竝行而襍, 是禮之中流也. 故君子上致其隆, 下盡其殺, 而中處其中, 步驟馳騁厲騖不外是矣. 是君子之壇字宮廷也. 人有是, 士君子也, 外是, 民也. 於是其中焉 方皇周挾, 曲得其次序, 是聖人也."

다. 또한 "말하는 것이 도리에 맞는 것이 지혜이다. 침묵하는 것이 도리에 맞는 것도 지혜이다. 따라서 침묵할 줄 아는 것은 말할 줄 아는 것과 같다."[110]라고 하여, 군자는 지혜를 길러 적재적소에 맞게 행동할 것을 권한다. 지혜로운 사람의 말은 도리에 맞기 때문에 이해하기 쉽고 편안하게 실천할 수 있다. 침묵 또한 도리에 맞는 행동이기 때문에 군자는 늘 언행에 신중해야 한다.

(2) 학문의 완성

학문의 목적은 편협된 사고와 가치관을 바로 세워 자기완성에 이르도록 할 뿐만 아니라 삶의 목표를 달성하고 인생을 일관성있게 이끌어갈 수 있는 것을 포함한다. 그래서 학문을 실천할 때는 올바른 자세로 임해야 하는데 다음 문장에 잘 나타나 있다.

군자가 학문을 하는 것은 매미가 껍질을 벗는 것처럼 훌렁훌렁 벗으며 바뀌어야 한다. 그러므로 길을 갈 때도 배우고, 서 있을 때도 배우고, 앉아있을 때도 배우고, 그가 얼굴빛을 바로잡거나 말할 때도 배워야 한다. 선한 것은 남기지 말고 바로 행하고, 물어야 할 것은 묻어 두지 말고 바로 물어야 한다.[111]

순자에 따르면 군자는 학문을 통해 자신을 한 차원씩 발전시켜 나가야 하므로 쉼 없이 배워야 한다. 배움 속에 선한 것은 적극적으로 실행에 옮기고 의문점은 바로 해결해야 자신을 변화시킬 수 있다.

---

110) 『荀子』, 「非十二子」, "言而當, 知也. 默而當, 亦知也. 故知默猶知言也."
111) 『荀子』, 「大略」, "君子之學如蛻, 幡然遷之. 故其行效, 其立效, 其坐效, 其置顏色出辭氣效. 無留善, 無宿問."

이는 『중용』의 "배우지 않을지언정 배울 바에는 능하지 않고는 그만두지 않고, 묻지 않을지언정 물을 바에는 알지 못하고는 그만두지 않고"[112]라는 구절과 상통하는 것으로, 배움의 정진은 달도와 달덕의 목표를 이루는 원동력이 된다. 군자의 학문은 이론의 암기에 그치는 것이 아니라 체화體化하고 실천하여 사회에 확장해 나가는 것을 목표로 하기 때문에 마음가짐이 중요하다. 「권학」에서는 이 마음을 호선好善과 오악지심惡惡之心으로 말한다.

> 경서를 외우고 익혀서 이를 꿰뚫고, 사색으로 이에 통달하고, 훌륭한 옛사람처럼 되도록 처신하고, 학문에 해가 되는 것은 제외하여 자신을 건사하고 기르고, 눈으로는 옳지 않은 것은 보려 하지 않고, 귀로는 옳지 않은 것은 들으려 하지 않고, 입으로는 옳지 않은 것은 말하려 하지 않고, 마음으로는 옳지 않은 것은 생각하려 들지 않아야 한다. 학문의 극치에 이르러 눈은 아름다운 빛깔보다도 이를 더 좋아하고, 귀는 아름다운 소리보다도 이를 더 좋아하고, 입은 달콤한 맛보다도 이를 더 좋아하고, 마음은 온 천하를 차지하는 것보다 이를 더 의롭게 여겨야 한다…… 삶에서도 학문을 추구하고, 죽음에서도 학문을 추구하면 이것을 절조있는 덕이라 한다.[113]

경서를 바탕으로 생각과 처신을 올바로 행했을 때 지극한 학문의

---

112) 『中庸』, 第20章, "有弗學, 學之, 弗能, 弗措也, 有弗問, 問之, 弗知, 弗措也."

113) 『荀子』, 「勸學」, "故誦數以貫之, 思索以通之, 爲其人以處之, 除其害者以持養之, 使目非是無欲見也, 使耳非是無欲聞也, 使口非是無欲言也, 使心非是無欲慮也. 及至其致好之也, 目好之五色, 耳好之五聲, 口好之五味, 心利之有天下.……生乎由是, 死乎由是. 夫是之謂德操."

경지에 이르게 되고 이러한 행동이 변함없을 때 학문이 완성된다. 인간은 감각기관을 통해 외물을 인지하기 때문에 기관에 이로운 것은 좋아하고 해로운 것은 싫어하는 속성을 지닌다. 이 마음을 학문적 내용을 익히고 사색하고 성인처럼 실천하는 것으로 확장해 나가면 절조있는 덕을 쌓을 수 있다. 이러한 학문적 자세와 열정은 도의 목표를 달성할 때 중요한 매개 요인이지만 올바른 방법을 알지 못하면 원하는 목표에 도달하기 어렵다. 이 문제를 「권학」에서는 다음과 같이 말한다.

> 학문의 방법은 스승이 될 만한 그 사람을 좋아하는 것보다 빠른 길이 없고, 예를 존중하는 것은 그다음이다.......옛 임금을 근본으로 삼고 어짊과 의로움을 근본으로 삼으려 한다면, 곧 예가 바로 그 바탕과 지름길이 될 것이고,......예의 법도를 따르지 않고 『시경』과 『서경』만을 따른다면, 그것은 마치 손가락으로 황하를 재거나 창으로 기장을 절구질하거나 송곳으로 병 속의 음식을 먹으려는 것과 같이 불가능 한 일이다. 그러므로 예를 존중한다면 비록 명석하지는 못하더라도 법도를 지키는 선비가 될 것이고, 예를 존중하지 않는다면 비록 사리에 밝고 말을 잘하더라도 허튼 선비가 될 것이다.[114]

학문을 하는 가장 좋은 방법은 스승이 될 만한 사람을 가까이 하는 것이고, 그다음은 예를 존중하는 것이다. 스승은 지식을 전수해 사고

---

114) 『荀子』, 「勸學」, "學之經, 莫速乎好其人, 隆禮次之.……將原先王, 本仁義, 則禮正其經緯蹊徑也.……不道禮憲, 以詩書爲之, 譬之猶以指測河也, 以戈舂黍也, 以錐飡壺也, 不可以得之矣. 故隆禮, 雖未明 法士也, 不隆禮, 雖察辯, 散儒也."

의 폭을 넓혀주고, 경험과 지혜를 전달해 진정한 자기 연마와 발전을 이루도록 돕는 존재이다. 그래서 올바른 스승과의 유대관계는 학문을 하는 데 가장 중요한 요인이 된다. 다음은 예를 존중하는 것인데, 비록 경전에 성인들의 말씀과 인격을 완성하는 방법이 있어도 도를 완성하는 바탕은 예에 있기 때문에 반드시 예를 존중해야 한다. 이 두 가지가 갖추어졌을 때 학문적 성취를 빠르게 이룰 수 있게 된다.

(3) 대인관계의 조화

사회조직 내의 조화는 상호 간의 양보와 협력이 있어야 가능하다. 순자는 공동체 생활에서 모두를 충족시키기 위해서는 직분을 명확히 해야 한다고 주장하는데 다음 문장에 잘 나타나 있다.

> 따로 떨어져 살면서 서로 의존하지 않으면 곤궁하게 되고, 무리 지어 살지만 직분을 나누지 않으면 다투게 된다. 곤궁한 것은 걱정거리이고, 다투는 것은 화근이다. 걱정거리를 없애고 화근을 제거하려면 직분을 분명히 하여 무리 지어 살도록 해야 한다.[115]

사회생활을 원만히 유지하려면 각자의 직職에 맞는 분계가 명확해야 한다. 인간은 사회적 동물이므로 공동체 생활을 통해 삶을 영위하는데, 그 과정에서 일어나는 분란을 없애기 위해서는 반드시 각자 맡은 직분을 지켜야 한다. 유가에서 강조하는 인륜은 순자가 말하는 분계의 표본이라 할 수 있다. 하지만 인륜의 도가 아무리 중요하더라

---

115) 『荀子』, 「富國」, "離居不相待則窮, 群而無分則爭. 窮者患也, 爭者禍也. 救患除禍, 則莫若明分使群矣."

도 궁극적 목표는 도의 완성이므로 둘 간의 관계를 명료하게 할 필요가 있다. 이것을 『순자』「자도」에서는 다음과 같이 말한다.

> 들어가서는 효도하고 나와서는 우의를 지키는 것은 사람으로서의 작은 행위이다. 위로는 임금과 어버이에게 순종하고 아래로는 아래 사람들을 두터이 사랑하는 것은 사람으로서의 중간 행위이다. 도를 따르되 임금을 따르지 않고 의로움을 따르되 어버이를 따르지 않는 것은 사람으로서의 큰 행위이다.[116]

인간관계에서 효제를 실천하고 군주에게 충절을 지키는 것이 기본이지만 그 행위가 도에 합당한지 아닌지 분별하는 것이 우선이다. 왜냐하면 명확한 분별력이 없으면 윤리적인 목적을 위해 비윤리적인 방법을 사용할 수 있기 때문이다.

인간은 여러 상황에 대해서 일반화된 기대를 하게 된다. 예를 들면 자신이 예의에 맞게 행동하면 상대방도 호의적인 반응을 보일 것이라고 기대하게 되는데,[117] 세상사에서는 이러한 기대가 어긋날 때가 많다. 순자는 대인관계에서 기대하는 바를 얻지 못하면 타인을 원망하는 것이 아니라 그 원인이 자기에게 있음을 인지해야 한다고 말한다.

또 자신의 마음을 미루어 타인을 이해하는 서恕의 마음을 강조한다. 올바른 서恕의 태도는 효孝·제弟·충忠이 근본이 되어야 하는데,[118] 자기는 실천하지 않으면서 타인에게서 자기가 원하는 반응을

---

116) 『荀子』, 「子道」, "入孝出弟, 人之小行也. 上順下篤, 人之中行也. 從道不從君, 從義不從父, 人之大行也."

117) 권석만, 앞의 책, 271쪽.

118) 『荀子』, 「法行」, "孔子曰 君子有三恕. 有君不能事, 有臣而求其使, 非恕也. 有親不能報, 有子而求其孝, 非恕也. 有兄不能敬, 有弟而求其聽令, 非

얻고자 하는 이율배반적인 행동은 지양해야 한다. 진정한 서恕는 상대방에게 요구하기 전에 자신이 먼저 생활 속에서 실천해야 하는데, 이러한 군자의 태도를 『중용』에서는 다음과 같이 말한다.

군자의 도는 자기 몸에 근본하고 나서 여러 백성에게 징험하고, 삼왕에게 상고해도 틀리지 않고, 천지에 세워도 어긋나지 않고, 귀신에게 물어도 의심이 없고, 백세에 성인을 기다려도 의혹되지 않는다. 귀신에게 물어도 의심이 없음은 천도를 알기 때문이고, 백세 동안 성인을 기다려도 의혹되지 않음은 인도를 알기 때문이다.[119]

인격이 성숙해지기 위해서는 오랜 시간과 노력이 할애되어야 하므로 우선 자신을 성찰하는 것에서부터 시작해야 한다. 이렇게 수기修己를 근본으로 도를 실천하면 천도와 인도의 이치를 알게 되어 모든 일에 통달하게 되는데, 그 근본은 덕에 대한 믿음에 있다.

또한 순자는 상대방을 대할 때 누구라도 공경의 마음으로 대할 것을 권한다. 공경은 예의를 바탕으로 근신하고 상대방을 배려하는 행위로 나타나기 때문에 사람들과의 불화를 미연에 방지할 수 있다. 하지만 공경의 자세를 갖추고 있다고 하더라도 대인관계의 조화는 한쪽만의 노력으로는 힘든 일이다. 상호 간에 도리를 다해야 가능한 일이므로 늘 자신의 본분을 명심해야 한다. 이 문제를 「군도」에서는 군신·부자·부부·형제간의 예로 설명하였는데,[120] 사회 구성원 각

恕也."

119) 『中庸』, 第29章, "故君子之道, 本諸身, 徵諸庶民, 考諸三王而不謬, 建諸天地而不悖, 質諸鬼神而無疑, 百世以俟聖人而不惑. 質諸鬼神而無疑, 知天也, 百世以俟聖人而不惑, 知人也."

자가 예의를 갖춰 자기 도리를 다할 때 원만하고 조화로운 관계가
유지될 수 있다.

(4) 사회적 책무 완수

순자는 인의를 바탕으로 법칙과 제도에 따라 일을 처리하고, 어진
현자를 등용하고, 백성들의 삶을 윤택하게 하는 것을 군자의 임무로
삼았다. 그는 군자가 해야 할 일을 구체적으로 제시하였는데,「군도」
에서 다음과 같이 말한다.

> 공인과 상인은 줄이고 농부는 늘리고, 도둑을 없애고 간사한
> 자들을 물리치는 것, 이것이 사람들을 잘 살게 하는 방법이다.
> 천자는 삼공을 두고 제후는 한 사람의 재상을 두고, 대부들은
> 벼슬을 차지하고 선비는 그 직무를 지킴에 있어서 법도에 맞지
> 않고 공정하지 않은 것이 없도록 하는 것, 이것이 사람들을 잘
> 다스리는 방법이다. 덕이 있고 없음을 검토하여 서열을 결정하
> 고, 능력을 헤아려 벼슬을 주어 모든 사람들이 할 일을 수행하고,
> 각각 모두가 합당한 자리를 차지하게 하고, 가장 현명한 사람들
> 로 하여금 삼공의 자리를 맡게 하고 그다음으로 현명한 사람들
> 로 하여금 제후가 되게 하고, 하급의 현명한 사람들로 하여금
> 사대부가 되게 하는 것, 이것이 사람들을 잘 등용하는 것이다.
> 관과 옷은 여러 가지 무늬와 여러 가지 조각을 잘 정리하여 모두

---

120) 『荀子』,「君道」, "請問爲人君 曰 以禮分施, 均徧而不偏. 請問爲人臣. 曰
以禮待君, 忠順而不懈. 請問爲人父. 曰 寬惠而有禮. 請問爲人子. 曰 敬愛
而致文. 請問爲人兄. 曰 慈愛而見友. 請問爲人弟. 曰敬詘而不苟. 請問爲
人夫. 曰 致功而不流, 致臨而有辨. 請問爲人妻. 曰 夫有禮則柔從聽侍, 夫
無禮則恐懼而自竦也."

차등이 있도록 하는 것, 이것이 사람들에게 제대로 신분에 맞는
옷을 입도록 해주는 것이다.[121]

사회 구성원이라면 누구나 자신의 분계에 맞는 임무를 완수해야
한다. 이를 위해서 군주는 농農·상商·공工을 정비하고, 도둑과 간사
한 자들을 처벌해 사람들이 잘 살도록 해야 하고, 신하들이 직무를
법도에 맞게 지키도록 공정하게 잘 다스려야 하고, 인품과 능력에
맞는 관직을 주어 인재를 적재적소에 등용하고, 사람들이 자신의 신
분에 맞는 옷을 입도록 하여야 한다. 이러한 일들은 군주가 국가를
이끌어가는 데 반드시 필요한 일이다. 특히 공정한 인재 등용은 백성
들로부터 신뢰를 얻고 국가 발전의 기반을 튼튼히 하는 일이기에 신
중하게 처리해야 한다. 인재를 잘 등용하면 그들은 군주의 눈과 귀가
되어 국정 운영이 원활하도록 도움을 준다. 그래서 순자는 측근을
두는 것에 대해 호의적인 입장을 취하면서 다음과 같이 말한다.

　　담 밖은 눈으로 볼 수가 없고 일리 저편 소리는 귀로 들을 수
　　없다. 그런데 임금이 지키며 관할하는 범위는 멀리는 온 천하까
　　지, 가까이는 국경 안까지여서 모든 일을 알지 않으면 안 된다
　　……귀와 눈으로 듣고 보는 범위는 그처럼 좁은데, 임금이 지키
　　며 관할해야 할 범위는 그처럼 넓다. 그 범위 안의 일을 알지
　　못하면 위험해진다. 그렇다면 임금은 무엇을 통해서 그런 것을

---

121) 『荀子』, 「君道」, "省工賈, 衆農夫, 禁盜賊, 除姦邪, 是所以生養之也. 天子
　　三公, 諸侯一相, 大夫擅官, 士保職, 莫不法度而公, 是所以班治之也. 論德
　　而定次, 量能而授官, 皆使人載其事而各得其所宜, 上賢使之爲三公, 次賢
　　使之爲諸侯, 下賢使之爲士大夫, 是所以顯設之也. 修冠弁衣裳, 黼黻文章,
　　彫琢刻鏤, 皆有等差. 是所以藩飾之也."

알아야 하는가? 그것은 그가 좋아하고 사랑하는 측근의 사람들을 통해서이다. 그들은 임금의 먼 곳의 일을 알고 여러 사람들의 의견을 모으는 문이 되고 창문이 되는 것이다.[122]

군주가 바른 정사政事를 펼치기 위해서는 대내외의 상황을 모두 알고 있어야 한다. 만약 군주가 세상의 변화에 관한 인지력과 대응력이 부족하면 나라의 존립이 위태로워지기 때문에 자신이 인지할 수 있는 범위를 벗어난 곳의 상황을 아는 방법은 믿을 수 있는 측근을 통하는 것이다. 이 문장에서 알 수 있듯이 순자는 측근을 경계해야 할 세력이 아니라 백성의 여론과 국내외 정세를 바르게 접할 수 있는 중간 매개체로 보았다. 물론 측근에 대한 폐단의 염려가 없는 것은 아니지만 조직을 운영하기 위해서는 그들의 도움이 절대적으로 필요함을 알았던 것이다.

또 순자는 백성들의 화합을 증진하는 방법으로 재화의 관리를 강조하였다. 군주는 재화의 원천을 개발하고 불필요한 곳으로 유출되는 것을 막아 사회 구성원들이 재정적으로 안정될 수 있도록 해야 한다. 생활의 안정은 인간의 가장 기본적인 생물학적 욕구와 직결되기 때문에 민생의 안정은 군주의 절대적인 책무가 된다. 순자의 이러한 생각은 『대학』에서도 찾을 수 있는데, 국가의 재정을 풍족하게 하는 방법으로 생산과 소비의 이치를 논하면서 "어진 사람은 재물로써 몸을 일으키고, 어질지 못한 사람은 몸으로써 재물을 일으킨다."[123]라

---

122) 『荀子』, 「君道」, "墻之外, 目不見也, 里之前, 耳不聞也. 而人主之守司, 遠者天下, 近者境內, 不可以略知也.……耳目之明, 如是其狹也, 人主之守司, 如是其廣也. 其中不可以不知, 如是其危也. 然則人主將何以知之. 曰 便嬖左右者, 人主之所以窺遠, 收衆之門戶牖嚮也."

고 말한다. 이처럼 군주는 경제활동을 활성화시켜 백성들이 일할 기회와 자리를 만들고, 무위도식하는 사람이 없도록 관리를 해야 한다.

---

123) 『大學』, 傳10章, "生財有大道, 生之者衆, 食之者寡, 爲之者疾, 用之者舒, 則財恒足矣. 仁者以財發身, 不仁者以身發財."

Chapter 4

선진유학 인격 발달론의
심리명리학적 전개

유가에서는 인간 삶의 문제를 해결하고 사회적 질서를 유지하는 방법으로 인륜을 바탕으로 한 도덕적 행위의 완성을 제시하였다. 공자는 인을 근본으로 내재적 인격 세계를 계발하였고, 맹자는 인의를 바탕으로 내면의 깨달음을 강조하였고, 순자는 예의와 분별을 중심으로 치도治道의 문제를 다루었다.

현대 명리학은 운명을 예측하는 도구로서의 한계를 넘어 개인의 성격과 심리분석을 통해 심리상담, 진로상담, 가족상담 등으로 활동 영역을 넓히고 있다. 특히 하건충 이론은 개인의 선천적 심리뿐만 아니라 생애발달 주기에 따른 심리변화 등 인간 삶의 전반에 걸친 심리작용을 다룸으로써 인간의 개별성과 보편성을 통합적으로 이해하는 방법을 제시하였다.

1. 선진유학의 이상적 인격 발달단계론

선진유학에서는 자아성찰과 자기개선을 통한 인격 완성에 이르는 길을 단계적으로 제시하고 있다. 공자는 자신의 인생 경험을 통해 인격 발달 과정을 연령별로 제시해 단계론이 명확하지만, 맹자와 순자는 연령별 제시가 공자만큼 명확하지 않기 때문에 단계론으로 보기에는 무리가 있다고 생각할 수 있다. 하지만 맹자의 '사십부동심四十不動心'은 공자의 '사십이불혹四十而不惑'과 같은 뜻이고, 순자의 '오십불성상五十不成喪, 칠십유쇠존七十唯衰存'은 공자의 '오십이지천명五十而知天命, 칠십이종심소욕불유구七十而從心所欲不踰矩'와 상통하는 구절인 것으로 보아 맹자·순자도 공자의 연령에 따른 인격 발달단계론을 수용한 것으로 보인다.

이들은 공자와는 다른 방식이지만 인격 발달에 따른 사회적 위치와 사람의 특성을 중점으로 인격 발달단계론을 펼치고 있다. 필자의 이러한 관점은 분석심리학에서 선진유학 심성론을 보는 관점과 다르지 않기 때문에 타당성이 있다고 본다.

1) 공자의 단계론

공자는 올바른 인격으로 나아가기 위해서는 하늘로부터 받은 명命을 받들고, 대인을 존중하고, 성인의 말씀을 실천해야 한다고 말한다. 그는 성인을 초월적인 존재로 인식하기 때문에 일반인들이 도달할 수 있는 이상적 인격의 최고 위位는 군자라고 할 수 있다. 『논어』 「술이」에서는 "성인을 내가 만나볼 수 없으니, 군자라도 만나볼 수 있으면 좋겠다. 또 선인을 내가 만나볼 수 없으니, 항심恒心이 있는 사람이라도 만나볼 수 있으면 좋겠다."[1]라는 구절을 통해 인격 완성의 단계를 유항자有恒者→선인善人→군자君子→성인聖人 순으로 제시하고 있다. 이러한 서열은 인격 발달이 단계적으로 이루어진다는 단서가 된다.

인간은 삶의 과정에서 만나는 경험 속에서 주체적으로 선택하고 결정하지만, 인격적 완성을 향한 명확한 목적의식과 의무감을 일관성 있게 완수해 나가기는 어렵다. 『중용』의 "군자의 도는 비유하면 먼 곳에 가려면 반드시 가까운 곳에서부터 시작하고, 높은 곳에 오르려면 반드시 낮은 곳에서부터 시작하는 것과 같다."[2]라는 구절에서

---

1) 『論語』, 「述而」, "聖人吾不得而見之矣, 得見君子者斯可矣. 子曰 善人吾不得而見之矣, 得見有恒者斯可矣."

도 알 수 있듯이 성숙한 인격은 점진적이고 단계적인 실천을 통해서만 얻을 수 있다. 공자가 효제를 도를 향한 첫걸음으로 제시한 것도 인간 삶의 가장 기본 단위가 가정에 있다고 생각했기 때문이다.

또 인간의 지적 능력으로도 인격 단계를 구분하였다. 「계씨」에서는 "나면서 저절로 아는 사람은 상등이고, 배워서 아는 사람은 그다음이고, 곤란해져서 배우는 사람은 또 그다음이고, 곤란해져도 배우지 않는 사람은 하등이 된다."3)라고 하여, 인격 완성에 이르는 단계는 개인의 지혜에 따라 달라진다고 말한다. 선천적으로 아는 상지上智는 인위적으로 힘쓰지 않아도 도를 행하는 성인이고, 배우거나 경험을 통해 아는 중지中智는 도를 이롭게 여기고 선을 선택해 힘써 행하는 사람이고, 역경에서도 배우려고 노력하지 않는 사람은 어리석은 사람이라 할 수 있다.4) 우인愚人을 제외하고 배움의 계기는 달라도 목표의 종착점은 같은데, 『중용』에서는 다음과 같이 말한다.

혹은 태어나면서 이것을 알고, 혹은 배워서 이것을 알고, 혹은 어려움에 처해서 알지만, 그 아는 데에 미쳐서는 똑같다. 혹은 편안히 이것을 행하고, 혹은 이롭게 여겨서 이것을 행하고, 혹은 힘써서 이것을 행하지만, 그 공을 이루는 데에 미쳐서는 똑같다.5)

이 문장에 대한 주자의 해석을 살펴보면, 지행知行은 달도達道, 아

---

2) 『中庸』, 第15章, "君子之道, 辟如行遠必自邇, 辟如登高必自卑."
3) 『論語』, 「季氏」, "生而知之者上也, 學而知之者次也, 困而學之又其次也, 困而不學民斯爲下矣."
4) 임헌규, 앞의 논문, 152쪽.
5) 『中庸』, 第20章, "或生而知之, 或學而知之, 或困而知之, 及其知之一也. 或安而行之, 或利而行之, 或勉强而行之, 及其成功一也."

는 것은 지知, 행하는 것은 인仁, 이를 알고 성공해 동일함에 이르는 것은 용勇이다. 이를 세분화하면, 생지生知와 안행安行은 지知이고, 학지學知와 이행利行은 인仁이고, 곤지困知와 면행勉行은 용勇이 된다.6) 생이지지자, 학이지지자, 곤이지지자가 지知에 이르는 단계는 달라도 앎의 궁극적인 목표에 이르는 것은 같듯이, 안이행지자安而行之者, 이이행지자利而行之者, 면강이행지자勉强而行之者가 행동하는 방식은 달라도 인격 완성에 이르는 것은 같다. 그러므로 덕행을 체화하려는 노력이 필요하다.

인격의 성숙도는 앎이 삶이 되는 과정을 거치면서 변화되는데, 「옹야」에서는 "아는 것은 좋아하는 것만 못하고, 좋아하는 것은 즐거워하는 것만 못하다."7)라고 말한다. 도덕을 아는 것보다 도덕적으로 살아가는 것을 좋아하는 것이 윗 단계이고, 좋아하는 것보다 도덕적 행위 그 자체를 즐기는 것이 윗 단계이다. 이렇게 도의 실천이 고차원에 이르면 내외가 일체가 되어 자연스럽게 행동으로 연결되기 때문에 자기만족도가 높아지게 된다.

또한 지적 능력은 주요한 생활사건이나 상대방을 미리 파악하는 능력과도 관련이 있다. 「헌문」의 "타인이 속이는 것을 미리 경계하거나 불신을 억측해서는 안 되지만, 이것을 먼저 깨달은 사람은 현명하다."8)라는 구절에서도 알 수 있듯이, 사람들의 가면에 속지 않기 위해서는 선각先覺이 필요하다. 사회생활에서 상대방의 진의를 파악하

---

6) 『中庸章句』, 第20章, "知之者之所知, 行之者之所行, 謂達道也. 以其分而言, 則所以知者知也, 所以行者仁也, 所以至於知之成功而一者勇也. 以其等而言, 則生知安行者知也, 學知利行者仁也, 困知勉行者勇也."
7) 『論語』, 「雍也」, "知之者, 不如好之者, 好之者, 不如樂之者."
8) 『論語』, 「憲問」, "不逆詐, 不億不信, 抑亦先覺者, 是賢乎."

는 것은 중요한 일이다. 왜냐하면 사회적 요구나 개인적 성향에 따라 공적인 자리와 사적인 자리에서 보이는 행동이 다른 사람들이 있기 때문이다. 이들과 사회관계를 맺어야 한다면 근거없이 상대방을 의심하는 태도는 피해야 하지만, 그 징조를 미리 알아차리고 대비하는 것이 현명하게 처세하는 방법이다.

추론해 보면, 현명한 사람의 처세법은 단계적으로 구분된다. 최고로 현명한 사람은 세상이 안정되지 않으면 출세出世에 뜻을 두지 않고, 그다음은 혼란한 나라나 지역을 떠나고, 그다음은 상대방의 태도나 반응을 보고 떠나고, 그다음은 상대방의 말을 듣고 적절하게 대처한다.9) 현자가 이렇게 행동할 수 있는 것은 주변 사람과 상황을 직시할 수 있는 판단력과 실행력을 갖추고 있기 때문이다.

또 군자는 성인을 희구하고 그 말씀을 따르는 존재이기 때문에 상황에 따라 경계해야 할 일이 있다. 공자는 연령 단계에 따른 혈기의 변화가 가져오는 욕망을 경계할 것을 다음과 같이 강조한다.

> 젊을 때는 혈기가 정해지지 않았으므로 경계함이 여색에 있고, 장년에는 혈기가 왕성하므로 경계함이 싸움에 있고, 노년에는 혈기가 이미 쇠하므로 경계함이 얻음에 있다.10)

청년기는 혈기가 불안정해 이성보다 감성의 영향을 많이 받기 때문에 이성 간의 문제가 발생하기 쉽고, 장년기는 혈기가 아주 강하기 때문에 타인의 말은 경청하지 않고 지나치게 자기주장을 내세우다

---

9) 『論語』, 「憲問」, "賢者辟世, 其次辟地, 其次辟色, 其次辟言."
10) 『論語』, 「季氏」, "君子有三戒, 少之時, 血氣未定. 戒之在色, 及其壯也, 血氣方剛, 戒之在鬪, 及其老也, 血氣旣衰, 戒之在得."

의견충돌을 일으키기 쉽고, 노년기는 혈기가 쇠약해지면서 노욕에 빠지기 쉽기 때문에 늘 자기를 성찰하고 조심해야 한다. 세상은 음양 상승陰陽相乘의 조화에 따라 꽉 차면 새어나가고자 하고 텅 비면 채워 나가고자 한다. 청장년 시기는 혈기가 꽉 차서 새어나가기를 생각하는 것이고, 노년기는 허하고 모자라기 때문에 이를 채우기 위해 재물과 명예에 탐착하게 되는 것이다.[11] 이처럼 군자와 일반인 모두 각 연령대에 따라 같은 혈기가 흐르지만 인격을 높이고 선善에 대한 자유의지를 강화하면 이러한 과실에서 벗어날 수 있다.

인간의 사고체계는 문화, 교육, 경험 등의 다양한 영향을 바탕으로 형성되는데, 이때 형성된 신념은 자유의지를 통해 자기를 규제하고 행동을 조절하게 된다. 자유의지는 유혹과 충동에 대처하고 목표에 집중하도록 이끌기 때문에 자유의지를 발휘하면 더 많은 지식과 경험을 얻을 수 있고 자신을 성장시킬 수 있다.[12] 자유의지는 인격적 완성을 위해 동기를 부여하고 부단한 노력을 이어갈 수 있는 원동력으로 작용하는데, 「자한」에서는 다음과 같이 말한다.

> 함께 배울 수는 있어도 같이 도를 지향해 나갈 수는 없고, 함께 도를 지향해 나갈 수는 있어도 한자리에 같이 서 있을 수는 없고, 한자리에 같이 서 있을 수는 있어도 사물의 경중을 같이 저울질 할 수는 없다.[13]

---

11) 박성호, 『논어와 마음공부』, 공동체, 2019, 145쪽.

12) 윤상흠, 「명리 운명론과 자유의지의 상호작용에 관한 고찰」, 『문화와융합』 46권 1호, 한국문화융합학회, 2023, 1538쪽.

13) 『論語』, 「子罕」, "可與共學, 未可與適道, 可與適道, 未可與立, 可與立未可 與權."

함께 학문에 뜻을 둘 수는 있어도 도의 실천은 어렵고, 도덕적 행위를 할 수는 있어도 변함없이 지속해 나가기는 어렵고, 정진해 나갈 수는 있어도 당면한 사안을 상황에 따라 올바르게 처리하기는 어려운 일이다. 그래서 도를 배우고 실천할 때는 항상심을 유지하려는 노력이 필요하다. 항상심은 인격 발달에서 중요한 요인이지만 반드시 예에 근본해야 한다. 이 문제를 「위령공」에서는 다음과 같이 말한다.

> 지혜가 미쳐도 인仁이 그것을 지키지 못하면 비록 얻었다고 하더라도 반드시 잃게 될 것이다. 지혜가 미치고 인이 그것을 지켜도, 장엄한 태도로 임하지 않으면 백성이 존경하지 않는다. 지혜가 이것에 미치고 인이 그것을 지키며 장엄한 태도로 그것에 임하여도, 그것을 다루는데 예禮로써 하지 않으면 잘된 것이라 할 수는 없다.14)

인仁이 바탕이 되지 않은 채 지혜로만 인격적 완성에 이르면 허사이고, 지혜와 인을 겸비해도 엄격하고 바르지 않으면 타인의 인정을 받기 어렵고, 지혜, 어짊, 장엄함을 모두 갖추어도 예로써 대하지 않으면 완전한 것이 아니다. 이런 연유로 고차원적인 인격은 모든 덕목을 두루 갖춘 후에야 완성된다.

공자는 이상적 인간상에 도달하는 단계를 수기修己→안인安人→안백성安百姓으로 확대하였다. 이는 개인의 수양이 사회와 국가로 확장됨을 의미하는데 「헌문」에서는 다음과 같이 말한다.

> 자로가 군자에 대하여 물으니, 공자께서 '공경하는 마음으로

---

14) 『論語』, 「衛靈公」, "知及之仁不能守之, 雖得之必失之. 知及之仁能守之, 不莊以涖之則民不敬. 知及之仁能守之莊以涖之, 動之不以禮未善也."

자기를 닦는 것이다.'라고 말씀하셨다. 자로가 '그렇게만 하면 됩니까?'라고 하니, 공자께서 '자기를 수양하여 사람을 편안하게 하는 것이다.'라고 말씀하셨다. 자로가 '그렇게만 하면 됩니까?' 라고 하니, 공자께서 '자기를 수양하여 백성을 편안하게 하는 것이니 그렇게 하기란 요순도 고심하였다.'라고 말씀하셨다.[15]

자기 수양의 결과는 대인관계의 조화와 사회적 평안으로 이어진다. 이러한 과정을 성인인 요·순도 고민하였다는 것은 그만큼 인격 완성의 마지막 단계에 이르는 것이 힘든 일임을 의미한다. 동·서양을 막론하고 인격적 완성은 지극히 어려운 일이라고 인식하고 있다. 공자의 "성현의 자취를 밟지 않아도 착한 일을 할 수는 있으나 성인의 경지에는 들지 못한다."[16]라는 구절과 서양 심리학자 Maslow(1908~1970)의 "자기실현이 원론적으로는 쉽지만, 실질적으로는 거의 이루어지지 않는다. 내 기준으로는 자기실현한 사람은 분명히 성인 인구의 1%미만이다."[17]라는 구절에서도 알 수 있듯이 이론은 간단명료하지만 결실은 시간과 노력이 수반되는 일이다. 그래서 수양의 필요성이 제기된다.

수양은 이기적 욕구를 억제하고 자기의 잘못을 발견하고 고쳐나가는 것으로 미숙하고 결여된 도덕성을 채워나가는 작업이다. 이러한 노력으로 획득한 도덕적 행위는 실생활에서 발휘되어 안백성의 단계에까지 이르게 되는데, 백성을 평안하게 하려면 올바른 정치가 시행되어야 한다. 이 문제를 「자로」에서는 다음과 같이 말한다.

---

15) 『論語』, 「憲問」, "子路問君子, 子曰 修己以敬. 曰 如斯而已乎. 曰 修己以安人. 曰 如斯而已乎. 曰 修己以安百姓, 修己以安百姓, 堯舜其猶病諸."
16) 『論語』, 「先進」, "不踐迹, 亦不入於室."
17) Abraham H. Maslow 지음, 정태연·노현정 옮김, 앞의 책, 383쪽.

명분이 바르게 서지 않으면 말이 불순하고, 말이 불순하면 일이 이루어지지 않고, 일이 이루어지지 않으면 예악이 일어나지 않고, 예악이 일어나지 않으면 형벌이 공정하게 적용되지 못하고, 형벌이 공정하게 적용되지 않으면 백성들은 손발을 둘 곳이 없게 된다.[18]

정치는 소수가 아닌 공공의 이익과 질서를 목표로 하기 때문에 명분을 바로 세우는 일에서 시작해야 한다. 명분이 바로 서면 말이 순順하게 되어 목표를 달성하게 되고 예·악이 일어나면서 나쁜 일에 대한 엄격하고 공정한 처벌이 이루어져서 태평한 세상을 이룰 수 있다.
한편, 공자는 자신의 경험에 비추어 생애주기에 따른 인격발달 과정을 밝혔다. 이는 점진적인 교육의 필요성을 나타낸 것으로 「위정」에서는 다음과 같이 말한다.

나는 열다섯에 학문에 뜻을 두었고, 서른에 뜻이 확고하게 섰고, 마흔에는 모든 일에 혹함이 없게 되었고, 쉰에는 천명을 깨달아 알게 되었고, 예순에는 사물의 이치를 들어 저절로 알게 되었고, 일흔에는 무엇이든지 하고 싶은 대로 행하여 법도에 어긋남이 없게 되었다.[19]

사상과 인격이 완성되어 가는 과정은 학學→립立→불혹不惑→지천명知天命→이순耳順→종심소욕불유구從心所慾不踰矩 순으로 전개된다.

18) 『論語』, 「子路」, "名不正則言不順, 言不順則事不成, 事不成則禮樂不興, 禮樂不興則刑罰不中, 刑罰不中則民無所措手足. 故君子名之, 必可言也, 言之, 必可行也, 君子於其言, 無所苟而已矣."
19) 『論語』, 「爲政」, "吾十有五而志于學, 三十而立, 四十而不惑, 五十而知天命, 六十而耳順, 七十而從心所慾不踰矩."

오랜 기간의 정성과 함께 이상적 인격의 경지에 도달한 사람은 자신이 원하는 대로 행동해도 하늘의 이치에서 벗어나지 않게 된다. 공자가 살아온 인생은 배움을 통해 덕을 완성해 나가는 과정이다. 학문의 완성을 목표로 삼아 자립적으로 추진해 나갔고, 만사를 알아 의혹이 없게 되었고, 천명을 깨달아 하늘로부터 부여받은 소임을 알게 되었다. 또 세상의 이치를 스스로 알게 되었고, 원하는 일을 하여도 법도에 어긋남이 없었다. 이러한 일련의 과정은 일반인들에게 인격 발달단계마다 도달해야 할 목표를 제시하고 있다는 점에서 그 의의가 크다.

2) 맹자의 단계론

맹자는 지도자의 인격이 아랫사람의 사고와 행동에 영향을 미친다고 보고, 군자의 덕을 바람으로, 소인의 덕을 풀에 비유했다. 왜냐하면 지도자의 언행은 조직 구성원의 본보기가 되기 때문이다. 지도자가 선善을 근본으로 정책을 펼치면 국가 발전에 기여할 수 있는 인재들이 몰려와 올바른 국정 운영에 힘을 실어 주지만, 오만함과 불통의 지도자가 되면 인재들은 물러나고 아첨하는 간신들이 가까이 있게 되어 국정 운영의 파행이 불가피하다. 그러므로 군자는 신하를 기용할 때 신중해야 한다. 「진심장구상」에서는 신하의 유형을 다음과 같이 구분하고 있다.

> 임금을 섬기는 자가 있으니 임금을 섬기면 용납되고 기쁘게 하는 자이다. 사직을 편안히 하려는 신하가 있으니 사직을 편안히 함을 기쁨으로 삼는 자이다. 天民인 자가 있으니 영달하여 온 천하에 행한 뒤에야 행하는 자이다. 대인인 자가 있으니 자기를 바르게 함에 남이 바루어지는 자이다.[20]

주자에 따르면, 임금을 섬기는 사람은 아첨하고 군주의 비위에 영합해 기쁘게 하려는 자로 필부 혹은 첩부의 모습과 같고, 사직의 안정이 목표인 신하는 소인이 군주를 기쁘게 하려는 것과 같고, 하늘의 백성은 도가 천하에 행해질 여건이 갖추어진 다음에 행하고 그렇지 않으면 타인의 인정이 없어도 후회하지 않고, 대인은 덕이 성해서 상하가 교화된 모습이다.[21] 이처럼 인격적 완성은 외현적 나와 진정한 자기(self)가 동일한 모습으로 선을 추구할 때 이루어진다.

하지만 인간은 자신의 이익을 최대화하기 위해 위선적인 모습의 가능성을 내포하고 있기에 그 사람의 참된 모습을 알아차리기가 어렵다. 그럼에도 불구하고 신하의 인품은 백성의 안위와 직결된 문제이기 때문에 군주는 사람의 진면목을 볼 수 있는 안목을 길러야 한다.

또 군주의 책무는 백성의 안위와 나라를 평안하게 하는 데 있다. 그래서 군주는 늘 낮은 마음으로 정치에 임해야 하는데, 「진심장구하」에서는 다음과 같이 말한다.

> 백성이 귀하고, 사직은 그다음이고, 임금은 가볍다. 이런 까닭으로 많은 백성들에게 신임을 얻으면 천자가 되고, 천자에게 신임을 얻으면 제후가 되고, 제후에게 신임을 얻으면 대부가 된다. 제후가 사직을 위태롭게 하면 바꾸어 두고, 제물로 올리는 짐승이 살찌고, 제물로 올리는 곡식이 깨끗하고, 제때에 제사를

---

20) 『孟子』, 「盡心章句上」, "有事君人者, 事是君則爲容悅者也. 有安社稷臣者, 以安社稷爲悅者也. 有天民者, 達可行於天下而後行之者也. 有大人者, 正己而物正者也."

21) 『孟子集註』, 「盡心章句上」, "阿徇以爲容, 逢迎以爲悅, 此鄙夫之事, 妾婦之道也.……言大臣之計安社稷, 如小人之務悅其君,……必其道可行於天下, 然後行之, 不然, 則寧沒世不見知而不悔,……大人, 德盛而上下化之,"

지내는데도 가뭄과 홍수가 생기면 사직을 바꾸어 둔다.[22]

국가와 국민의 관계는 불가분의 관계에 있는데, 기본적으로 국가가 존립하기 위해서는 국민이 있어야 한다. 사직을 운영하고 군주를 받드는 근본 목적은 백성의 안위를 통한 국가 발전에 있으므로 백성을 가장 귀하게 여겨야 한다. 비록 국가 구성원의 지위가 백성→천자→제후→대부 순으로 백성의 지위가 가장 낮지만, 최고 권력층의 지위도 백성의 신임에서 비롯된다. 또 사직이 위태로우면 현명한 제후로 교체하고, 제사에 예를 다하였는데도 환난이 따르면 새로운 사직으로 바꾸는 것도 모두 백성을 위해서이다. 이 문장은 맹자가 역성혁명을 주장하게 된 사상의 단초를 보여주는 것이라 하겠다.

또한 군주는 자기에게 있는 밝은 선을 성실하게 닦아 덕을 완성해야 하는데, 덕은 단기간에 이루어지는 것이 아니라 단계적으로 이루어진다. 「진심장구하」에서는 이 문제를 다음과 같이 말한다.

　　사람됨이 호감이 가고 밉지 않음을 선인이라 하고, 그것을 몸에 갖고 있음을 신인이라 하고, 충만함을 미인이라 하고, 충만하여 빛남을 대인이라 하고, 대인이면서 저절로 化함을 성인이라 하고, 성스러우면서 알 수 없음을 신인이라 한다.[23]

『맹자집주』에 따르면, 악의없이 인仁에 뜻을 두는 것은 선인善人이

---

22) 『孟子』, 「盡心章句下」, "民爲貴, 社稷次之, 君爲輕. 是故得乎丘民而爲天子, 得乎天子爲諸侯, 得乎諸侯爲大夫. 諸侯危社稷, 則變置, 犧牲旣成, 粢盛旣絜, 祭祀以時, 然而旱乾水溢, 則變置社稷."

23) 『孟子』, 「盡心章句下」, "可欲之謂善. 有諸己之謂信. 充實之謂美. 充實而有光輝之謂大. 大而化之之謂聖. 聖而不可知之之謂神."

고, 자신을 진실로 선하게 함은 신인信人이고, 선한 행위가 지극한 경지에 이르러 아름다움이 가운데 있음은 미인美人이고, 마음에 쌓인 화순和順의 아름다움이 외부로 표현되어 덕업이 지극함은 대인大人이고, 인위적인 노력 없이도 저절로 도에 맞음은 성인聖人이고, 사람들이 측량할 수 없는 지극한 성인의 묘함은 신인神人이다.24) 여기서 신인神人은 성인의 윗 단계에 있지만 대상적인 존재가 아니라 일반인들이 알지 못하는 성인의 지극히 묘한 경지를 이르는 말이다. 그 근거는 『주역』「중천건」에서 찾을 수 있다.

> 나아감을 알고 물러남을 알지 못하며, 보존할 줄은 알고 없어지는 줄은 알지 못하며, 얻을 줄은 알고 잃어버릴 줄은 모르니, 나아감과 물러남, 보존함과 없어짐을 알고, 그 정도를 벗어나지 않는 존재는 오직 성인뿐이구나!25)

성인은 만물의 존재 원리를 파악하고 하늘의 뜻을 아우르는 존재로, 진퇴進退, 존망存亡, 득상得喪을 알고 정도를 지키는 존재이다. 하늘의 뜻은 성인의 경지에 도달해야 깨달을 수 있는데, 그 신묘함은 「계사상」의 "한번 음이 되고 한번 양이 되는 것을 도라고 한다.……음양의 변화를 헤아릴 수 없는 것을 신묘함이라고 한다."26)라는 구

---

24) 『孟子集註』, 「盡心章句下」, "張子曰 志仁無惡之謂善, 誠善於身之謂信. (朱子曰) 力行其善, 至於充滿而積實, 則美在其中而無待於外矣. 和順積中, 而英華發外, 美在其中, 而暢於四支, 發於事業, 則德業至盛而不可加矣. 大而能化, 使其大者泯然無復可見之迹, 則不思不勉, 從, 容中, 道, 而非人力之所能爲矣.……程子曰 聖不可知, 謂聖之至妙, 人所不能測, 非聖人之上又有一等神人也."

25) 『周易』, 「重天乾」, "知進而不知退, 知存而不知亡, 知得而不知喪. 其唯聖人乎, 知進退存亡而不失其正者, 其唯聖人乎."

절처럼 음양이 변화하는 것에 있다. 그러므로 신인神人은 성인만이 깨달을 수 있는 우주와 자연의 법칙인 것이다.

맹자는 인품에 따라 상대하는 벗의 자리도 달라진다고 보았다. 천하의 훌륭한 선비를 벗하는 것에도 만족하지 못한다면 시·공간을 초월한 옛 성인들과 벗해 도의 차원을 높이는 것이 인격을 완성하는 방법이 된다. 군자가 이렇게 도에 힘쓰는 이유는 자득自得하기 위함인데, 「이루장구하」에서는 "자득하면 거함이 편안하고 거함이 편안하면 이용함이 깊어지고 이용함이 깊어지면 좌우에서 취하여 씀에 그 근원을 만나게 된다."[27]라고 말한다. 군자가 도에 힘쓰면 스스로 터득해서 사회적으로 발생하는 문제를 안정적으로 해결하게 되고, 이러한 상황이 지속되면 그 이용함이 심오해져서 도의 근원과 만나게 된다.

또 인仁에는 차등이 없지만 사랑을 베푸는 데는 차등이 있다고 보았는데, 「등문공장구상」에서는 인을 다음과 같이 말한다.

> 군자는 사물에 대해서는 사랑하지만 인하지 않고, 백성에 대해서는 인하지만 친히 하지 않는다. 친지를 친히 하고서 백성을 인하게 하고, 백성을 인하게 하고서 만물을 사랑하는 것이다.[28]

인은 사랑하는 마음으로 모든 사랑의 표현은 대상과의 관계에 따라 유연성이 있어야 한다. 사물은 사물의 쓰임에 맞게, 친척은 친척

---

26) 『周易』, 「繫辭上」, 第5章, "一陰一陽之謂道.……陰陽不測之謂神."
27) 『孟子』, 「離婁章句下」, "君子深造之以道, 欲其自得之也, 自得之則居之安, 居之安則資之深, 資之深 則取之左右, 逢其原."
28) 『孟子』, 「滕文公章句上」, "君子之於物也, 愛之而弗仁, 於民也, 仁之而弗親, 親親而仁民, 仁民而愛物."

과의 도리에 맞게, 백성은 백성과의 관계에 맞는 태도로 대해야 한다. 친지를 사랑한 이후에 백성을 사랑하고, 백성을 사랑한 이후에 만물을 사랑하는 것은 군자가 지녀야 할 마음가짐이다. 군자는 이 마음을 근본으로 관직에 나아가야 하는데, 그 목적은 백성들에게 인仁의 정치를 베푸는 데 있다. 「고자장구하」에서는 관직에 진출하고 물러나는 것을 세 단계로 논하고 있다.

> 나아가는 것이 세 가지 있고, 물러나는 것이 세 가지 있다. 맞이하기를 지극히 공경하여 예가 있으면서 말하기를 '장차 그 말씀을 행하겠다'라고 하면 나아가고, 예모는 시들지 않았으나 말이 행해지지 않으면 물러난다. 그다음은 비록 그 말씀을 행하지 않으나 맞이하기를 지극히 공경하여 예가 있으면 벼슬로 나아가고, 예모가 쇠하면 물러난다. 그 아래로는 아침도 먹지 못하고 저녁도 먹지 못하여 굶주려서 문밖으로 나서지도 못하는데, 군주가 이 말을 듣고서 '나는 크게 그 도를 행하지 못하고 또 그 말을 따르지도 못하지만, 내 땅에서 굶주리게 하는 것을 나는 부끄럽게 생각한다'라 하고 구제해 준다면 또한 그것을 받아도 좋으나 죽음을 면할 따름이다.[29]

위에서 서술한 바와 같이 군자는 때를 알고 움직여야 한다. 만약 군주가 지극한 공경과 예로 맞이하며 제안한 정책을 시행하겠다고 하면 나아가고, 예는 지극하지만 시책을 추진하지 않으면 그만두어

---

29) 『孟子』, 「告子章句下」, "所就三, 所去三. 迎之致敬以有禮, 言將行其言也 則就之, 禮貌未衰, 言弗行也則去之. 其次 雖未行其言也, 迎之致敬以有禮 則就之, 禮貌衰則去之, 其下 朝不食, 夕不食, 飢餓不能出門戶, 君聞之曰 吾大者不能行其道, 又不能從其言也, 使飢餓於我土地, 吾恥之, 周之, 亦可 受也, 免死而已矣."

야 한다. 제안한 시책을 추진하지는 않지만 지극한 예와 공경으로 맞이하면 나아가지만 예에서 벗어나면 그만두고, 군주가 궁핍한 집안 살림으로 사회활동이 어렵다는 소식을 듣고 민생안정의 책무를 깨달으면 나아가지만 생계를 유지할 정도에 그쳐야 한다. 군자가 정치에 참여하는 것은 백성들의 요구를 민감하게 포착해 국정에 반영하기 위함이므로 군주의 실행 의지와 예를 주의깊게 살펴 적절하게 처신해야 한다. 이렇게 군자가 나라와 백성을 위한 소임을 다하면 즐거움을 느끼게 되는데, 「진심장구상」에서는 다음과 같이 말한다.

> 군자에게는 세 가지 즐거움이 있는데, 천하에 왕 노릇 함은 여기에 들어 있지 않다. 부모가 모두 생존하고 형제에게 탈이 없는 것이 첫 번째 즐거움이고, 우러러 하늘에 부끄럽지 않고 굽어보아 인간에게 부끄럽지 않은 것이 두 번째 즐거움이고, 천하의 뛰어난 영재를 얻어 교육하는 것이 세 번째 즐거움이다.[30]

군자의 즐거움은 첫째는 가족이 무사한 것이고, 둘째는 수기修己이고, 셋째는 인재 양성을 통해 세상에 도를 알려 나가는 것이다. 세상에 권력을 행사하는 것이 군자삼락君子三樂에 들지 않는다는 것은 도의 경지는 정치 세계와 차원이 다르다는 것을 나타낸 것이라 하겠다. 한편, 맹자는 일생 주기에 따른 심리적 흐름을 다음과 같이 논한다.

> 사람은 어릴 때는 부모를 그리워하고, 예쁜 여인을 알게 되면 예쁜 여인을 그리워하고, 처자가 생기면 처자를 그리워하고, 벼슬을 하면 임금을 그리워하고, 임금에게 신임받지 못하면 안

---

30) 『孟子』, 「盡心章句上」, "君子有三樂而王天下不與存焉. 父母俱存, 兄弟無故 一樂也, 仰不愧於天, 俯不怍於人 二樂也, 得天下英才而敎育之 三樂也."

달하여 마음을 태운다. 큰 효자는 죽을 때까지 부모를 그리워하
니 오십이 되어서도 부모를 그리워한 것을 나는 위대한 순에게
서 보았다.[31]

보통 사람들의 정은 대상과 세월에 따라 이동하지만, 성인은 그 본심을 잃지 않는다. 왜냐하면 보통 사람들은 연령 단계에 따라 발생하는 욕망에 충실하지만, 성인은 시·공간을 초월해 본유의 성性을 구현하고자 노력하기 때문이다. 성인의 이러한 마음은 부동심不動心과 상통한다. 맹자가 사십의 나이가 되면서 마음이 동요하지 않았던 것도 상황을 직시하는 직관과 사고가 확립되었기 때문이다. 일반적으로 사십의 나이가 되면 주변 환경에 크게 영향을 받지 않으면서 자기 뜻을 펼쳐나갈 수 있는데, 이러한 부동심은 누구나 노력으로 도달할 수 있는 심리상태이다. 그러므로 주체성을 근본으로 하는 자기 확립에 힘써야 한다.

3) 순자의 단계론

순자도 맹자와 마찬가지로 성인聖人을 일반인들이 도달할 수 있는 성숙한 인격자의 표본으로 삼았다. 그는 선비를 군자·성인과 함께 국정 운영에 있어서 중요한 인재로 보고, 인격 발달단계를 선비→군자→성인으로 밝혔다.[32] 선비와 군자가 성인이 통달한 도를 목표로

---

31) 『孟子』, 「萬章章句上」, "人少則慕父母, 知好色則慕少艾, 有妻子則慕妻子, 仕則慕君, 不得於君則熱中. 大孝終身慕父母, 五十而慕者, 予於大舜見之矣."

32) 『荀子』, 「修身」, "好法而行, 士也. 篤志而體, 君子也. 齊明而不竭, 聖人也."

학문을 행할 때는 경험·지식·실천의 단계를 거치는데,『순자』「유효」에서는 다음과 같이 말한다.

> 듣지 못한 것보다는 듣는 것이 좋다. 듣는 것보다는 그것을 보는 것이 좋다. 보는 것보다는 그것을 아는 것이 좋다. 아는 것보다는 그것을 실천하는 것이 좋다. 학문은 실천함에 이르러야 종착점에 다다른다. 실천해야만 분명해지고, 분명해지면 성인이 된다. 성인은 어짊과 의로움을 근본으로 삼고, 시비를 합당하게 가리고, 말과 행동을 일치시켜 터럭만큼 어긋남도 없다. 거기에는 별다른 도가 있는 것이 아니라 실천하는 데에 궁극적인 목표가 있기 때문이다.[33]

문견을 통한 직·간접적인 경험으로 대상을 파악하면 그것을 지식으로 구성하고 실천해야 한다.[34] 성인이 인의를 근본으로 시비를 올바르게 가리고 언행을 일치시켜 조금도 어긋나지 않는 까닭은 학문의 실천을 체화했기 때문이다. 체화를 통해 얻은 진리는 치세治世로 연결되는데, 순자가 생각하는 국가통치의 핵심은 직분에 맞는 분별과 예의에 있다. 이들은 민심의 와해와 밀접하게 연관되어 있어서 분별과 예의가 직분에 맞지 않으면 이권 다툼으로 혼란한 정국을 맞이하게 되고 조직이 붕괴되어 주변 상황에 휘둘리는 상황에 직면하게 된다. 그래서 순자는 사덕四德의 내재적·주관적 가치를 중시하는

---

33)『荀子』,「儒效」, "不聞不若聞之. 聞之不若見之. 見之不若知之. 知之不若行之. 學至於行之而止矣. 行之, 明也, 明之爲聖人. 聖人也者, 本仁義, 當是非, 齊言行, 不失豪釐, 無他道焉, 已乎行之矣."

34) 이유정,「순자(荀子)에서 경험의 교육적 의미」,『교육사상연구』35권 4호, 한국교육사상학회, 2021, 199쪽.

맹자와는 달리 정치적 측면에서의 효용에 집중한다. 「치사」에서는
이 문제를 다음과 같이 말한다.

> 일을 하고 백성들을 대할 때는 의로움으로 여러 가지 변화에
> 대응하고, 너그러이 여유를 가지고 널리 받아들이고, 공경스런
> 몸가짐으로 그들을 선도하는 것이 정치의 시작이다. 그런 다음
> 원칙과 조화를 바탕으로 살피고 판단하여 그들을 도와서 바르게
> 이끄는 것이 정치의 중간 단계이다. 그리고 성과에 따라 승진시
> 키거나 물러나게 하고, 처벌하기도 하고, 상을 주기도 하는 것이
> 정치의 마지막 단계이다.[35]

국정을 운영할 때는 예의를 근본으로 상황에 맞게 대처하면서 백
성들을 이끄는 것이 첫 번째 단계이고, 원칙과 조화를 근본으로 직책
에 맞는 직무수행을 하도록 이끄는 것이 두 번째 단계이고, 성과에
따라 보상과 처벌을 공정하게 실행하는 것이 마지막 단계이다. 올바
른 정치는 예의를 바탕으로 한 분계에 기초해야 하는데, 이것이 제대
로 이루어지지 않으면 민심은 폭발하고 나라는 혼란에 빠지게 된다.
이러한 상황을 「부국」에서는 다음과 같이 말한다.

> 그렇게 되면 지혜 있는 사람도 그들을 다스릴 수가 없다. 지혜
> 있는 사람도 다스릴 수가 없다면 공로와 명성은 이룩되지 못한
> 다. 공로와 명성이 이룩되지 못하면 여러 사람들 사이에 분계가
> 있을 수 없다. 여러 사람들 사이에 분계가 없으면 임금과 신하의
> 자리도 없다. 신하들을 통제할 임금이 없다면 아랫사람들을 통
> 제할 윗사람도 없다.[36]

---

35) 『荀子』, 「致士」, "臨事接民, 而以義變應. 寬裕而多容, 恭敬而先之, 政之始
也. 然後中和, 察斷以輔之, 政之隆也. 然後進退誅賞之, 政之終也."

지자知者들이 통솔력을 잃으면 이룩한 공적과 명성이 무너지고 사람들 간의 분계가 없어지고 군신의 위位가 없어지는 일이 연쇄적으로 일어나면서 하극상이 발생하게 된다. 그러므로 군주는 의를 바탕으로 국가의 위계를 바로 세워야 한다. 아울러 지도자에 적합한 인격을 갖추어야 하는데, 국가의 흥망성쇠는 지도자의 운용능력에 달려 있기 때문이다. 「왕제」에서는 지도자의 인격을 다섯 등급으로 나누어 다음과 같이 말한다.

> 이 다섯 등급은 잘 선택하지 않으면 안 된다. 왕자·패자·안락한 존속·위태로움·멸망의 요건들은 잘 선택하는 사람은 남을 제압하게 되고, 잘 선택하지 못하는 사람은 남에게 제압당하게 된다. 그것을 잘 선택하는 사람은 왕자가 되고, 그것을 잘 선택하지 못하는 사람은 망한다. 대체로 왕자와 망하는 자의 관계는 남을 제압하는 것과 남에게 제압당하는 차이에서 생긴다. 이 둘의 거리는 아주 멀다.[37]

위에서 말하는 다섯 등급의 지도자는 어떤 요건을 갖추느냐에 따라 달라진다. 이것은 타인을 제압하느냐 타인으로부터 제압당하느냐의 문제로 군주는 제압에 능하도록 힘써야 한다. 하지만 정치는 독단적으로 행하는 일이 아니기 때문에 자신의 인격 연마와 함께 정사政事를 함께 논의할 신하의 인품도 제대로 볼 줄 알아야 한다. 「신도」에

---

36) 『荀子』, 「富國」, "如是, 則知者未得治也. 知者未得治, 則功名未成也. 功名未成, 羣衆未縣也. 羣衆未縣, 則君臣未立也. 無君以制臣, 無上以制下."
37) 『荀子』, 「王制」, "此五等者, 不可不善. 王覇安存危殆滅亡之具也, 善擇者制人, 不善擇者人制之. 善擇之者王, 不善擇之者亡. 夫王者之與亡者, 制人之與人制之也. 是其爲相縣也, 亦遠矣."

서는 신하의 인격적 단계를 다음과 같이 구분한다.

신하들에 대해 논하면, 태신態臣이 있고 찬신簒臣이 있고 공신
功臣이 있고 성신聖臣이 있다. 안으로는 백성들을 통합시키지
못하고 밖으로는 환난을 막아내지 못하여 백성들이 친하지 않고
제후들이 믿지 않지만 교묘히 아첨하여 임금의 총애를 얻는 것,
이것이 태신態臣이다. 위로는 임금에게 충성을 다하지 않으면서
아래로는 백성들에게 명성을 얻고, 공정한 길을 거들떠보지 않
고 끼리끼리 붕당을 이루고, 임금을 가까이하여 미혹시키고 개
인의 이익을 도모하는 데만 힘쓰는 것, 이것이 찬신簒臣이다.
안으로는 백성들을 잘 통합시키고 밖으로는 환난을 잘 막아 주
고, 백성들은 그와 친하고 선비들은 그를 믿으며, 임금에게 충성
하고 아래로는 백성들을 사랑하기를 게을리하지 않는 것, 이것
이 공신功臣이다. 위로는 임금을 존중할 줄 알고 아래로는 백성
을 사랑할 줄 알고, 정령으로 교화시켜 그의 아랫사람들을 자기
그림자처럼 제어하고, 갑자기 생긴 일에 잘 대응하여 소리의
울림처럼 변화에 신속히 대처하고, 전례를 미루어 나가 그 명성
을 계승하고, 불확정적인 일에 대비하여 빈틈없이 제도와 법규
를 잘 조직할 수 있는 것, 이것이 성신聖臣이다.[38]

신하가 상하를 유기적으로 연결하기 위해서는 군주와 백성 모두에

---

38) 『荀子』, 「臣道」, "人臣之論, 有態臣者, 有簒臣者, 有功臣者, 有聖臣者. 內
不足使一民, 外不足使距難, 百姓不親, 諸侯不信, 然而巧敏佞說, 善取寵乎
上, 是態臣者也. 上不忠乎君, 下善取譽乎民, 不卹公道通義, 朋黨比周, 以
環主圖私爲務, 是簒臣者也. 內足使以一民, 外足使以距難, 民親之, 士信之,
上忠乎君, 下愛百姓而不倦, 是功臣者也. 上則能尊君, 下則能愛民, 政令敎
化, 刑下如影, 應卒遇變, 齊給如響, 推類接譽, 以待無方, 曲成制象, 是聖臣
者也."

게 신임을 얻어야 한다. 사리사욕을 내려놓고, 파당을 만들지 않고, 정확한 분석력과 판단력으로 급변하는 정세에 대응하고, 불확실한 미래를 대비할 수 있어야 한다.[39] 이러한 군주와 신하의 관계는 국정 수행의 주요한 요인이므로 국가의 존립을 책임지는 최고 인사결정권 자들은 신하를 기용함에 신중해야 한다. 또한 신하는 군주의 인품에 따라 적절하게 대응해야 하는데, 「신도」에서는 군주의 인격을 세 단계로 나누고 각 유형에 맞는 신하의 도리를 다음과 같이 제시한다.

> 공경하면서도 겸손하고, 임금의 뜻을 잘 따르되 민첩하게 움 직이고, 감히 사사로운 뜻으로 일을 결정하거나 선택하는 일이 없고, 감히 사사로이 물건을 받거나 주는 일이 없고, 임금의 뜻을 따르는 일에 뜻을 두는 것, 이것이 성군을 섬기는 의리이다. 충성 스럽고 신의가 있으면서도 아첨하지 않고, 간쟁을 하면서도 눈 치를 보지 않고, 꿋꿋이 강직하게 결단을 내리고, 바른 뜻을 지녀 비뚤어진 마음을 갖지 않고, 옳은 것은 옳다 하고 그른 것은 그르 다 하는 것, 이것이 중군을 섬기는 의리이다. 조화를 이루면서도 마음이 흔들리지 않고, 부드러우면서도 굽히지 않고, 너그러이 받아들이되 어지러워지지는 않고, 분명하게 지극한 도를 내세 우지만 임금과 조화를 이루지 않는 경우가 없고, 그렇게 하여 임금을 감화시켜 변하게 하고, 때때로 그것을 임금의 마음속에 넣어 주는 것, 이것이 폭군을 섬기는 의리이다.[40]

---

39) 전병술, 「리더십 관점에서 본 맹자와 순자」, 『양명학』 26호, 한국양명학 회, 2010, 83쪽.

40) 『荀子』, 「臣道」, "恭敬而遜, 聽從而敏, 不敢有以私決擇也, 不敢有以私取 與也, 以順上爲志, 是事聖君之義也. 忠信而不諛, 諫爭而不諂, 撟然剛折, 端志而無傾側之心, 是案曰是, 非案曰非, 是事中君之義也. 調而不流, 柔而 不屈, 寬容而不亂, 曉然以至道, 而無不調和也, 而能化易. 時關內之, 是事

성군聖君은 인격적으로 성숙한 사람이다. 그래서 성군과 국정을 논할 때는 주체적인 선택과 결정을 존중해 그 뜻에 따라 민첩하게 움직이면서 공손하게 따르기만 하면 된다. 중군은 아직 인격을 완성하지 못한 사람이다. 그래서 충신을 다하고 시비를 잘 가려서 간언해야 한다. 문제는 폭군이다. 이들은 이성적 사고가 마비되고 심리적 장애가 있는 사람이기 때문에 관대함으로 조화를 이루면서도 감화와 변화의 길로 인도해야 한다. 부연하면 신하의 도리는 군주가 올바르게 정사政事를 하도록 돕는 데 있기 때문에 군주의 인격적 상태에 따라 적절하게 처신해야 한다. 또 정사에서 가장 중요한 것은 인재 등용이기 때문에 충신은 물질적·가시적인 행동에서 벗어나서 인재를 발굴하고 추천하는 일에 힘써야 한다.

한편, 순자는 스승이 될 자격으로 나이를 언급하고 있다. 이는 연령이 인격 완성과 연관이 있음을 의미하는데 다음 구절에 잘 나타나 있다.

> 스승의 술법에는 네 가지가 있으나, 널리 많은 것을 익히는 것은 포함되지 않는다. 몸가짐이 존엄하여 남들이 경외한다면 남의 스승이 될 수 있다. 나이가 많고 신의가 있다면 남의 스승이 될 수 있다. 경전을 외우고 또 해설하되 스승의 이론을 무시하지 않고 범하지도 않는다면 남의 스승이 될 수 있다. 정미한 것들을 알고 이론이 체계적이라면 남의 스승이 될 수 있다.[41]

위 문장에서 타인의 스승이 될 수 있는 나이로 제시된 기애耆艾는

暴君之義也."
41) 『荀子』,「致士」, "師術有四, 而博習不與焉. 尊嚴而憚, 可以爲師. 耆艾而信, 可以爲師, 誦說而不陵不犯, 可以爲師. 知微而論, 可以爲師."

쉰 살과 예순 살에 해당한다.[42] 이처럼 오륙십의 나이가 되면 타인의 스승이 될 자격이 충분하다고 생각한 것은 덕의 완성이 연령 단계와 무관하지 않음을 보여준 것이라 하겠다.

순자는 공자처럼 연령에 따른 인격 발달단계를 명확하게 제시하지는 않았지만, 연령과 인격 발달의 연관을 유추할 수 있는 몇몇 구절들이 있다. 그는 "천자라는 자리는 어린 나이로는 감당할 수 없는 자리"[43]라고 하면서도 "천자와 제후의 아들은 열아홉 살에 관례를 치르고 관을 쓰고서 정치에 참여하는데, 그에 대한 교육이 지극하기 때문이다."[44]라고 말한다. 연령 단계에 있어서 어린 나이는 막중한 책임을 감당하기에는 역부족이어서 정치에 참여할 수 없지만 최고 권력층의 자녀들은 강도 높은 교육을 받고 직분에 맞는 책무를 받을 수 있다. 이 구절은 연령이 인격 완성과 무관하다는 것이 아니라 학문의 중요성을 강조한 것이라 하겠다.

또 연령을 예절과 관련짓기도 하였는데, "쉰 살이 되면 상례를 다 갖추지 않아도 되고, 일흔 살이 되면 상복을 걸치기만 하면 된다."[45]라는 구절을 통해 연령대가 높아질수록 장례에 대한 예법도 달라진다고 말한다. 공자의 생애주기별 인격 발달에서 볼 때 쉰 살은 '오십이지천명五十而知天命'이고, 일흔 살은 '칠십이종심소욕불유구七十而從心所欲不踰矩'이다. 오십과 칠십의 연령대가 되면 예법이 체화되어 있어서 절차를 생략한다고 해도 어긋나지 않는다. 순자의 이러한 단

---

42) 荀況(周)撰; 楊倞(唐)注, 『荀子』, "五十曰艾, 六十曰耆."
43) 『荀子』, 「儒效」, "天子也者, 不可以少當也,"
44) 『荀子』, 「大略」, "天子諸侯子, 十九而冠, 冠而聽治, 其教至也."
45) 『荀子』, 「大略」, "五十不成喪, 七十唯衰存."

계론은 군자삼사君子三思에서도 부분적으로 보이는데 다음과 같이 말한다.

> 공자曰, 군자에게는 세 가지 생각해야 할 것이 있으니, 그것에 대해 생각하지 않으면 안 된다. 젊어서 공부하지 않으면 나이 들어 무능해진다. 늙어서도 남을 가르치지 않으면 죽은 뒤에 생각해 주는 사람이 없다. 풍요한데도 남에게 베풀지 않으면 곤궁해졌을 때 의지할 곳이 없다. 그러므로 군자는 젊어서는 나이 먹은 뒤를 생각해서 공부하고, 늙어서는 죽은 뒤를 생각해서 남을 가르치고, 풍부할 때는 곤궁해질 때를 생각해서 베푸는 것이다.46)

군자가 염두에 두어야 할 일이 있는데, 청년기에는 학문에 전념해야 하고, 노년기에는 가르침에 수고로움을 아끼지 않아야 하고, 여유로울 때는 어려울 때를 생각해야 한다. 미래를 대비하는 군자의 이러한 모습은 『주역』「계사하」의 "두려워하기를 처음부터 끝까지 하면 그 요지는 허물이 없다."47)라는 구절과 또 "역易이 일어나는 것은 중고 시대일 것이다. 역을 지은 자는 근심과 걱정이 있었을 것이다."48)라는 구절과 상통하는 것으로 매사를 두려워하면서 대비하면 일생의 변화에 현명하게 대처할 수 있다.

---

46) 『荀子』,「法行」, "孔子曰 君子有三思, 而不可不思也. 少而不學, 長無能也. 老而不教, 死無思也. 有而不施, 窮無與也. 是故君子, 少思長則學, 老思死則教, 有思窮則施也."
47) 『周易』,「繫辭下」, 第11章, "懼以終始, 其要无咎."
48) 『周易』,「繫辭下」, 第7章, "易之興也, 其於中古乎, 作易者其有憂患乎."

2. 하건충의 이상적 인격 발달론

하건충의 이상적 인격 발달에 관한 연구는 크게 일생 주기에 따른 성격 변화에 관한 연구, 성별에 따른 특성 연구, 이상적 인격이 현실 세계에서 드러내는 심리적 특성에 관한 연구로 나뉜다. 이렇게 하건 충 이론을 세 가지로 구분해서 고찰하는 근거는 서양심리학이 인간 의 심리를 분석하는 방법론에 근거한다.

1) 심리사회적 생애 발달단계론

하건충은 인간의 성격이 시간의 흐름에 따라 일생동안 연속적으로 변한다고 보았다. 그래서 발달단계를 유년기에서 노년기에 이르기까 지 크게 여섯 단계로 구분하고 각 단계를 전기와 후기로 다시 세분화 하였는데, 단계마다 보이는 보편적 심리와 행동을 십성十星의 특성으 로 설명하였다. 유년기는 겁재와 비견 심리가 나타나는데 다음과 같다.

> (1) 유년기(대략 1~13세) 특성: 겁재·비견
> 유년기 전기(1~7세)의 심성은 겁재가 나타난다.
> 　이 시기는 매사에 두려움이 없고, 무엇을 하겠다고 생각하면 곧바로 행동에 옮기고, 이상하게 마음이 조급하다. 모든 일을 마음에 담아 두지 않고, 육체가 손상되거나 이해득실에 대해 전혀 개의치 않고, 신체 밖의 사물을 만지는 것을 좋아한다. 파괴 성이 강해 팔다리 운동을 좋아하고, 질서가 무엇인지 모르고, 반복적으로 내 방식대로 행하고, 기세가 사납다. 이러한 행동은 갓 태어난 송아지나 삼류 건달 같지만 악의가 있는 것은 아니다.

유년기 후기(8~13세)는 비견 특성이 나타난다.

　비록 전기의 특성을 모두 지니고 있지만 강렬함이 감소한다. 신체 외부의 사물을 만지지만 함부로 부수지는 않고, 굳세고 사납지만 온화함이 많아지고, 운동을 좋아하지만 머리가 깨어 져서 피가 날 정도까지는 하지 않는다.[49]

　유년기 전기는 영·유아기로 본능적 에너지에 따라 충동적으로 행동하는 시기이다. 영·유아기는 쥐기, 앉기, 걷기 등의 신체활동을 통해 운동 능력이 발달하는데, 외부 물건의 조작법을 몰라 과격하게 다룬다. 또 도덕적 추론이 약해 옳고 그름에 대한 분별력이 없고, 참을성이 부족해 하고 싶은 것은 바로 해야 하고, 타인에 대한 이해가 미숙해 매사를 자기중심적으로 생각하고 행동한다. 그래서 뜻대로 되지 않을 때는 떼를 쓰거나 공격성을 보인다. 이때는 눈앞의 상황에 두려움없이 부딪히면서 반응하기 때문에 모험적인 기질을 보인다.

　후기는 아동기로 사회 교육기관의 교육을 통해 사회성이 발달하고, 예절과 규범에 대한 학습으로 옳고 그름에 대한 분별력이 생겨난다. 참을성이 생겨서 자기가 원하는 것을 얻으려 하거나 얻지 못할 때도 유아기처럼 거칠거나 정제되지 않은 행동을 보이지는 않는다.

---

49) 何建忠, 『八字心理推命學』, 第7章, "人在幼年期(大約一至十三歲)之特性: 幼年期之前期(一至七歲)心性爲劫財特性所引化, 故而此期之人凡事不畏, 想到什麼就作什麼, 心中異常急切, 凡事從不掛在心上, 對於肉體的損傷, 利益的得否毫不在乎, 喜歡操作身外之物, 有强烈破壞性; 喜歡運動四肢, 不知何謂秩序, 一而再, 再而三的我行我素, 强悍, 是初生之犢, 是丙級流氓, 但毫無心機. 幼年期之後期(八至十三歲)爲比肩特性所 指化, 故而雖具有前期的一切特性, 但强烈性減少, 因此雖喜歡操作身外之物, 但較不會胡爲亂弄, 雖强悍但溫和多了, 雖喜運動, 但比較不會弄得頭破血流."

이 시기는 모든 일을 자기 스스로 하려는 자주성을 보이기 때문에 자립형이라 할 수 있다. 아동이 청소년기에 접어들면 상기한 심리 특성들이 약해지면서 상관과 식신 심리가 나타나는데 다음과 같다.

(2) 청소년기(14~26세) 특성: 상관·식신
전기(14~20세)는 상관 특성이 나타난다.

심리상 자기를 내세우기 좋아하고, 타인이 자기를 인정하는 것을 중시하고, 마음이 외부 상황에 따라 변하고, 언어가 과장되고 유머러스하다. 불만을 표출하기도 하고, 반발적이고, 관습과 법규를 지키지 않는다. 독창적인 표현을 좋아하고, 의식의 흐름이 멈추지 않고, 머무는 의식이 초월적이고 현실과 동떨어져 있어서 환상과 몽상에 빠진다. 육체적 요구와 미감적 유인에 새롭게 감응하고, 타인의 인정을 강렬하게 바라기 때문에 이성에 대한 강렬한 갈망과 환상이 있다. 모든 일에 단지 좋아하는 것과 싫어하는 것만 있고, 주관적이고 절대적(단지 5분정도 절대적일 뿐)이다. 작은 문학가나 예술가적 기질을 보이고, 타인의 권고에 대해 반박하기를 아주 좋아한다. 이때는 부모가 골머리를 앓는 자식이 된다.

청소년기 후기(21~26세)는 식신 특성이 나타난다.

타인을 동정하고, 표현력이 유창해지고, 자기를 내세우는 것을 그다지 좋아하지 않게 된다. 자신의 역량을 타인이나 사회를 위해 쓰지만 타인으로부터 보답받으려는 심리가 적어지고, 대자연을 좋아하고, 더 이상 타인으로부터 인정을 받거나 못 받는 것에 집착하지 않는다. 취미가 비교적 단순화되는데 말하는 것과 표현력이 가느다란 물줄기가 흐르는 것처럼 질서가 있고 예술성이 있다. 난폭함·전제성·모반감을 좋아하지 않게 되고, 온화하고 다정하다. 사물의 차이점을 더욱 세심하게 분별하고,

의식의 흐름이 넓어져서 수평적 사고를 하게 되는데 이때는 학문이나 독서에 뜻을 둔 사람에게 좋은 시기이다.[50]

청소년기 전기는 호르몬 변화로 성적 성숙과 관련된 신체변화와 감정변화가 일어난다. 그래서 사춘기가 시작되고 부모와 갈등이 깊어지고 간섭받는 것을 싫어하게 된다. 호기심이 강해 새로운 문화와 지식에 쉽게 동화되고, 기존 방식에 거부감이 강하기 때문에 창의적인 생각을 많이 하지만 공상과 망상에 빠지기도 한다. 이때는 과장된 자의식으로 타인의 관심에 예민하고 남들보다 돋보이고 싶은 심리가 발동하기 때문에 사회적 민감형이라 할 수 있다.

후기가 되면 변덕스럽고 비순응적인 심리가 사라진다. 타인을 동정하게 되고, 자신을 내세우지 않고, 타인과 사회를 위해 봉사하려는 마음이 점차 강해진다. 언어를 조리있게 구사하고 표현력이 풍부해

---

50) 何建忠, 『八字心理推命學』, 第7章, "人在青少年期(十四至廿六歲)之特性: 前期(十三至二十歲)爲傷官特性所引化, 故而心性上喜歡出風頭·重視他人 對自己的肯定, 心境隨外象而變遷的, 言語是誇大·有趣·不滿的, 是反叛 的, 不守成文俗規, 卻喜歡標新立異, 意識是無法停止的, 但所停留的卻又是 超越現實過遠, 致而產生了幻想·夢想, 且由於肉體的需求與美感的拉引, 新鮮感的作祟, 及強的希望他人之肯定, 故而對異性有強烈的渴望及幻念, 凡事只有喜歡與不喜歡, 是主觀·絶對的(但通常只有五分鐘的絶對), 是一 個小文學家或藝術家, 但又是最喜歡反駁別八的勸告, 是最令父母頭疼的孩 子. 青少年的後期(廿一至廿六歲)爲食神特性所引化, 故而心性是: 較能同 情他人, 表達較流暢, 不再很喜歡出風頭, 有付予自己的力量幫助別人或社 會的趨勢, 但減少了希望別人回報的心, 是喜歡大自然, 不再過份戀著在別 人的肯定與否定, 興趣較能單純化; 說話, 表達上更能細水流長般的有次序, 有藝術性. 不再喜歡暴躁·專制·反叛感, 是溫文而可親的, 更能細膩的分化 物與物的不同, 有更廣大的意識流作水平思考, 這對作學問或有志讀書的人 是個好年華."

져서 예술적인 면을 보이기도 한다. 사고의 폭도 점차 넓어져서 수평적 사고를 하고, 사물의 차이점을 더욱 세심하게 분별하게 되어서 학문에 매진하기에 아주 좋은 시기이다. 또 전기에 보였던 어른에 대한 반발심이 사라지면서 온화하고 다정한 면을 보이고 배려심이 강해지기 때문에 세심한 배려형이라 할 수 있다. 청소년기의 이러한 심리는 청년기에 접어들면서 정재와 편재 특성으로 변하는데 다음과 같다.

(3) 청년기(27~39세) 특성: 정재·편재
전기(27~33세)는 정재 특성이 나타난다.
　결혼하기 좋은 시기로 육체적 결합이 이루어진다. 사랑하는 아내, 추진하는 사업, 감각기관의 편안함에 집착한다. 이 시기는 구체적인 세계와 절대적인 관계에 있기 때문에 가구를 구매해서 배치하고, 금전을 분배하고 운용하며, 식욕과 금전욕을 채우기 위해 열심히 뛴다. 아주 현실적이어서 모든 일을 이익과 공능을 위주로 생각하고, 마음이 구체적인 세계에 집중되어서 내면적인 세계로 돌아보지 않는다. 경지에 대한 이해와 강한 귀납력이 없어서 철학을 연구하거나 이론을 창조하기에 곤란한 시기이다.

후기(34~39세)는 편재 특성이 나타난다.
　정재 특성이 강하게 남아있어서 편재 특성이 명확하게 나타나지는 않지만 큰 골자는 알 수 있다. 마음을 능숙하게 조절하게 되어서 금전 및 감각기관의 편안함에 집착하는 심리가 사라진다. 관리를 잘하고 구체적인 물질세계에 배치하고 계획하는 능력이 향상되는데, 특히 공간 능력이 좋아진다.[51]

---

51) 何建忠,『八字心理推命學』, 第7章, "人在靑年期(大約廿七至卅九歲)特性:

청년기는 자기에게 유용한 정보 획득과 부富의 창출을 지향하기 때문에 이성적이고 현실적인 특성을 보인다. 전기는 물욕이 강해지고 육체적인 욕망을 추구한다. 구체적인 세계를 중시하고 외물에 관심이 집중되어 있어서 자기를 성찰하는 일에는 관심이 없다. 이 시기는 지극히 현실적이고 이익에 따라 움직이기 때문에 실리추구형이라 할 수 있다. 후기는 점차 일을 처리하는 수행 능력이 향상되면서 자신의 계획에 따라 움직인다. 이때는 일과 상황을 직접 관리하고 통제하려는 성향이 강해지기 때문에 자기 주도형이라 할 수 있다. 청년기를 지나면 중년기를 맞이하게 되는데, 다음과 같은 정관과 편관 심리가 나타난다.

(4) 중년기(40~54세) 특성: 정관·편관
전기는 정관 특성을 보인다.
　심리상태가 자연스레 이성적으로 변하고, 법규와 관습을 지키고, 번잡한 예절을 지킨다. 사회 공론을 중시하고, 자아가 구속적이고, 보수적으로 변한다. 논리적이고, 이해력과 책임감이 강해지고, 일의 정황을 늘 마음에 담아둔다. 과거 경험에 비추어

前期(廿七至卅三歲)爲正財特性所引化, 故而是結婚的好時光, 在其中有肉體的結合, 對愛妻的執著, 對事業的執著, 以及對感官女適的執著, 此時與具體世界有絶大的關係, 家具的購買與安置, 錢財的分配與運用, 是必須的; 對於口腹慾望之求得, 錢財之求奢與日俱增; 是現實的, 凡事以利益, 功能爲主, 心靈投入具體世界, 再也無法回到內心, 一些意象的把握以及強大的歸納力, 不復存在, 研究哲學的及理論創造者, 在這兒會進入困頓期. 青年期後期(卅四至卅九歲)爲偏財特性所指化,　但因普遍人性中有強烈正財特性之存在, 故而偏財特性被呈現的不清晰, 但我們大村可知道, 是善於推置心象; 對錢財及感官的安適之執著漸已消滅.　但卻富於管理;　對具體的物質世界, 有強烈的安排力·計劃力;　空間觀念在這時異常清晰."

반복적으로 자기를 반성하고, 강박적이고, 자신을 낮춘다. 오랜 걱정과 근심으로 인해 고혈압성의 병증이 생기기도 한다.

후기는 칠살 특성을 보인다.

보편적 성격 중 정관 특성이 남아 있어서 편관 특성이 뚜렷하게 나타나지 않지만 다음과 같은 심리상태를 보인다. 아는 것과 행동이 일치하고, 권위 의식이 많아지고, 독단적이다. 화를 잘 내고, 타인의 의견을 잘 받아들이지 않는다.(다만 마음에는 담아둔다) 환경적 어려움과 냉혹함을 두려워하지 않기 때문에 의지력이 생기지만 불안정한 기색을 띠고 있다.[52]

중년기 전기의 심리는 이성적이고 합리적이며 보수적으로 변한다. 관습과 법규를 준수하고, 사회공론을 중시하고 웃어른을 존중하게 된다. 자신을 낮추고 책임감이 강해지지만, 늘 마음속에 자기의 위치와 미래에 대한 걱정을 담고 산다. 이때는 매사를 규범에 맞게 처리하려는 성향이 강해 공정한 유형이라 할 수 있다. 후기에 접어들면 인생 경험을 바탕으로 삶에 대한 강한 의지력이 생기고, 어떤 역경에도 굴하지 않고 의연하게 대처해 나간다. 이 시기는 타인의 의견을

---

52) 何建忠, 『八字心理推命學』, 第7章, "人在中年期(大約四十至五十四歲)特性: 前期爲正官特性所指化, 故而心態上理性的心靈油然而生, 是守常規, 守繁又褥節的, 重視社會公論, 自我變得拘束與保守, 心是合乎邏輯的, 理解力‧責任心在增强, 事情卻常掛在心中, 一而再, 再而三的反省自己; 常用過往的經驗, 是自我强迫的, 是屈卑自己的, 而經久的焦慮掛念卻易引起高血壓一類的病症. 中年期後期爲七殺特性形態所指化, 但因普遍人性中具有正官之特色, 故而此形態不明顯, 但心態大約是: 知行合一的, 富有權威感, 是獨斷的, 稍爲暴躁的, 不隨意接納他人的意見(但卻掛在心中), 不畏環境的艱難, 嚴謹而苛求的, 在此年華竟還含有志氣, 及不穩之氣息."

받아들이지 않고 독단적이면서 명예를 중요시하기 때문에 권위주의 형이라 할 수 있다. 중년기가 지나면 노년기에 접어들어 정인과 편인 특성을 보이는데 다음과 같다.

(5) 만년기(대략 55세~) 특성: 정인·편인
전기는 정인 특성을 보인다.
　만사가 두리뭉실해지고, 정밀성과 분화력이 부족해지고, 모든 일이 간단하고 안정적인 것을 좋아한다. 의식의 흐름이 빠르게 정지되면서 반응이 무뎌지지만 일체 아는 것에 만족한다. 충동성이 사라지고, 집중력이 떨어지지만 관용적으로 일을 처리한다. 수양을 통해 깨달은 것을 사람들에게 전달하면서 선행을 베푸는데, 일생 중에서 無私의 심리가 가장 잘 나타나는 시기이다.

노년기 후기는 편인 특성을 보인다.
　생기가 있으면서도 적은 것 같고, 안정된 듯 하면서도 변화가 있다. 알고 있는 것에 만족하면서도 강한 욕망을 지니고, 폐쇄적이면서도 정서적이다. 보수적이면서 기이한 사고를 하는데, 애매모호하고 기이한 연령대이다.[53)]

인간이 노년기에 접어들면 기억력이 쇠퇴하고 면역력이 저하되는

53) 何建忠, 『八字心理推命學』, 第7章, " 人在晚年期(大約五十四至?歲)特性: 前期爲正印特性所指化, 故而此時的人凡事看得差不多, 缺乏精細性及分力, 凡事喜歡簡單·寧靜. 意識流已快停止, 反應呈現呆滯, 一切是知足的, 沒有衝動, 對事情已缺乏投注力, 而處事總以寬容, 讓人覺得富於修養·慈善的, 此時是一生「無私」的最佳一時光. 老年期後期爲偏印特性所指化. 故而心態上呆滯中帶些精靈, 安定中帶些變遷, 知足中帶些奢望, 封閉中帶些情緒, 守常卻有奇異之思; 是個曖晦, 奇怪的年華."

등 급격한 신체 변화와 함께 삶의 목표가 변화되고 긍정적인 정서를 유지하는 심리적 변화를 겪게 된다. 이 시기는 집중력과 정밀성이 급격히 쇠퇴하지만 모든 욕심을 내려놓고, 현실에 순응하고, 마음이 편안해진다. 현재 삶에 만족할 줄 알고, 타인에게 베푸는 마음을 지니게 되고, 종교·봉사단체 등에 참여하기도 한다. 이때는 인생과 사람을 여유롭게 바라보는 혜안이 생기고, 가장 수양된 마음상태를 나타내기 때문에 자기성찰형이라 할 수 있다.

후기는 행동반경이 좁아지면서 대인관계 폭도 좁아진다. 또 고집이 세어지고 자기 폐쇄적이거나 전적으로 가족들에게 의존하려는 특성이 나타난다. 현재 상황에 만족하다가도 불만스러운 감정이 엄습하는 등 심리적으로 불안정한 상태에 놓인다. 이 시기는 혼자만의 세계에 빠져들기 때문에 자기 몰입형이라 할 수 있다. 노년기가 깊어지면 다시 겁재 특성이 나타나는데 다음과 같다.

(6) 사망: 겁재
　　편인 특성에 이어서 연결되는 것은 당연히 겁재가 되는데, 겁재는 인류의 유년기 심리상태를 말한다. 사람이 노년기를 지나면 도리어 어린아이가 되는 상태에 이르는데, 안타깝게도 겁재는 정재를 극하기 때문에 육체가 파괴되어 죽음에 이르게 된다.54)

고령이 되면 겁재 심리가 지배적인데 겁재는 유아기에 나타나는 심리 특성이다. 그래서 고령이 될수록 매사를 본인 위주로 생각하게

---

54) 何建忠, 『八字心理推命學』, 第7章, " 人的死亡: 偏印特性接下去的當然是劫財, 劫財是人類在幼年的心態, 故而人如果能通過晚年期, 富然達到「過老而返童」, 可惜的是劫財尅正財, 身壞, 而死矣!"

되고 어린아이처럼 고집을 부리게 되어 가족들을 힘들게 한다. 상기한 내용을 표로 나타내면 다음과 같다.

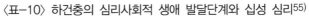

〈표-10〉 하건충의 심리사회적 생애 발달단계와 십성 심리[55]

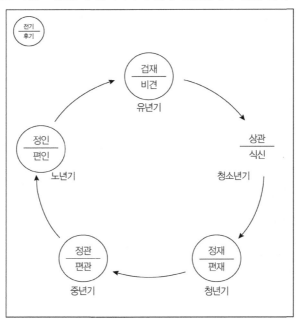

하건충이 제시한 인간의 생애주기에 따른 심리변화는 서양의 발달심리학에서 다룬 인간의 일생주기별 발달단계의 내용과 유사하다.

---

55) 　　〈표-10〉 하건충의 심리사회적 생애 발달단계와 십성 심리 論者註

유년기	겁재	모험형	비견	자립형
청소년기	상관	사회적 민감형	식신	세심한 배려형
청년기	정재	실리추구형	편재	자기주도형
중년기	정관	공정한 유형	편관	권위주의형
노년기	정인	자기성찰형	편인	자기몰입형

물론 실험과 관찰을 주된 방법으로 사용하는 서양심리학의 연구 결과가 더 광범위하고 세밀하기는 하지만, 각 단계마다 작용하는 심리의 근거를 밝혔다는 점에서 그 의미가 있다.

그 이유는 첫째, 각 단계마다 작용하는 기질과 심리적 특성을 십성과 연계함으로써 인생주기에 따른 보편적 심리가 작용하는 원리에 대한 설명이 가능하기 때문이다.

둘째, 각 단계의 보편성 속에 개인의 특수성이 작용할 때 나타나는 심리유형을 유추하는 근거가 된다. 예를 들어, 동일한 유아기라도 겁재 기질이 강한 유아와 없는 유아 간의 행동이 다르게 나타나는데, 이들 간의 차이점을 설명하는 단서를 제공할 수 있다. 기질 연구의 초석을 마련한 미국의 발달심리학자 Alexander Thomas(1914~2003)와 Stella Chess(1914~2007)는 1950년대부터 영아들을 대상으로 30년의 종단연구를 통해 영아의 기질을 3가지 유형인 순한 기질 아동(easy child), 까다로운 기질 아동(difficult child), 더딘 기질 아동(slow to warm up child)으로 구분함으로써 기질적 차이가 있음을 입증하였다.56) 이 연구 결과에 따르면 동일한 아동기라도 아동마다 기질에 차이가 있다는 것인데, 해당 아동이 지닌 기질의 유형 구분은 관찰과 보고에 따른 것이다. 하건충이 제시한 이 이론은 기질적 차이의 근원적 이유를 설명하는 근거를 제공할 수 있다.

셋째, 연령에 따라 변화되는 개인의 심리변화를 설명하는 단서를 제공할 수 있다. 개인의 명운에서 10년을 주기로 들어오는 운(대운)과 매년 들어오는 운(년운)의 십성 분석을 통해 특정 기간 작용하는 심리상태와 원인을 제공하고 행동 변화를 예측하는 데 도움을 준다.

---

56) 권석만, 앞의 책, 183~184쪽.

이러한 효용성이 있음에도 불구하고 하건충의 발달단계론은 한계점을 지니고 있다. 우선 단계 구분의 연령이 현대인들의 수명과 간극이 있기 때문에 대략적인 연령 기준에 대한 수정이 필요하다. 또 각 단계의 십성 특성의 내용이 발달심리학의 연구 내용에 비해 미약하기 때문에 보안이 필요하다. 이런 한계점을 극복하기 위해서는 현대 명리학 내에서도 인간의 심리연구를 활성화해야 하고 서양심리학과 명리학의 학제 간 연구도 활발하게 이루어져야 한다.

하건충의 생애 발달단계론과 공자·맹자·순자의 인격 발달단계는 유사한 논리구조를 가지고 있다. 앞에서 언급한 것처럼 공자의 일생 주기별 인격 발달론은 연령대가 명시되어 있지만 맹자와 순자의 인격 발달은 공자처럼 연령 단계론이 명확하지 않다. 하지만 각 구절이 나타내는 연령대와 하건충의 연령대를 연계하여 고찰할 가치는 충분히 있다고 본다.

먼저 공자의 발달단계와 연계해 살펴보면, '지우학志于學'은 하건충의 생애 발달단계론의 청소년기 후기와 맥락을 같이 한다고 볼 수 있다. 공자는 열다섯 살에 학문에 뜻을 두고 부지런히 노력하였는데, 청소년기 후기는 타인으로부터 인정받고자 하는 욕구가 낮아지고, 논리적으로 자기를 표현하게 되면서 사리 분별이 명확해지고, 사고가 확장되어 학문에 뜻을 세우고 전념할 수 있게 된다. 공자가 살았던 시대와 하건충이 살았던 시대의 평균 수명의 차이로 인해 해당 연령에 다소 차이는 있지만 식신 심리가 나타내는 특성이 '지우학志于學'과 다르지 않다.

또 '이립而立'은 청년기 후기와 연계해 볼 수 있다. 공자는 서른 살이 되면서부터 사욕에 흔들리지 않고 자기 뜻을 확실하게 세웠는데, 청년기 후기는 마음을 조절하는 것에 능숙해지고, 외부적 환경을 통제하고 관리하면서 자아정체성이 확립된다. 이렇게 자기를 확립하고 주도해 나가는 편재 심리의 특성은 '이립而立'과 상통한다.

그리고 '불혹不惑'은 중년기 전기와 관련지을 수 있다. 공자는 마흔 살이 되면서 어떤 일에도 미혹되지 않았는데, 이는 사물에 대한 명확한 분석과 판단력을 의미한다. 중년기 전기는 이성적이고, 논리적이고, 과거의 경험을 바탕으로 자기를 억제할 줄 알기 때문에 어떤 상황에서도 판단력이 흐려지지 않게 된다. 그러므로 정관 심리는 '불혹不惑'과 같은 마음상태라 할 수 있다.

또한 '지천명知天命'은 중년기 후기와 연관지을 수 있다. 공자는 쉰 살이 되면서 하늘로부터 부여받은 명을 깨닫게 되었는데, 중년기 후기는 인생 경험을 통해 의지력이 생기고, 어떤 역경도 담담히 받아들이면서 인간존재 의의에 대해 사유하고 깨닫게 된다. 이러한 편관 심리는 하늘의 뜻을 알고 그에 따라 움직이는 '지천명知天命'에 연결해 볼 수 있다.

'이순耳順'과 '종심소욕불유구從心所欲不踰矩'는 만년기 전기와 연계해 볼 수 있다. 공자는 예순 살이 되면서 어떤 말이든 편하게 받아들이게 되었고, 일흔 살이 되어서는 마음이 이끄는 대로 행동해도 예의에 어긋나는 일이 없었다. 생애 발달단계론의 만년기 전기는 자신이 알고 있는 일체에 만족하고, 관용적이고, 안정적이고, 가장 욕심이 없는 시기이므로 '이순耳順'과 '종심소욕불유구從心所欲不踰矩'의 심리상태와 다르지 않다. 이상의 내용을 표로 나타내면 다음과 같다.

<表-11> 공자의 연령 단계와 하건충의 생애 발달단계[57]

공자의 연령 단계	하건충의 생애 발달단계와 심리
志于學	청소년기 후기: 식신
而立	청년기 후기: 편재
不惑	중년기 전기: 정관
知天命	중년기 후기: 편관
耳順, 從心所欲不踰矩	만년기 전기: 정인

둘째, 맹자의 일생주기에 따른 심리적 흐름과 연계해 살펴보면, '인소즉모부모人少則慕父母'는 생애 발달단계론의 유년기 심리와 맥락을 같이 한다고 볼 수 있다. 부모는 세상에서 처음 접하는 대상이면서 접촉이 가장 많은 존재이기 때문에 성격 형성과 신체 발달에 가장 강한 영향을 미친다. 유년기의 아동은 생물학적인 욕구와 충동성이 강해 본능적으로 행동하려 하지만 부모의 훈계와 사회 교육기관의 교육을 통해 인내와 잘잘못에 대한 분별력을 배우게 된다. 따라서 이 시기에 부모의 존재는 절대적이다.

또 '지호색즉모소애知好色則慕少艾'는 청소년기 전기와 연계해 볼 수 있다. 청소년이 사춘기에 접어들어 신체적으로 급격한 성장이 이루어지면 성호르몬이 분비되어 성적 발육이 시작된다. 이때는 신체적·심리적 변화가 급격히 일어나기 때문에 이성에 관한 관심이 높아

---

57)　　　〈표-11〉 공자의 연령 단계와 하건충의 생애 발달단계 論者註

지우학	학문에 뜻을 세운다.
이립	사욕에 흔들리지 않고 확고한 자기 주관을 확립한다.
불혹	도리를 깨달아 미혹하지 않게 된다.
지천명	하늘이 내린 본성, 사명, 운명을 알게 된다.
이순	소리를 들으면 바로 사물의 이치를 안다.
종심소욕불유구	마음의 소리를 따라가도 법도에 어긋나지 않는다.

지게 된다. 그리고 타인과 외부의 영향에 따라 마음이 움직이고 부모에 대한 반발심이 일어나면서 자연스레 이성에 마음을 두게 된다. 이러한 상관 심리의 특성은 '지호색즉모소애知好色則慕少艾'의 마음과 상통한다.

또한 '유처자즉모처자有妻子則慕妻子'는 청년기 전기와 관련지을 수 있다. 큰 효자인 순임금이 아내를 맞이할 때 부모에게 말씀드리지 않은 것은 만약 말씀드리면 부모의 반대로 아내를 맞이할 수 없게 되어 부모를 원망하는 마음이 생길 것을 염려했기 때문이다. 이 시기는 물질적·육체적 욕망이 지배적이기 때문에 결혼을 통해 가정을 이루고자 하는 마음이 강해지고 사랑하는 아내에게 집착하게 된다. 정재의 이러한 심리는 '유처자즉모처자有妻子則慕妻子'의 마음과 다르지 않다.

그리고 '사즉모군仕則慕君, 부득어군즉열중不得於君則熱中'은 중년기 전기와 연관지을 수 있다. 「이루장구하」에서는 군주가 신하를 대하는 태도에 따라 군주를 대하는 신하의 태도도 달라진다고 하였는데,[58] 이는 관직에 나아가면 군주와의 관계가 개인 삶에서 절대적인 순위가 됨을 의미한다. 중년기 전기는 사회적 공론을 중시하고 강한 책임감으로 늘 일의 정황을 마음에 담아두기 때문에 직장 상사와의 관계에 절대적인 영향을 받게 된다. 이러한 정관의 심리적 특성은 '사즉모군仕則慕君, 부득어군즉열중不得於君則熱中'과 상통한다.

또 '대효종신모부모大孝終身慕父母'는 만년기 전기와 연결해 볼 수 있다. 순임금은 부모와 동생이 끊임없이 자신을 살해하려 했지만 그

---

58) 『孟子』, 「離婁章句下」, "君之視臣如手足, 則臣視君如腹心, 君之視臣如犬馬, 則臣視君如國人, 君之視臣如土芥, 則臣視君如寇讐."

것에 상관하지 않고 자식과 형으로서 도리를 다하였다. 이러한 행동이 가능했던 이유는 그의 인격이 이미 완성된 경지에 있었기 때문이다. 만년기 전기에 이르면 무사無私의 심리가 지극함에 이르러 현실에 순응하면서 모든 상황을 관용적이고 수양된 마음으로 받아들이게 되고, 삶과 사람에 대한 혜안이 생겨서 순임금과 같은 인륜의 마음을 지니게 된다. 그러므로 '대효종신모부모大孝終身慕父母'는 정인 심리와 다르지 않다.

그리고 「공손추장구상」에서 언급한 '사십부동심四十不動心'은 공자의 '불혹不惑'과 같은 단계에 해당한다. 주자에 따르면, 보통 사람들은 지위를 얻어 도를 행하게 되면 막중한 책무로 인해 공구恐懼하고 의심하는 마음이 일어나지만, 사십의 나이는 강해서 벼슬을 하고 군자가 도덕을 확립하는 시기이기 때문에 동요함이 없게 된다. 공자가 사십에 의혹하지 않은 것도 부동심에 이르렀기 때문이다.59) 이런 연유로 부동심은 중년기 전기와 연계해 볼 수 있는데, 이때는 이성적이고, 합리적이고, 사건과 상황에 대한 객관적인 사고가 확립되기 때문이다. 이상의 내용을 표로 나타내면 다음과 같다.

---

59) 『孟子集註』, 「公孫丑章句上」, "此承上章又設問, 孟子若得位而行道, 則雖由此而成霸王之業, 亦不足怪, 任大責重如此, 亦有所恐懼疑惑而動其心乎. 四十彊仕, 君子道明德立之時. 孔子四十而不惑, 亦不動心之謂."

〈표-12〉 맹자의 일생주기 심리 흐름과 하건충의 생애 발달단계[60]

맹자의 일생주기 심리 흐름	하건충의 생애 발달단계와 심리
人少則慕父母	유년기: 겁재, 비견
知好色則慕少艾	청소년기 전기: 상관
有妻子則慕妻子	청년기 전기: 정재
仕則慕君, 不得於君則熱中	중년기 전기: 정관
大孝終身慕父母	만년기 전기: 정인

　셋째, 순자의 인격 발달과 연계해 살펴보면, '기애이신耆艾而信, 가이위사可以爲師'는 생애 발달단계론의 중년기 후기·만년기 전기와 관련지을 수 있다. 순자에 따르면 쉰 살과 예순이 되면 타인을 가르칠 자격이 있는데, 이는 앞에서 언급한 것처럼 인격 완성에 연륜이 영향을 미침을 뜻한다. 중년기 후기와 만년기 전기는 예의와 겸손을 겸비하고, 인생행로에서 맞이하는 여러 고난을 통해 자신의 소명을 자각하고, 지금까지 축적해 온 삶의 지혜를 다른 사람에게 전달하려는 심리적 특성을 보이기 때문에 순자의 말처럼 다른 사람의 스승이 되기에 충분하다.

　그리고 '천자제후자天子諸侯子, 십구이관十九而冠, 관이청치冠而聽治'는 청소년기 후기와 연계해 볼 수 있다. 「권학」에서는 "학문하는 방법으로 스승이 될 만한 사람을 가까이하는 것보다 더 편리한 것이 없다."[61]라는 구절을 통해 교육에 있어서 스승의 중요성을 강조하였

---

60) 　〈표-12〉 맹자의 일생주기 심리 흐름과 하건충의 생애 발달단계 論者註

인소즉모부모	어린 시절에는 부모를 그리워한다.
지호색즉모소애	좋은 색을 알게 되면 어리고 예쁜 여인을 그리워한다.
유처자즉모처자	처자가 있으면 처와 자식을 그리워한다.
사즉모군, 부득어군즉열중	벼슬하면 임금을 그리워하고, 임금의 신임을 받지 못하면 애가 탄다.
대효종신모부모	큰 효자는 죽을 때까지 부모님을 그리워한다.

다. 스승은 현재의 본보기로서 유용하고, 고전 속의 전통적인 가르침과 현재 상황 사이에 존재하는 해석의 간극을 메우는데 필요하다.[62] 최고 위位의 자식들이 어린 나이에 관을 쓰고 정계로 진출할 수 있었던 것은 문헌을 통한 교육과 훌륭한 스승이 있었기 때문이다.

청소년기 후기에 접어들면 타인으로부터 인정받고자 하는 강한 욕망에서 벗어나게 되고, 분별력이 향상되고, 의식적 흐름이 넓어지고, 수평적 사고가 가능해져서 문헌과 스승의 도움으로 학문에 전념할 수 있게 된다. 이 시기는 학습 조건과 본인의 의지가 잘 어우러지면 천자나 제후의 자식처럼 자신의 역량을 뛰어넘는 일에 도전해 볼 수 있다.

또한 '오십불성상五十不成喪, 칠십유쇠존七十唯衰存'[63]은 중년기 후기·만년기 초기와 연결해 볼 수 있다. 오십 이상의 연령대가 되면 그동안 쌓은 경험과 교육의 효과로 상례의 일부분을 생략해도 크게 예법에 벗어나지 않게 되는데, 공자의 '오십이지천명五十而知天命, 칠십이종심소욕불유구七十而從心所欲不踰矩'와도 같은 단계이다. 중년기 후반기가 되면 지행知行의 일치가 이루어지고, 관습과 법규뿐만 아니라 복잡한 예법도 지키기 때문에 상례의 일부분을 지키지 않아도 결례가 되지 않는다. 만년기 초기에 접어들면 정밀성이 떨어지고 일

---

61) 『荀子』, 「勸學」, "學莫便乎近其人."
62) David S. Nivison 지음, 김민철 옮김, 『유학의 갈림길』, 철학과현실사, 2006, 106쪽.
63) 楊倞에 따르면, 不成喪은 哭를 하면서 발을 동동 구르는 예절을 갖추지 않은 것이고, 衰存은 縗麻服만 입을 뿐이고 나머지 예법은 모두 생략해도 된다는 뜻이다.(王先謙 集解; 楊倞 注, 『荀子集解』, 卷第19, 大略篇第27, "不成喪, 不備哭踊之節, 衰存, 但服縗麻而, 其禮皆可略也.")

처리가 간단하고 안정적인 것을 선호하지만 근본적으로는 수양으로
깨달은 마음이기 때문에 상복만 입고 나머지 예법은 생략해도 되는
것이다. 이상의 내용을 표로 나타내면 다음과 같다.

〈표-13〉 순자의 발달단계와 하건충의 생애 발달단계[64]

순자의 발달 단계	하건충의 생애 발달단계와 심리
少思長則學 天子諸侯子, 十九而冠, 冠而聽治	청소년기 후기: 식신
耆艾而信, 可以爲師 五十不成喪, 七十唯衰存	중년기 후기: 편관 노년기 초기: 정인
老思死則教	노년기 초기: 정인

2) 성별 심리사회적 발달론

하건충은 성별에 따라 나타내는 심리와 행동적 특성에 차이가 있
다고 보았다. 남성의 심리적 특징으로 정재와 상관 심리를 제시하였
는데, 『팔자심리추명학』에서는 다음과 같이 말한다.

남성의 특성은 정재와 상관심리가 비교적 강하다. 왜냐하면,
정재가 있기 때문에 배고픔, 목마름, 성적 욕망, 신체가 즐겁고

---

64)　　〈표-13〉 순자의 발달단계와 하건충의 생애 발달단계 論者註

소사장즉학	젊어서는 공부한다.
천자제후자, 십구이관, 관이청치	천자제후의 아들은 열아홉 살에 관례를 올리고 관을 쓰고 정치에 참여한다.
기애이신, 가이위사	나이가 많고 신의가 있으면 타인의 스승이 될 수 있다.
오십불성상, 칠십유쇠존	오십이 되면 슬퍼하고 곡하는 예법을 빠짐없이 지키지는 않 아도 되고, 칠십이 되면 상복을 몸에 걸치기만 하면 된다.
노사사즉교	늙어서는 타인을 가르친다.

편안한 환경에 있는 것, 공리, 실용, 듣는 것을 얻고, 보는 것을
얻고, 찾는 것을 가지고 싶은 집착 등을 중시하게 된다. 또 상관이
있기 때문에 자기가 준 것에 대해 좀스럽게 따지고, 자기가 표현
하고 발표한 모든 것을 중시하고, 자기 의견을 중요하게 생각한
다. 변화가 많은 외부 세계에 마음을 기울이게 되고, 과장, 불만,
신선함, 재미있는 잡담을 즐긴다. 호기심이 많고, 옛것은 싫어하
고 새로운 것을 좋아하고, 실제보다 훨씬 높고 먼 것을 추구한다.
타인과의 승부를 중시하고, 순종하지 않고, 형식에 구속받지
않고, 산만하고, 풍류적이다.[65)]

정재는 정신적 주체 자아인 일간이 가장 구체적으로 통제하는 육
체에 해당하기 때문에 감각기관의 편안함과 식욕·성욕 등의 본능적
욕구 충족을 추구한다. 또 자신이 통제할 수 있는 사물에 집착하고,
현실적이면서 실용적이다.[66)] 상관은 일간인 내가 생하면서 상흡하는
관계가 되므로 내 기운을 외부로 내보내면서도 그것에 집착하는 심
리를 가진다.[67)] 그래서 자신이 베푼 것에 대해 생색내고, 자기 존재

---

65) 何建忠, 『八字心理推命學』, 第7章, "男人特性: 正財與傷官較強. 因爲有正
財故而較重視身體的飢渴·性的慾望·能使身體達到較高安適的物質·對於
功利·實用·聽得到·見得到·摸得到的較執著;   因爲有「傷官」故而斤斤計
較自己所付予的, 重視自己所表現·發出的一切, 重視自己的意見, 心靈投注
在多變化的外界, 喜歡誇大·不滿·新鮮·有趣的閒談; 好奇·喜新厭舊·好
高鶩遠·注重自己和別人的勝負·不順從·不拘於形式, 懶散·風流的."

66) 何建忠, 『八字心理推命學』, 第6章, "正財(我尅且我吸)的含義. 日干爲精神
主體我時, 其所應對的「正財」爲「我尅且我吸」, 因爲「肉體」 是精神主體我
最具體的控制者, 故而以下皆爲正財的心態: 重視官覺之安適及口腹·性慾
的滿足, 對具體可控制的物象或事象之執著(如對財物之執), 現實, 講求功能
利益."

67) 何建忠, 『八字心理推命學』, 第6章, "傷官(我生且我吸)的含義. 日干爲精神

감을 과시한다. 유머가 있지만 과장된 면이 있고, 외부 세계에 관심이 많다. 싫증을 잘 내기 때문에 늘 새로운 것을 추구하고, 승부욕이 강하고, 형식에 구속받는 것을 싫어한다.

일반적으로 남성은 육체적 욕망과 명예를 추구하고, 사회관계에서 자신의 힘을 과시하고, 규범과 예의에 구속되는 것을 거부한다. 또 성취욕과 소유욕이 강하고, 항상 새로움을 추구한다. 이러한 심리사회적 반응은 정재·상관 심리와 다르지 않음을 알 수 있다.

반면, 여성의 심리적 특징으로는 정관, 상관, 식신 심리를 제시하였다.

> 여성의 특성은 정관 심리가 가장 강하고, 상관이 그다음이고, 식신이 가장 약하다. 정관이 있기 때문에 비교적 쉽게 사회화되고, 대중 속에 쉽게 자아를 상실해서 대중적 언어·습관·행동·의복과 차림새·심리상태를 좇아간다. 논리의 중용을 따르고, 반성적이고, 보수적이다. 일의 정황을 마음에 담아두고, 양심적이고, 자아 억압적이다. 순종적이고, 전통을 지키려 하고, 과거의 경험을 중시한다. 또 상관이 있기 때문에 자신이 아름답다는 환상에 쉽게 빠져들고, 타인의 아첨에 미혹되고, 자기 의견을 더 중시한다. 시대의 유행에 잘 따르고, 정서적이고, 불만·신선함·비평·재미있는 잡담 등을 즐긴다. 식신이 있기 때문에 남성에 비해 동정심이 풍부하고, 세심하다. 사물 간의 다른 점을 섬세하게 분별할 수 있고, 비교적 어린아이를 잘 돌보고, 타인을 이해하고 도와준다.[68]

主體我時, 傷官的含義卽爲「我生且我吸」, 我們可由這個含義, 列擧爲以下的心態: 「我向外流放」, 且「我與我所流放者黏合」.”

68) 何建忠, 『八字心理推命學』, 第7章, “女人特性: 正官最强, 傷官其次, 食神

정관은 일간인 내가 극을 받으면서 상흡하는 관계에 있으므로 순종하고, 법규를 준수한다. 이성적이고, 사회적 공론을 중시하고, 단체 결정을 존중하는 특성을 보인다.[69] 그래서 대중의 의견과 행동 등에 쉽게 동화되고, 보수적이고, 전통을 고수한다. 또 자기를 반성하고, 책임감이 강해 늘 걱정거리를 안고 살아간다. 식신은 일간인 내가 생하면서 배척하는 관계에 있기 때문에 참여하거나 베푼 것에 연연하지 않는다. 자애롭고 인류와 작은 생명체를 돌보려고 한다.[70] 그래서 동정심이 있고, 보호가 필요한 대상을 세심하게 잘 보살펴 줄 수 있다.

상기한 바와 같이 감정 전달에 있어서 남녀 간에 차이가 있는데, 그 이유는 여성이 남성과 마찬가지로 상관 심리를 지니고 있지만 정

最小. 因爲有正官, 故而較易社會化・容易喪失「我」於公衆之中-遵循公衆的話語・習慣・動作・服飾・心態; 遵奉於邏輯之中, 能反省的・是保守的, 會把事情掛在心上, 有良心的呼喚, 自我壓抑的・是順從的・守住傳統的・重視過往的經驗; 因爲有傷官的, 故而容易就於自己美麗的幻夢・沈迷於他人的奉承, 更重視自己的意見, 喜歡追求時代新奇産生-時髦, 更情緒化的, 喜歡不滿・新鮮・批評・有趣的閒談; 而因爲有食神, 故而比男人較富同情心・細心・更能細膩的分辨物與物的不同, 較能照顧小孩・體貼他人."

69) 何建忠, 『八字心理推命學』, 第6章, "正官(尅我且我吸)的含義. 當日干爲精神主體我, 則所遇的正官爲「尅我且與我相吸」, 在心理世界我們能列舉爲以下心態: 順從・守法・自我強迫・守常規・常用過往的經驗・合乎理則的心・拘束・人云亦云・掛念・反省・被中傷・責任感・忠・自卑感・客觀・理性・重覆某些事・刻板・良心感・重視社會公論・重視團體快定・從衆・怕."

70) 何建忠, 『八字心理推命學』, 第6章, "食神(我生且我斥)的含義. 日干爲精神主體我時, 食神的含義即爲「我生且我斥」我們可由這個含義, 列舉爲以下心態:「表現但不在乎自己的表現」, 參于, 但不計名次; 表演但沒有出風頭的意味; 付予但不計較自己的付予, 有愛心, 有「無執戀的投注力」, 能無心機的關懷人類・小動物; 常能「悠然見南山」・「物我兩忘」."

관과 식신 심리를 겸하고 있기 때문이다. 상관 심리의 작용으로 우월 감이 높고, 타인의 인정을 중요시하고, 외부 세계에 관심이 많아서 늘 새로운 것에 관심을 둔다. 불만이 많고, 감정적이고 유행에 민감 하고, 자아 도취감에 빠지게 된다. 아울러 정관과 식신 심리로 인해 보수적이면서 반성적이고, 자신을 억압할 줄 안다. 이러한 심리사회 적 반응은 일반 여성들이 보이는 심리와 다르지 않다. 이상의 내용을 표로 나타내면 다음과 같다.

〈표-14〉 하건충의 성별에 따른 심리적 특성71)

성별	십성 심리
남성	정재, 상관
여성	정관, 상관, 식신

서양의 진화심리학에서는 남녀 간에 성격 특질과 행동 패턴이 다 르다는 입장이다. 남성의 심리를 살펴보면, 남성은 여성보다 더 공격 적인데 이것은 소유욕이나 성적인 질투와 연결되어 있다. 소유욕, 성 욕 등은 하건충이 남성의 심리로 제시한 정재 심리를 나타낸다. 또 승부욕이 강하고 비순종적이고 자기주장이 강하면서 흥분을 추구하 는 것은 상관 심리를 나타낸다.

여성 심리를 살펴보면, 신경 과민성, 불안, 자기 훈육, 의무, 질서

---

71)   〈표-14〉 하건충의 성별에 따른 심리적 특성 論者註

남성	정재	물질에 집착, 현실적이고 실용성을 중시하는 심리
	상관	활동성, 자기 존재감 과시, 새로움을 추구하는 심리
여성	정관	순종, 법규 준수, 자아를 억압하는 심리
	상관	유행을 따르고 자기 의견을 제시하는 심리
	식신	동정하고 세심하게 보살피는 심리

등이 더 높은데 이는 정관 심리를 나타낸다. 또 긍정적인 정서를 띠고 따뜻하고 심미성이 높은 것은 식신 심리를 나타낸다. 성격 5요인 중 개방성과 성실성은 유의미한 성차가 나타나지 않는다고 하였는데,[72] 개방성은 상관 심리의 특성으로 남녀 모두 상관 심리가 있다는 단서가 된다. 이렇게 하건충이 제시한 성별에 따른 심리적 특성이 진화심리학에서 제시한 남성과 여성의 심리적 특성과 상통한다는 것은 하건충의 성별 연구가 효용이 있음을 보여준 것이다. 이런 근거로 하건충의 성별 심리사회적 발달론은 공자·맹자·순자가 말하는 군자와 소인의 특성에 연계시킬 수 있다.

먼저 공자의 말씀과 성별 심리사회적 발달의 십성 심리를 연계해 살펴보면, '교이불태驕而不泰', '부지천명이불외야不知天命而不畏也, 압대인狎大人, 모성인지언侮聖人之言'은 상관 심리와 맥락을 같이 한다고 볼 수 있다. 자신에 대한 우월감이 강하기 때문에 교만하고 태연하지 못한 소인의 특성은 자신의 존재감을 지나치게 내세우고 잘난 체하는 특성과 유사하고, 천명에 대한 경외심이 없고 높은 지위의 어른과 성인의 말씀을 무시하는 것은 자기 의견만 중시하고 윗사람에 순종하지 않으면서 옛것을 싫어하는 특성과 상통한다.

또 '소인회토小人懷土……소인회혜小人懷惠', '소인유어리小人喩於利'는 정재 심리와 관련지을 수 있다. 소인은 땅에 안주하고 타인의 도움을 받으려고만 하고 모든 일을 이익을 기준으로 처리하는데, 이러한 특성은 신체적 편안함과 실용성을 추구하고, 소유욕과 욕망을 채우려는 정재 심리와 다르지 않다.

또한 '군자탄탕탕君子坦蕩蕩, 소인장척척小人長戚戚'은 각각 정인과

---

72) 권석만, 앞의 책, 147~153쪽.

정관 심리에 연계해 볼 수 있다. 군자의 고요하고 넓고 편안한 마음은 수양되고 안정된 마음인 정인 심리와 상통하고, 항상 근심하고 괴로워하는 소인의 마음은 정관의 두려운 심리와 상통한다. 정자에 따르면, 소인은 외물에 영향을 받기 때문에 근심과 괴로움이 많다.[73] 정관은 대중적인 생각과 상황을 따라가고, 자아를 억압하면서 사건과 사람에 대한 상황을 마음에 담아두기 때문에 늘 근심이 많다. 이러한 구懼의 마음은 정관의 부정적인 심리를 나타내는데, 이 마음을 조절하면 정관이 지닌 긍정적인 심리를 온전히 발휘하게 된다. 이상의 내용을 표로 나타내면 다음과 같다.

〈표-15〉 공자의 군자·소인 특성과 십성 심리[74]

공자의 군자·소인 특성	십성 심리
驕而不泰 不知天命而不畏也, 狎大人, 侮聖人之言	상관
'小人懷土…小人懷惠', '小人喩於利'	정재
君子坦蕩蕩, 小人長戚戚	정인, 정관

---

73) 『論語集註』, 「述而」, "程子曰 君子循理, 故常舒泰, 小人役於物, 故多憂戚."

74)   〈표-15〉 공자의 군자·소인 특성과 십성 심리 論者註

교이불태	교만하고 태연하지 않다.	상관
부지천명이불외야, 압대인, 모성인지언	천명을 알지 못해 두려워하지 않고, 높은 어른을 존경하지 않고, 성인의 말씀을 업신여긴다.	
소인회토…소인회혜	소인은 땅에 안주하려 하고, 은혜를 받으려고만 한다.	정재
소인유어리	소인은 이익에 밝다.	
군자탄탕탕, 소인장척척	군자 마음은 평탄하고 너그럽고, 소인 마음은 늘 근심스럽다.	정인 정관

둘째, 맹자의 말씀과 성별 심리사회적 발달의 십성 심리를 연계해 살펴보면, '구부귀리달求富貴利達'은 상관과 맥락을 같이 한다고 볼 수 있다. 부정한 방법으로 부귀와 영달을 좇으면서 타인에게 교만하게 구는 것은 실현 가능성이 낮은 일을 추구하고 아첨에 미혹된 상관 심리와 다르지 않다. 또 '위기변지교자爲機變之巧者', '불치불약인不恥不若人'은 시대의 유행을 좇아 외적인 면에 치중하고, 자기의 것이 최고라고 여기고 타인을 얕잡아보는 심리적 특성과 상통한다.

그리고 '구지어미야口之於味也, 목지어색야目之於色也, 이지어성야耳之於聲也, 비지어취야鼻之於臭也, 사지어안일야四肢於安佚也'는 정재와 관련지을 수 있다. 육체의 안락함을 좇는 마음은 감각기관의 욕망을 충족하고 신체의 쾌락을 추구하고자 하는 정재 심리의 특성과 다르지 않다.

또한 '행유부득자行有不得者, 개반구제기皆反求諸己'는 정관과 연계해 볼 수 있다. 상대방에게 애愛·치治·예禮를 행하여도 원하는 반응을 얻을 수 없을 때는 자신의 인仁·지智·경敬을 돌아보아야 하는데,[75] 이는 전통을 지키고, 자신의 언행을 반성하는 정관 심리와 상통한다. 또 '장기장長其長'은 윗사람에게 순종하는 심리와 다르지 않다.

또 '노지래지勞之來之, 광지직지匡之直之, 보지익지輔之翼之'는 식신·정인과 연결해 볼 수 있다. 요임금은 수고로운 자를 위로하고 먼 곳에서 사람들이 찾아오도록 하고, 부정한 자는 바르게 하고 굽은 자는 펴주고, 설 수 있도록 도와주고 날개가 되어 행하도록 하였다.[76] 이것은 동정심이 풍부해 타인의 어려움을 도와주고 따뜻하게

---

75) 『孟子集註』, 「離婁章句上」, "不得, 謂不得其所欲, 如不親不治不答是也. 反求諸己謂反其仁, 反其智, 反其敬也."

감싸는 식신 심리와 모든 일을 차별 없이 바라보고 반대의견을 내지 않고 사람들을 돕는 일에 자기 경험과 지혜를 쓰고자 하는 정인 심리와 상통한다. 이상의 내용을 표로 나타내면 다음과 같다.

〈표-16〉 맹자의 군자·소인 특성과 십성 심리[77]

맹자의 군자·소인 특성	십성 심리
'求富貴利達', '爲機變之巧者…不恥不若人'	상관
口之於味也, 目之於色也, 耳之於聲也, 鼻之於臭也, 四肢於安佚也.	정재
'行有不得者, 皆反求諸己', '長其長'	정관
勞之來之, 匡之直之, 輔之翼之	식신·정인

셋째, 순자의 말씀과 성별 심리사회적 발달의 십성 심리를 연계해 살펴보면, '통즉교이편通則驕而偏'은 상관과 관련지을 수 있다. 소인은 일이 뜻대로 잘 풀리면 교만하고 편벽되는데, 자기 능력과 공적을 과장되게 표현하고, 자신이 상대방보다 월등하다고 환상에 빠지는 상관 심리와 유사하다. 그래서 상관 심리가 지나치게 강한 사람이

---

76) 『孟子集註』, 「滕文公章句上」, "堯言 勞者勞之, 來者來之, 邪者正之, 枉者直之, 輔以立之, 翼以行之."

77) 　　　　　　〈표-16〉 맹자의 군자·소인 특성과 십성 심리 論者註

구부귀이달 위기변지교자…불치불약인	부귀영달을 구한다. 임기응변의 기교를 부리는 자는 다른 사람보다 못한 것을 부끄러워하지 않는다.	상관
구지어미야, 목지어색야, 이지어성야, 비지어취야, 사지어안일야.	입은 좋은 맛을, 눈은 아름다운 색을, 귀는 좋은 소리를, 코는 좋은 냄새를, 사지는 편안함을 추구한다.	정재
행유부득자, 개반구제기 장기장	실행해서 바라는 것을 얻지 못하면 모두 자기를 돌아보고 찾아야 한다. 어른을 공경한다.	정관
노지래지, 광지직지, 보지익지	그들을 위로하고, 바로 잡아주고, 도와준다.	식신 정인

관직에 등용되면 오만해져서 타인을 무시하고, 등용되지 못하면 질시嫉視의 마음이 강해지고 음험한 일을 도모한다.

또 '상공용上功用, 대검약大儉約'은 정재와 맥락을 같이 한다고 볼 수 있다. 공리와 실용을 숭상하고 검소와 절약을 중시하는 것은 정재가 지닌 공리적이고 실용적이며 자신이 추구하는 것에 집착하는 심리와 상통한다. '구안리求安利'와 '이부리위륭以富利爲隆'도 육체적 편안함과 이익을 추구하는 재성 심리를 나타내고 있다.

그리고 '견선見善, 수연필이자존야修然必以自存也. 견불선見不善, 초연필이자성야愀然必以自省也'는 정관과 연계해 볼 수 있다. 선과 불선 앞에서 자기 행위를 살피고 반성하는 것은 사회관계에서 자신의 욕망을 자제하고, 양심에 따라 행동하고, 지나간 일을 반추하면서 중화적인 입장을 취하는 정관 심리와 상통한다. 정관은 법과 규범에 따라 행동하기 때문에 선을 따르고 불선을 배척하려는 심리가 강하다. 그래서 낙樂의 상황에 있어도 젊은 혈기에 따라 방탕하게 놀지 않는다.

또한 '황연겸복지潢然兼覆之, 양장지養長之, 여보적자如保赤子'는 식신과 연관지을 수 있다. 갓난아이를 보육하듯 모든 사람을 아울러 보살피고 양육하는 것은 따뜻하고 섬세한 마음으로 어린아이를 돌보듯 사람들을 이해하고 도와주는 식신 심리와 상통한다. 또 '원인의原仁義, 분시비分是非'는 온화하고 모반성을 싫어하면서 사물의 차이점과 일의 정황을 세심하게 분별할 줄 아는 심리와 다르지 않다. 이상의 내용을 표로 나타내면 다음과 같다.

<표-17> 순자의 군자·소인 특성과 십성 심리[78]

순자의 군자·소인 특성	십성 심리
通則驕而偏	상관
'上功用, 大儉約', '求安利', '以富利爲隆'	정재
見善, 修然必以自存也. 見不善, 愀然必以自省也	정관
'潢然兼覆之, 養長之, 如保赤子', '原仁義, 分是非'	식신

3) 성숙한 인격자의 심리사회적 특성

앞서 고찰한 선진유학에서 제시한 성숙한 인격자의 특징을[79] 종합하면, 자기반성을 통해 문제점을 개선하고, 시중時中하고, 직분에 맞게 행동하고, 맡은 책임을 다하고, 타인과 조화를 이루고, 학문에 힘쓰고, 사덕을 실천하고, 아량과 능력을 겸비하고 있다. 이러한 특성

---

78)   <표-17> 순자의 군자·소인 특성과 십성 심리 論者註

통즉교이편	잘 될 때는 교만하면서 편벽된다.	상관
'상공용, 대검약', '구안리', '이부리위륭'	공리와 실용을 숭상하고 검약을 중시한다. 편안함과 이익을 추구한다. 부와 이익만을 존중한다.	정재
견선, 수연필이자존야. 견불선, 초연필이자성야	선을 보면 마음을 가다듬고 반드시 자기를 살핀다. 불선을 보면 근심하는 마음으로 자기를 반성해야 한다.	정관
'황연겸복지, 양장지, 여보적자', '원인의, 분시비'	모든 사람을 아울러 보살피고, 갓난아이를 기르듯이 백성을 양육한다. 인의를 근본으로 하고, 시비를 분별한다.	식신

79) 심리학자 김성태는 학자들이 제시한 성숙한 인격을 지닌 사람의 특징을 정리하였다. 그의 주장을 종합하면, 성숙한 인격을 지닌 사람은 잠재된 능력을 자주적으로 발휘하여 책임있는 결정을 내리고, 객관적 시선으로 자신을 파악하여 현실감을 높이고, 확고한 인생관과 세계관에 따라 행동하고, 타인을 포용하고, 현실에 맞는 문제 해결 능력을 지닌다.(김성태, 『발달심리학』, 서울: 법문사, 1978, 280~281쪽.)

은 하건충이 제시한 성숙한 인격자의 특성과 연계해 볼 수 있다. 이는 개인이 성숙한 인격자의 자질을 갖추고 있는지, 갖추고 있다면 어느 정도인지, 갖추지 못했다면 어떤 점을 보완해야 하는지를 판단하는 근거를 제공할 수 있다.

『팔자심리추명학』에서는 애심愛心을 식신과 정인의 결합으로 설명한다.

> 사랑이란 아무런 계산없이 주는 것이고, 변함없이 인내하는 마음인데, 전자는 식신 심리이고, 후자는 정인 심리이다. 따라서 사랑하는 마음은 식신과 정인 심리를 겸하게 된다.[80]

공자는 유가의 최고 덕목인 인仁을 "사람을 사랑하는 것"[81]으로 정의하여 애심愛心이 인仁의 마음임을 밝혔다. 그에게 있어서 인仁은 인격 완성에 필요한 모든 덕목의 총칭으로 사랑, 충서, 인내, 효경 등의 내용으로 전개된다. 인의 실재는 "어려운 것을 먼저하고 보답을 뒤로 미루는 것"[82]이면서 "말을 참는 것"[83]으로 드러나는데, 이것은 애심이 자신이 베푼 것에 대해 댓가를 바라지 않으면서 인내하는 마음임을 의미한다. 이러한 내용으로 보아 하건충이 사랑을 계산없이 주고 인내하는 마음으로 해석한 것은 공자의 인 사상에 근본하고 있음을 짐작할 수 있다.

---

80) 何建忠, 『八字心理推命學』, 第7章, "愛心: 愛是「毫不計較的付予」, 「也需恒常的耐心」 前者是食神, 後者爲正印, 因而愛心是食神兼正印."
81) 『論語』, 「顏淵」, "樊遲問仁, 子曰 愛人."
82) 『論語』, 「雍也」, "問仁 曰 仁者先難而後獲, 可謂仁矣."
83) 『論語』, 「顏淵」, "仁者其言也訒."

또 좋은 성격을 식신·정관·정인의 결합으로 설명한다.

> 식신은 온화하고 포악하지 않은 것이고, 정관은 타인의 말을
> 듣고 따르는 것이고, 정인은 안정되고 자기 의견에 집착하지
> 않는 것을 뜻하는데, 이 세 가지는 모두 좋은 성격이나 기질의
> 구성요소가 된다.[84)]

좋은 성격은 성숙한 인격자가 지닌 특성을 말한다. 『논어』에는 이
상적 인격자인 공자의 인품에 관한 내용이 많은데, "온화하면서도
엄숙하고, 위엄이 있으면서도 난폭하지 않고, 공손하면서도 편안하
셨다."[85)], "자의대로 하는 일이 없었고, 기필코 하는 일이 없었고,
고집하는 일이 없었고, 자기를 내세우는 일이 없으셨다."[86)]라고 말한
다. 이런 근거로 공자의 인품이 온화하면서 난폭하지 않은 것은 식신
심리이고, 독단적·독재적·완고함·교만심이 없었다는 것은 자기 의
견에 집착하지 않고 타인의 말을 경청하고 따르는 정인·정관 심리와
맥락을 같이 한다고 볼 수 있다.

식신은 타인에 대한 배려와 따뜻한 마음으로 사교성이 좋고, 정관
은 타인의 의견을 존중하면서 자기를 반성하는 능력이 뛰어나고, 정
인은 상대를 이해하고 포용하는 능력이 뛰어나기 때문에 이 셋의 결
합은 타인과 호의적인 관계를 잘 형성하는 요인으로 작용하게 되는
것이다.

다음으로 유가에서 말하는 이상적 인격은 자기성찰을 통해 도道의

---

84) 何建忠, 『八字心理推命學』, 第7章, "脾氣好: 食神是溫文反暴戾的; 正官是
   聽從他人的話語, 正印是安定, 不執著己見, 這三者都能構成好脾氣."
85) 『論語』, 「述而」, "子溫而厲, 威而不猛, 恭而安."
86) 『論語』, 「子罕」, "子絶四, 毋意毋必毋固毋我."

완성에 이르고 그 마음을 타인과 사회로 확대하여 만사만물을 화평하게 하는 것이다. 하건충은 이상적 인격을 정인 심리로 설명하였는데 다음과 같다.

> (잡다한) 지식을 단절시키고, 다툼도 구함도 없고, 안정되어 욕심내는 마음이 없고, 나서지 않고 마음을 감출 줄 알며, 눈으로 볼 수 없는 도를 믿고, 만사만물을 도 가운데로 귀납시키려는 심리는 모두 정인이 있어야 한다.[87]

상기한 바와 같이 선진유학 심성론의 궁극적인 목표는 이상적 인격을 갖추는 것이다. 이것은 군자가 행해야 할 일들로 제시되는데 하건충이 정인 심리로 말하는 특성과 상통한다. 그 접점을 살펴보면, 하건충이 말하는 다툼과 구함이 없이 욕심내지 않고 안정되고 올바르게 학문하는 태도는 『논어』의 "군자는 배부르게 먹거나 편안하게 거처함를 구하지 않고, 민첩하게 일하고 말을 삼가며, 도가 있는 자에게 가서 나를 바로잡으면 학문을 좋아한다고 할 수 있다."[88]라는 구절과 "군자는 다투는 일이 없다."[89]라는 구절에서 찾을 수 있다.

또 어떤 상황에 처했을 때 마음을 숨기고 함부로 나서지 않는 특성은 "옛사람이 말을 함부로 하지 않은 것은 몸이 미치지 못할까 두려워서이다."[90]라는 구절에서 찾을 수 있다. 공자는 말을 함부로 하지

---

87) 何建忠,『八字心理推命學』, 第7章, "理想的老子: 要斷絶智識 · 要不爭不求 · 要安靜而恬淡 · 要消極而封閉 · 要相信肉眼看不到的「道」, 要歸納萬事萬象於道中, 皆要有正印."

88) 『論語』, 「學而」, "君子食無求飽, 居無求安, 敏於事而愼於言. 就有道而正焉, 可謂好學也已."

89) 『論語』, 「八佾」, "君子無所爭."

않고 나서지 않는 것을 인仁을 행하는 중요한 요인으로 내세웠는데, 부지이작지不知而作之를 경계한 것도 신중함과 겸손함을 겸비하라는 뜻에서이다. 도는 유학 사상의 핵심이고 근원적 출발점이다. 공자가 "도를 믿고서도 성실하지 않다면 어찌 존재한다고 할 수 있으며"[91] 라고 한 것도 인격적 완성이 달도를 향한 노력에 있음을 나타낸 것이다. 그러므로 이 구절에서 말하는 구도求道의 마음은 종교심, 수양된 마음이면서 도의 귀결로 요약되는 정인 심리와 다르지 않다.

위에서 살펴본 바와 같이 하건충이 제시한 이상적 인격의 특성은 유가에서 말하는 군자의 모습과 일치한다. 이것은 선진유학에서 추구하는 인격 완성자의 모습을 사주팔자의 심리유형으로 설명할 수 있다는 것으로 하건충의 분석이 효용성이 있음을 나타낸 것이라 하겠다. 이상의 내용을 표로 나타내면 다음과 같다.

〈표-18〉 성숙한 인격자의 특성과 십성 심리[92]

성숙한 인격자의 특성	십성 심리
愛心	식신·정인
좋은 성격	식신, 정관, 정인
이상적 인격	정인

---

90) 『論語』, 「里仁」, "古者言之不出, 恥躬之不逮也."
91) 『論語』, 「子張」, "執德不弘, 信道不篤, 焉能爲有, 可謂好學也已."
92)   〈표-18〉 성숙한 인격자의 특성과 십성 심리 論者註

사랑하는 마음	식신	계산없이 주는 심리
	정인	변함없이 인내하는 심리
좋은 성격	식신	포악하지 않고 온화한 심리
	정관	윗사람과 타인의 말을 듣고 따르는 심리
	정인	자기 의견에 집착하지 않고 안정적인 심리
이상적 인격	정인	안정되고, 욕심없고, 나서지 않고, 道를 믿고 따르는 심리

하건충이 제시한 인격 성숙자의 모습인 애심愛心은 공자·맹자·순자가 말하는 군자의 특성과 관련지을 수 있다.

먼저 하건충이 애심의 결합으로 제시한 식신과 정인은 공자의 '수기이안인修己以安人', '수기이안백성修己以安百姓'과 맥락을 같이 한다고 볼 수 있다. 공자는 인심仁心을 바탕으로 백성을 사랑하는 정치를 펼칠 것을 주장하였는데, 인정仁政은 자기의 심신을 수양하여 타인을 편안하게 해주고 나아가 백성을 편안하게 하는 것을 목적으로 한다. 식신은 이해관계를 따지지 않고 아낌없이 주는 심리이고, 정인은 인내하고 수양된 심리이다. 그러므로 이들의 특성은 인仁을 확장해 나가는 '수기', '안인', '안백성'과 연관성이 있다.

또 백성들을 편안하게 함은 그들에게 은혜를 베풀고 구제한다는 뜻으로 '기소불욕물시어인己所不欲勿施於人, 기욕립이립인己欲立而立人, 기욕달이달인己欲達而達人'하려는 서恕의 마음에까지 확대된다. 서의 마음은 '나'라는 주체적 자아가 타인의 감정과 입장을 사려하는 마음으로 발전한 것이기 때문에 타인과의 조화를 이루는 바탕을 제공한다. 식신은 자기를 내세우지 않고 역량을 타인과 사회를 위해 도와주는 일에 쓰려는 심리이고, 정인은 관용적으로 사람을 대하고 일을 처리하면서 인생에서 깨달은 진리를 사람들에게 전달하고자 하는 심리이다. 이런 연유로 '기소불욕물시어인己所不欲勿施於人, 기욕립이립인己欲立而立人, 기욕달이달인己欲達而達人'은 식신·정인 심리와 상통한다.

둘째, 맹자의 '수덕修德', '애민愛民'과 연계해 볼 수 있다. 맹자가 말하는 인仁은 친지를 사랑하는 것에서 시작된 마음을 백성과 만물을 사랑하는 경지로 확대해 나가는 것이다.93) '수덕修德'은 내면의 성찰을 통해 도의 덕목이 체화되도록 노력하는 것이고, '애민愛民'은 개인주의적인 사고에서 벗어나 타인을 위하고 자애롭게 대하는 것이다. 이런 근거로 식신·정인 심리와 연관성이 있다. 또 '성지임聖之任', '성지화聖之和'와 관련지을 수 있다. 맹자는 백이, 이윤, 유하혜의 행위를 통해 성인의 덕성을 말했는데, 이윤의 '성지임聖之任'과 유하혜의 '성지화聖之和'는 환경과 사람에 상관없이 자신의 지식과 능력을 타인에게 베풀고 사람들을 아우르는 마음인 식신·정인 심리와 다르지 않다.

셋째, 순자의 '예의禮義'와 연관지을 수 있다. 순자는 군주의 도는 백성들을 잘 양육함에 있다고 보고, 인재를 잘 등용하고 신분에 맞게 자기 능력을 발휘하도록 돕는 것을 주요 임무로 제시하였다. 또 '이례분시以禮分施, 균편이불편均偏而不偏'하는 것을 군주의 도리로 보고 조금이라도 이치에 맞지 않는 일이 있으면 사회적 약자에게 절대 강요하지 말 것을 강조하였다.

식신은 전제성과 모반성 없이 사람들을 기꺼이 돕지만 상황을 파악하고 분별하는 능력이 뛰어나서 예의를 근본으로 일을 처리하고, 정인은 상대방의 입장을 고려하여 융통성 있게 이끌어가고 사회에서 경험한 것을 바탕으로 편벽됨이 없이 도와주므로 예의를 벗어나는 일이 없게 된다. 따라서 식신·정인의 이러한 특성은 순자가 강조하는 예의와 상통한다. 이상의 내용을 표로 나타내면 다음과 같다.

---

93) 『孟子』, 「盡心章句上」, "親親而仁民, 仁民而愛物."

〈표-19〉愛心의 십성 심리와 군자의 특성[94]

하건충	愛心 (식신·정인)
공자	修己以安人, 修己以安百姓 己所不欲勿施於人, 己欲立而立人, 己欲達而達人
맹자	修德, 愛民, 聖之任, 聖之和
순자	禮義, '以禮分施, 均徧而不偏'

　다음으로 하건충이 제시한 인격 성숙자의 조건인 좋은 성격은 공자·맹자·순자가 말하는 군자의 특성과 관련지을 수 있다.

　먼저 하건충이 좋은 성격의 결합으로 제시한 식신·정관·정인은 공자의 '온이려溫而厲, 위이불맹威而不猛, 공이안恭而安'과 맥락을 같이 한다고 볼 수 있다. 공자는 치우침없이 중화된 인품을 갖추었는데, '온이려溫而厲'는 온화하면서 분별있게 행동하는 식신 심리와, '위이불맹威而不猛'은 법률과 규범을 중시하지만 자신을 낮출 줄 아는 정관 심리와, '공이안恭而安'은 내 의견에 집착하지 않고 타인을 편안하게 하는 정인 심리와 상통한다.

　또 군자의 삼변三變인 '망지엄연望之儼然, 즉지야온卽之也溫, 청기언야려聽其言也厲'와 연관성이 있다. '망지엄연望之儼然'은 예의범절이 깍듯하고 책임감이 강한 정관 심리와, '즉지야온卽之也溫'은 다정하고

---

94) 　　　　〈표-19〉愛心의 십성 심리와 군자의 특성 論者註

수기이안인, 수기이안백성 기소불욕물시어인, 기욕립이립인, 기욕달이달인	자기를 수양해 사람을 편안하게 한다. 자기를 수양해 백성을 편안하게 한다. 자기가 싫어하는 것을 남에게 시키지 말고, 자기가 나서려는 곳에 남을 세우고, 자기가 이루려는 것을 남이 이루도록 한다.
수덕, 애민, 성지임, 성지화	덕을 닦는다. 백성을 사랑한다. 성인으로서의 사명을 맡는다. 성인으로서 조화롭다.
예의, '이례분시, 균편이불편'	예의. 예에 따라 나누어 베풀고, 고르게 베풀어서 치우치지 않게 한다.

온화하게 보살펴 주는 식신 심리와, '청기언야려聽其言也厲'는 마음이 수양되어 만사의 이치를 터득해 어느 것에도 흔들림이 없는 정인 심리와 연결된다.

둘째, 맹자의 '이인존심以仁存心, 이례존심以禮存心'과 연계해 볼 수 있다. 인자仁者는 남을 사랑하고, 예자禮者는 남을 공경하여 난폭하거나 이치에 순종하지 않음이 없는데, '이인존심以仁存心'은 관용적으로 사람들을 돕고 자기의 행위를 반성하는 식신·정인 심리와 연관성이 있고, '이례존심以禮存心'은 위엄이 있지만 윗사람을 공경하고 예절을 중시하는 정관 심리와 상통한다.

셋째, 순자의 '정정혜井井兮', '엄엄혜嚴嚴兮', '분분혜分分兮', '염염혜猒猒兮', '낙낙혜樂樂兮', '소소혜炤炤兮', '수수혜脩脩兮', '수수혜綏綏兮', '희희혜熙熙兮', '은은혜隱隱兮'와 연결해 볼 수 있다. 「유효」에서는 성인의 모습을 다음과 같이 말한다.

> 조리가 반듯하게 있고, 자기를 위엄있게 공경할 수 있고, 일의 시작과 끝이 한결같이 굳건하고, 안락하게 일이 오래가고, 도가 뚜렷해 위태롭지 않고, 지혜가 밝고 분명하고, 정제된 기강을 유지하고, 언행이 아름답고, 타인의 훌륭함을 기뻐하고 즐기며, 남들이 합당하지 일을 하는 것을 두려워한다면 그를 성인이라 할 수 있다.[95]

이 구절은 성인이 반듯하고 위엄있고 굳건하면서도 밝고 편안하고

---

95) 『荀子』, 「儒效」, "井井兮其有理也. 嚴嚴兮其能敬己也. 分分兮其有終始也. 猒猒兮其能長久也. 樂樂兮其執道不殆也. 炤炤兮其用知之明也. 脩脩兮其用統類之行也. 綏綏兮其有文章也. 熙熙兮其樂人之臧也. 隱隱兮其恐人之不當也. 如是, 則可謂聖人矣."

기뻐하는 모습을 묘사하고 있다. '정정혜井井兮'는 반듯한 모습, '엄엄혜嚴嚴兮'는 위엄있는 모습, '분분혜分分兮'는 굳건한 모습, '염염혜猒猒兮'는 편안한 모습, '낙낙혜樂樂兮'는 뚜렷한 모습, '소소혜炤炤兮'는 밝은 모습, '수수혜脩脩兮'는 정제된 모습, '수수혜綏綏兮'는 편안한 모습, '희희혜熙熙兮'는 기뻐하고 즐거워하는 모습, '은은혜隱隱兮'는 두려워하는 모습을 나타낸다. 성인의 이러한 모습은 예의범절을 중시하고 보수적이고 논리적이고 욕망을 억제하는 정관 심리와 타인을 편안하게 해주고 욕심없이 봉사하고 일체에 만족하는 식신·정인 심리와 맥락을 같이 한다고 볼 수 있다. 이상의 내용과 좋은 성격을 표로 나타내면 다음과 같다.

〈표-20〉 좋은 성격의 십성 심리 구성

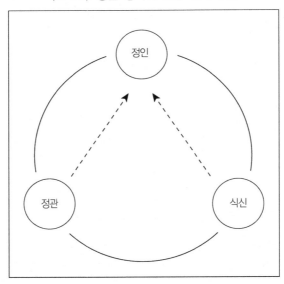

<표-21> 좋은 성격의 십성 심리와 군자의 특성96)

하건충	좋은 성격 (식신·정관·정인)
공자	溫而厲, 威而不猛, 恭而安 望之儼然, 卽之也溫, 聽其言也厲
맹자	以仁存心, 以禮存心
순자	井井兮, 嚴嚴兮, 分分兮, 猒猒兮, 樂樂兮, 炤炤兮, 脩脩兮, 綏綏兮, 熙熙兮, 隱隱兮

그리고 하건충이 제시한 이상적 인격의 정인 특성은 공자·맹자·순자가 말하는 성인·군자·대인·현인 등의 덕성과 연결할 수 있다.

먼저 공자의 '중용지위덕中庸之爲德'과 맥락을 같이 한다고 볼 수 있다. 편벽되지 않고 변함없는 성인의 덕은 다툼도 구함도 없이 안정적인 정인 심리와 상통한다.

둘째, 맹자의 '성지시자聖之時者'와 연계해 볼 수 있다. 맹자는 백이의 성지청聖之淸, 이윤의 성지임聖之任, 유하혜의 성지화聖之和를 모두 겸비하면서 시중時中에 맞는 태도를 취한 공자를 이상적 인격상으로 제시하였다. 공자는 세 성인의 장점을 모두 갖추고 있으면서 때에 맞는 행동을 하셨기 때문에 그의 덕성은 만사를 도에 귀납시켜 행동

---

96)   <표-21> 좋은 성격의 십성 심리와 군자의 특성 論者註

온이려, 위이불맹, 공이안 망지엄연, 즉지야온, 청기언야려	온순하면서 엄숙하고, 위엄이 있으면서 난폭하지 않고, 공손하면서 편안하다. 멀리서 보면 정중하고, 가까이서 보면 온화하고, 그 말을 들으면 의리에 맞고 정확하다.
이인존심, 이례존심	인으로 마음을 보존하고, 예로 마음을 보존한다.
정정혜, 엄엄혜, 분분혜, 염염혜, 낙낙혜, 소소혜, 수수혜, 수수혜, 희희혜, 은은혜	반듯함, 위엄, 군건함, 편안함, 뚜렷함, 밝음, 정제, 아름다움, 기뻐하고 즐거워함, 은은함.

하는 정인 심리와 연관성이 있다.

셋째, 순자의 '적선이전진積善而全盡', '지도찰知道察', '지도행知道行', '체도體道', '비도전미備道全美'와 관련지을 수 있다. 선을 쌓고, 도를 살펴 이해하고, 도를 실천하고 체화해 온전히 도를 갖춘 사람은 잡다한 지식을 단절하고 욕심없이 만사만물을 도로 귀결시키는 정인 심리와 상통한다. 순자는 위대한 선비를 이상적 인물상으로 보았는데, 옛 임금을 법도로 삼고 예의와 제도를 통일하고, 작은 일을 통해 먼일을 내다보고, 옛일을 통해 현재의 일을 알고, 하나를 통해 만 가지 일을 처리하고, 예상치 못한 상황에서도 법칙에 따라 적절하게 대처하는 모습은97) 만사를 통달하고 수양된 마음으로 처리하는 정인 심리와 연관성이 있다. 이상의 내용을 표로 나타내면 다음과 같다.

〈표-22〉 공자·맹자·순자의 이상적 인격과 정인 심리98)

하건충	이상적 인격 (정인)
공자	中庸之爲德
맹자	聖之時者
순자	'積善而全盡', '知道察', '知道行', '體道', '備道全美'

97) 『荀子』,「儒效」, "法先王, 統禮義, 一制度, 以淺持博, 以古持今, 以一持萬. 苟仁義之類也, 雖在鳥獸之中, 若別白黑, 倚物怪變, 所未嘗聞也, 所未嘗見也, 卒然起一方, 則擧統類而應之, 無所儗㤹. 張法而度之, 則晻然若合符節. 是大儒者也."

98) 〈표-22〉 공자·맹자·순자의 이상적 인격과 정인 심리 論者註

중용지위덕	중용의 덕은 지극하다.
성지시자	성인으로서 때를 알고 그에 맞게 일을 한다.
'적선이전진', '지도찰', '지도행', '체도', '비도전미'	선을 쌓아 완전함을 다한다. 도를 알고 살펴서 이해한다. 도를 알고 실천한다. 도를 체득한다. 도를 갖추고 완전한 아름다움을 지닌다.

이상에서 서술한 바와 같이, 하건충은 십성의 결합 혹은 십성의 고유한 특성으로 성숙한 인격자의 덕목을 설명하였다. 성숙한 인격자는 자주적으로 의사결정을 내리면서도 타인을 배려하고, 고난과 역경에서도 인내하면서 묵묵히 자기 길을 걷고, 일체의 사사로운 감정이나 사익을 도모하지 않으면서 우주의 진리를 실천해 나간다. 필자가 하건충의 이상적 인격 발달론과 공자·맹자·순자의 인격 발달론을 연결한 것은 비록 복잡하고 다양한 인간 심리를 완벽하게 반영한 것은 아니지만 명리학의 핵심 개념인 십성과 유학에서 강조하는 덕목들의 연결점에 대한 초석을 마련하였다는 점에서 그 의의가 있다고 본다.

Chapter 5

선진유학 수양론의
심리명리학적 응용

수양론은 개인의 삶 속에서 추구해야 할 자세를 담고 있는데, 그 핵심은 자기통제를 통한 자기개선에 있다. 즉 모든 일의 원인은 외부적 환경이 아닌 자신에게 있다는 것을 인지하고, 생물적이고 이기적인 욕구와 감정을 스스로 억제하고 통제함으로써 자신을 변화시켜 나가는 것이다.

공자·맹자·순자의 수양론은 인간의 향악성을 억제하고 통제하는 데에 초점이 맞추어져 있지만, 기본 관점은 인간의 도덕적 지향성과 자각에 두고 있다. 하건충은 개인의 기질과 심리적 상태의 다양성을 인정하면서도 인간의 궁극적 목표는 우주의 근본 마음인 도를 깨닫고 얻는 데 있음을 강조한다. 본 장에서는 공자·맹자·순자의 수양론과 하건충 수양론의 연관성을 고찰하고자 한다.

1. 공자의 극기복례克己復禮와 정인 심리

공자의 수양론은 한마디로 극기복례로 요약할 수 있다. 외적으로 연마한 학문적 지식을 바탕으로 이기적인 사욕과 부적절한 감정을 억제하고, 자기를 반성하고 개선하려는 노력을 통해 인격을 완성하는 통합적인 수양론이다. 이러한 수양론을 심리명리학적으로 논의하면 정인 심리와 연결된다.

1) 사욕私慾억제와 감정조절

인간은 육체와 정신이 통합된 유기체이기 때문에 신체적 욕망과 심리적 활동을 모두 지니고 있다. 그래서 공자는 인간이 지닌 생리적

·이기적 욕구들을 반드시 조절하고 절제해야 한다고 주장한다.

> 부와 귀는 사람들이 바라는 것이지만 정도正道로 얻은 것이
> 아니면 누리지 않고, 가난과 천함은 사람들이 싫어하는 것이지
> 만 정도로 얻은 것이 아니라도 버리지 않는다. 군자가 인을 떠난
> 다면 무엇으로 이름을 이룰 수 있겠는가. 군자는 밥 먹는 동안이
> 라도 인을 어기지 않고, 다급한 때라도 반드시 인에 의지하고,
> 넘어져서 엎어지는 때라도 인에 의지하여야 한다.1)

부귀에 대한 갈망은 자기의 이익을 취하려는 욕망에서 비롯되기
때문에 이러한 마음을 제어하지 않으면 극단적인 이기주의에 빠져들
어 도에서 멀어지게 된다. 그러므로 욕망의 굴레에서 벗어나기 위해
서는 매 순간 의식적으로 인을 실천하려고 노력해야 한다. 인간은
육체뿐만 아니라 정신적으로도 현상적 장場에서 일어나는 많은 일들
을 지각하고 경험하면서 칠정七情의 감정을 표현한다. 감정은 보편성
을 띠지만 경험세계에 대한 반응은 주관적이기 때문에 수양에서 감
정조절은 중요한 관건이다. 『대학』에서는 이 문제를 다음과 같이 말
한다.

> 이른바 몸을 닦음이 그 마음을 바르게 함에 있다는 것은 마음
> 에 분하고 노여워하는 바가 있으면 그 바름을 얻지 못하고, 두려
> 워하는 바가 있으면 그 바름을 얻지 못하고, 좋아하는 바가 있으
> 면 그 바름을 얻지 못하고, 근심하는 바가 있으면 그 바름을 얻지

---

1) 『論語』, 「里仁」, "富與貴, 是人之所欲也, 不以其道得之, 不處也, 貧與賤,
是人之所惡也, 不以其道得之, 不去也. 君子去仁, 惡乎成名. 君子無終食之
間違仁, 造次必於是, 顚沛必於是."

못하기 때문이다.[2]

분치·공구·호락·우환은 억제해야 할 감정으로 이들은 개인의 인격적 성숙도에 따라 방어기제[3]를 불러온다. 대상과 상황에 대해 습관적으로 사용하는 방어기제는 개인의 성격과 행동 양상을 고착하는 데 중요한 요인으로 작용한다. 따라서 수기를 통해 심신을 함께 수양해야 한다. 하건충 또한 사욕을 인간의 보편적 심성으로 보고 다음과 같이 말한다.

> 보편적 인간의 심성에 관해 말하자면, 만약 인간이 외모적으로 드러내고자 할 때 인성의 약점과 영합할 수 있는데, 이때 심리적 상태에서 인성적 약점을 돌이켜보면 반드시 인간관계 및 일 처리 능력을 개선할 수 있고, 부분적으로 운명에 미치는 영향을 살필 수 있다. 예를 들면, 사람은 모두 육체·촉각적 세계에 집착하기 때문에 당연히 다시 고쳐서 정돈하고, 외모를 깨끗이 가꾸는 것에 힘쓰고, 자기에게 있는 즐거운 정서를 가지고 싶어 안달하고, 어떤 일을 하고자 하는 열정으로 가득 차 있다.(사람은 모두 타인이 자기에게 호감을 보이는 것을 기뻐한다)[4]

---

2) 『大學』, 傳7章, "謂修身, 在正其心者, 身有所忿懥則不得其正, 有所恐懼則不得其正, 有所好樂則不得其正, 有所憂患則不得其正."
3) 영국의 정신분석학자인 Anna Freud(1895~1982)는 1936년 『자아와 방어기제』를 통해 억압(repression), 부인(denial), 반동형성(reaction formation), 투사(projection), 대치(displacement), 합리화(rationalization), 퇴행(regression), 동일시(identification), 지성화(intellectualization), 승화(sublimation) 등의 다양한 방어기제를 제시하였다.
4) 何建忠, 『八字心理推命學』, 「附錄2」, "以普通的人性來說, 如果人在形貌的表現上能迎合「人性的弱點」, 而在心態上能採以「反人性的弱點」, 則必能改善人事關係及處事能力, 間而影響了部份的 命運. 例如: 人都執着於肉眼

인간은 편벽된 기질적 특성으로 인해 타인과 세상에 대해 당위적 요구5)를 하지만, 기본적으로 자기를 가꾸고 타인으로부터 인정받고자 하는 욕구가 있다. 인간 마음의 본체는 천지만물을 한 몸으로 여기고, 존재상으로 천지만물과 일기—氣가 유통하는 유기체적 관계에 있지만, 개체적 욕망인 사욕을 적절하게 다루지 못하면 천지만물과 단절된 상태에 처하게 되어 경지상에서 진정으로 하나가 될 수 없다.6) 이런 연유로 개인의 특성에 맞는 사욕 조절법이 필요하다.

　　사욕과 감정 조절법을 심리명리학적으로 살펴보면, 정인은 명성을 담백하게 바라보면서 안정된 마음상태이기 때문에 사욕과 감정조절을 가장 잘하는 심리이다. 앞에서 살펴본 바와 같이 정인은 노년기에 작용하는 심리이다. 이때는 과거의 경험을 내면화하고 환경에 적합하도록 자신을 변화시켜 왔기 때문에 욕심과 감정을 잘 조절할 수 있다. 식신 또한 이해관계에 상관없이 아낌없이 베푸는 심리이기 때

　　·觸覺的世界，故而人應勤然修整，洗滌外貌，以促使得自己有愉悅的情緒 (人都喜歡他人對自己的好感)."
5) 서양 심리학자 Albert Ellis(1913~2007)는 성격과 정신병리의 설명에 있어서 외부자극에 대한 개인의 반응을 매개하는 신념체계, 즉 해석방식의 중요성을 강조하였다. 그에 따르면, 비합리적 신념과 사고방식은 부적응과 정신병리를 유발하는 핵심적 요인으로 작용한다. 자신, 타인, 세상에 대한 당위적 사고로 나타나는 비합리적 신념은 자신에게는 현실적으로 충족하기 어려운 과도한 기대와 요구를 부과하고, 타인에게는 자신의 과도한 기대를 따르도록 일방적으로 요구하고, 세상에 대해서는 사회정치적 체제와 자연세계에 대해 비현실적으로 과도한 기대를 한다.(권석만, 앞의 책, 361~365쪽.) 이러한 비합리적 신념체계는 자아존중감을 낮추고 인간관계 속의 갈등을 유발하는 원인으로 작용한다.
6) 박성호, 「지구위험시대, 유가생태수양론의 再考: 왕양명의 만물일체설과 치양지를 중심으로」, 『원불교사상과 종교문화』 88집, 원광대학교 원불교사상연구원, 2021, 361~376쪽.

문에 사욕과 감정조절에 능숙하다. 이 두 심리를 제외하고 나머지 심리는 사욕과 감정을 조절하려는 노력이 필요하다.

겁재 심리가 강한 사람은 자존심이 강하고 경쟁심리가 있어서 일의 정황이나 타인의 입장을 고려하지 않고 자기 고집대로 일을 진행하기 때문에 타인과 불필요한 충돌과 갈등을 불러일으킨다. 표현이 직설적이고 거칠어서 상대방에게 상처를 주기도 하는데, 이들은 자기 언행이 타인에게 상처를 준다는 것을 인지하고 순화된 언어와 표현 방법을 배울 수 있는 프로그램에 참여하는 것이 적합할 것이다.

또 상관 심리가 강한 사람은 비순응적이고 기분 변화폭이 크고 과장된 표현으로 주변인들과 지속적인 관계형성에 어려움을 겪는다. 이들은 이색적인 분위기에서 선정禪定을 하거나, 선인들의 지혜가 담긴 글을 지적 호기심을 자극하는 방식으로 만든 프로그램에 참여하는 것이 유리할 것이다. 단 싫증을 잘 내므로 단기 코스로 진행하는 것이 유리하다. 정재는 물욕이 강하고, 이해타산적이고, 감각기관을 통한 정보만 신뢰하고, 눈앞의 이익을 중시하므로, 물욕과 소유욕을 조절할 때 획득할 수 있는 효과를 그렇지 않았을 때와 수치상으로 비교·분석한 프로그램을 활용하는 것이 적합하다.

그리고 편관은 기본적으로 냉철한 판단력으로 사고하고 행동하면서 욕망을 잘 통제하지만, 편관 심리가 지나치게 강하면 과격해지고 독재적인 성향을 띠게 된다. 이러한 유형의 사람들에게 적합한 공자·맹자·순자의 말씀을 연결해 살펴보면, 『논어』「자한」에서 논한 공자의 절사絕四7)나 『순자』「신도」에서 논한 폭군지의暴君之義8)를 프

---

7) 『論語』, 「子罕」, "子 絶四, 毋意毋必毋固毋我." 공자는 자의대로 하거나, 억지로 하거나, 고집하거나, 자신을 내세우는 일이 없었다고 한다.

로그램에 접목할 수 있다. 정관은 자기조절능력이 뛰어나지만, 조직 몰입도가 높고 일 중심 성향이기에 강박관념이 강하고 업무 스트레스 지수가 높다. 그러므로 정관 심리가 지나치게 강한 사람은 마음을 느긋하게 가지려는 노력이 필요하다. 지나치게 걱정하고 준비하는 것은 자칫 목적과 방법이 서로 어긋날 수 있음을 깨닫는 『맹자』「양혜왕장구상」의 연목구어緣木求魚를 프로그램에 연결해 볼 수 있다. 또 마음의 긴장과 스트레스를 풀어주는 명상 프로그램에 참여하는 것도 한 방법이다.

2) 자아성찰과 자기개선의 노력

유가 수양론의 핵심은 자성自省을 통한 자기개선에 있다. 자성의 능력은 자기 행위에 대한 객관적인 판단이 뒷받침되어야 하는데, 공자는 자기 경험에 비추어 성실성, 신의, 가르침에 대한 습習을 강조하였다.9) 자아성찰의 목적은 자기의 잘못을 발견하고 잘못된 점을 고치는 데 있다. 잘못된 점은 빨리 고쳐야 하고, 잘못을 반성할 때는 엄하게 해야 개선이 되지만, 자신을 객관적인 입장에서 판단하는 것은 지극히 어려운 일이다. 공자가 자기 허물을 보고 스스로 자책하는

---

8) 『荀子』, 「臣道」, "調而不流, 柔而不屈, 寬容而不亂, 曉然以至道, 而無不調和也, 而能化易, 時關內之, 是事暴君之義." 조화를 이루면서도 마음이 흔들리지 않고, 부드러우면서도 굽히지 않고, 관용적이지만 어지러워지지 않고, 분명하게 지극한 도를 내세우지만 임금과 조화를 이루지 않는 때가 없고, 그렇게 하여 임금을 감화시켜 변하게 하고, 때때로 그것을 임금의 마음에 넣어 주는 것, 이것이 폭군을 섬기는 의리이다.

9) 『論語』, 「學而」, "曾子曰 吾 日三省吾身. 爲人謀而不忠乎. 與朋友交而不信乎. 傳不習乎."

사람을 보지 못했다고 한 것도 바로 이러한 이유에서이다.

또 자기 내면과 행동을 반성하는 일은 일상적인 생활에서 표정이나 태도로 드러나게 되는데, 「태백」에서는 이러한 점을 "용모를 움직일 때는 난폭함과 오만함을 멀리하고, 얼굴빛을 바르게 할 때는 신의를 가까이하고, 말할 때는 비루하고 도리에 어긋나는 것을 멀리해야 한다."[10]라고 하여, 군자가 지켜야 할 세 가지 도로 말한다. 기氣는 관통하는 속성을 지니기 때문에 덕의 드러남과 같은 심신의 연속성과 인과성을 설명하기 적합하다.[11] 그러므로 외부적으로 나타나는 용모·안색·말투 등의 기운을 통해 그 사람의 수양 정도를 파악할 수 있다. 『중용』에서는 이러한 기운을 다음과 같이 말한다.

> 떳떳한 덕을 행하고, 떳떳한 말을 삼가서 행실에 부족한 바가 있으면 감히 힘쓰지 않음이 없고, 여유가 있더라도 감히 말을 다하지 않는다. 말은 행실을 돌아보고, 행실은 말을 돌아보아야 하니, 군자가 어찌 독실하게 하지 않겠는가![12]

자신을 돌이켜 덕이 부족하면 행실에 힘쓰고, 말에 여유가 있어도 삼감을 지극히 하는 것이 스스로 수양하는 방법이다. 군자의 이러한 모습은 공자의 숭덕崇德·수특脩慝·변혹辨惑과 상통한다고 하겠다.

---

10) 『論語』, 「泰伯」, "君子所貴乎道, 動容貌, 斯遠暴慢矣, 正顔色, 斯近信矣, 出辭氣, 斯遠鄙倍矣."

11) 윤민향, 「공자 수양론에서 종심소욕불유구(從心所欲不踰矩)의 이상(理想)과 심신통합적 사유의 의미」, 『유교사상문화연구』 89호, 한국유교학회, 2022, 199쪽.

12) 『中庸』, 第13章, "庸德之行, 庸言之謹, 有所不足, 不敢不勉, 有餘不敢盡. 言顧行, 行顧言, 君子胡不慥慥爾."

일과 보상의 선후를 아는 것이 덕을 높이는 것이고, 자기 단점은 반성해서 바로 개선하지만 타인의 단점은 말하지 않는 것이 악을 물리치는 것이고, 순간의 화를 자제해서 부모까지 곤란에 처하는 상황을 만들지 않는 것이 미혹함을 분별하는 것이다.

이처럼 자기수양은 냉철한 이성으로 상황판단을 정확히 하고 자기를 조절하는 힘을 기르는 것으로, 수양이 완성된 사람은 이익을 보면 의리를 생각해 신중하게 행동하고, 국가가 위태로울 때는 목숨을 바쳐 구할 줄 알고, 약속한 것은 반드시 지킨다. 또 정중함·온화함·엄격함을 두루 갖추도록 노력한다.

또한 인간은 개별성과 독특성을 지닌 존재이므로 저마다 상황에 대처하는 심리적 반응과 행동이 다르다. 여기서 우리가 주목해야 할 것은 인간에게는 개성을 넘어선 인간만의 보편성이 있다는 것이다. 이 보편성의 하나가 자반自反의 능력이다. 하건충도 인간의 이러한 능력이 수양된 마음을 얻는 원동력이라 말한다.

> 반성과 참회 또한 근본적인 마음을 얻는데 도움이 되는데, 현대인들이 일상생활에서 근본 마음을 증득하는데 적합하다. 증득한 근본 마음을 일상생활에서 행하면 일체가 맑고 밝고 온화함을 깨닫게 된다.13)

현대인들은 복잡한 사회구조와 다양한 인간관계에 적응하면서 살아가기 때문에 수양을 위해 별도의 시간을 할애하기가 어렵다. 그러

---

13) 何建忠,『千古八字秘決總解』, 第15章, "反省·懺悔, 也能幫助成就根心. 現代人適合在日常生活成證根心. 成證根心而行於日常生活, 只覺一切更清朗和適合."

나 반성과 참회는 시·공간의 제약이 없고, 개인의 기질과 성격적 특성에 크게 구애받지 않는다는 장점이 있기 때문에 마음을 다스리는 가장 적합한 방법이 된다. 반성과 참회에 관한 구절은 『주역』「계사상」에서도 볼 수 있는데 다음과 같다.

> 길흉은 잃음과 얻음을 말한 것이고, 뉘우침과 어려움은 약간의 흠을 말한 것이다. 허물이 없다는 것은 과실을 보완하는 것을 말한 것이다....뉘우침과 어려움을 근심하는 것은 분별하는 데 있고, 움직여 허물이 없는 것은 뉘우침에 있다.[14]

회悔는 길吉로 나아가지만 아직 길함에 이르지 않은 것이고, 린吝은 흉凶으로 나아가지만 아직 흉에 이르지 않은 상태이다.[15] 문제가 발생했을 때 자기 잘못에 대해 회悔→무구無咎의 과정을 거치면 길한 방향으로 전환되지만, 린吝에 머무르면 흉한 결과를 맞이하게 된다. 회린悔吝의 사이에 있을 때 린이 길한 방향으로 전환되기 위해서는 반드시 뉘우침의 과정을 거쳐야 하는데, 뉘우침을 통해 잘못이 보완되면서 허물이 사라지기 때문이다. 그래서 자기에 대한 반성은 잘못된 방향을 바로 잡는 데 반드시 필요한 일이다.

자기성찰과 개선을 심리명리학적으로 살펴보면, 정인은 자기성찰과 개선을 완성할 수 있는 심리이다. 『연해자평』「논인수」에서도 정인의 사람은 지혜가 많고 사려가 깊으면서 풍후함을 겸비했다고 말

---

14) 『周易』, 「繫辭上」, 第3章, "吉凶者言乎其失得也, 悔吝者言乎其小疵也. 无咎者善補過也.……辯吉凶者存乎辭, 憂悔吝者存乎介, 震无咎者存乎悔."
15) 김상섭, 『주역 계사전』, 성균관대학교 출판부, 2017, 157쪽, "悔者, 將趨於吉而未至於吉. 吝者, 將趨於凶而未至於凶."

한다.16) 정인은 심리적으로 안정감과 평형상태를 이룬 상태이기 때문에 자성을 통해 자기 발전을 이루기에 충분한 심리이다. 식신 또한 위험하거나 불확실한 상황에서도 긍정적으로 생각하고 대처하며, 자신이 가진 것에 대한 만족감이 높기 때문에 좋은 스승과 학문을 만나면 충분히 자기를 완성할 수 있다. 정관은 기본적으로 자기반성의 능력이 우수하고, 편관은 절제와 자제력이 우수하고 인내심이 강하기 때문에 교육을 통해 자기개선의 방향으로 나아갈 수 있다.

반면에 겁재·상관 심리는 자기중심적인 성향이 강하고 자존심이 강하기 때문에 늘 자기를 돌아보고 경계해야 한다. 겁재는 모험적인 성향이 강해서 사회의 규범과 질서를 무시하는 경우가 많고, 상관은 우월감이 높고 자기애가 강해서 법규를 어기고 윗사람에게 반발한다. 이러한 유형의 사람들에게 적합한 공자의 말씀을 살펴보면, 「위령공」의 "자기는 엄하게 책하고, 남은 가볍게 책하면 원망을 멀리하게 된다."17)라는 구절과 연계해 볼 수 있다.

2. 맹자의 존심양성存心養性과 식신·정인 심리

맹자의 수양론은 존심양성存心養性으로 요약할 수 있다. 인간이 본유적으로 품부받은 사단지심을 보존하고 확충하기 위해서는 과도한 욕심을 자제하고, 자기반성을 통해 생각의 기능을 강화하고, 지언知言

---

16) 徐升 編, 李欽(明)增補, 『淵海子平』, 「論印綬」, "所謂印生我者……故主人多智慮兼豊厚."
17) 『論語』, 「衛靈公」, "躬自厚而薄責於人, 則遠怨矣."

하고, 호연지기浩然之氣를 길러 부동심을 강화해야 한다. 이러한 노력을 심리명리학적으로 논의한다면 식신, 정인 심리와 연계할 수 있다.

1) 존심양성存心養性

존심양성은 내재적 도덕심을 보존하여 선한 본성을 기르는 것을 말한다. 맹자는 인간의 사단지심은 사덕四德의 단서가 되지만 아직 선善이 완성된 것이 아니기에 선한 본성의 단서를 확충해야 한다고 말한다. 그 예로 우산牛山의 비유를 통해 선단善端의 보존을 강조하였는데, 아름다운 나무를 품고 있던 우산이 민둥산으로 변한 원인이 외부적 환경에 있는 것처럼 인간의 본유적 선단도 내외적 요인에 의해 불선不善으로 향할 수 있다는 것이다. 왜냐하면 선단은 실마리가 될 뿐이지 아직 완성된 단계가 아니기 때문이다.

선단의 확충은 중요한 일이다. 그래서 확충하는 방법을 "그 마음을 다하는 자는 그 본성을 아는 것이니, 그 본성을 알면 하늘을 알게 된다. 그 마음을 보존하고 그 본성을 기르는 것은 하늘을 섬기는 것이다."[18]라는 구절에서 알 수 있듯이 존심存心과 양성養性으로 제시한다. 부연하면 인간은 진심盡心과 지성知性을 통해 하늘을 알게 되고, 존심과 양성을 실천함으로써 하늘의 뜻에 따르게 된다. 여기서 '진盡'은 확충을 의미하고, 확충의 궁극적 대상은 선단 즉 도덕적 본심을 말한다. 선善의 실마리는 선성善性의 도덕적 본심 전체로 드러나야 하는데, 존심양성은 선성을 회복하는 수양이 된다.[19] 그렇다면

---

18) 『孟子』, 「盡心章句上」, "盡其心者, 知其性也, 知其性, 則知天矣. 存其心, 養其性, 所以事天也."

마음은 어떻게 길러야 하는 것일까? 「진심장구하」에서는 과욕寡欲을
제시한다.

> 마음을 기르는 데는 욕심을 줄이는 것보다 더 좋은 것이 없으
> 니, 그 사람됨이 욕심이 적으면, 보존되지 못함이 있더라도 적을
> 것이고, 그 사람됨이 욕심이 많으면 비록 보존됨이 있더라도
> 적을 것이다.[20]

인간은 욕구를 절제하지 못하면 본심을 잃어버리기 때문에 욕구가
과하게 일어날 때 그 욕심이 도덕적 기준에 맞는지 아닌지에 대한
생각이 필요하다. 마음은 내면에 도덕심을 갖추고 있기 때문에 행위
에 대한 도덕적 판단을 할 수 있다. 그러므로 욕망을 절제하고 생각
의 기능을 먼저 강화해야 한다. 이에 대하여 『대학』에서는 편벽됨을
경계할 것을 주장하며 다음과 같이 말한다.

> 이른바 그 집안을 가지런히 함이 몸을 닦는 데 있다는 것은
> 사람은 가까이하고 사랑하는 것에 편벽되고, 천하게 여기고 미
> 워하는 것에 편벽되고, 두려워하고 존경하는 것에 편벽되고,
> 가엽게 여기고 불쌍히 여기는 것에 편벽되고, 오만하고 게을리
> 하는 것에 편벽되기 때문이다.……그러므로 속담에 사람들이
> 자기 자식의 악함을 알지 못하고, 자기 곡식의 싹이 큼을 알지
> 못한다고 하였다.[21]

---

19) 전재성, 「孟子의 修養論과 教育思想」, 『한국철학논집』 18호, 한국철학사
　　연구회, 2006, 414~415쪽.
20) 『孟子』, 「盡心章句下」, "養心莫善於寡欲, 其爲人也寡欲, 雖有不存焉者寡
　　矣, 其爲人也多欲, 雖有存焉者寡矣."

인간은 외부 조건과 대상에 따라 감정과 행위가 치우치기 쉽다. 그래서 늘 자기를 돌아보고 반성함으로써 자가당착의 굴레에 빠지는 일이 없도록 해야 한다. 편벽된 사고와 감정에서 벗어나면 자신과 타인을 객관적으로 판단하고 상황에 적절하게 대응할 수 있는데,『맹자』「이루장구상」에서는 다음과 같이 말한다.

> 남을 사랑하는데도 가까워지지 않으면 그 인仁을 되돌아보고, 남을 다스리는데 다스려지지 않으면 그 지혜를 되돌아보고, 남을 예로써 대했는데도 답이 없으면 그 공경을 되돌아보아야 한다. 행하고 얻지 못하는 것이 있으면 모두 자기를 돌아보고 찾아야 하니, 그 몸이 바르면 천하가 돌아온다.22)

인생행로에서 원하는 답을 얻지 못할 때는 스스로의 성찰이 요구된다. 사덕에 근본한 자아성찰은 자기개선의 발판이 되므로 모든 책임의 원인을 자신에게서 찾는 행위는 도덕적 주체자로서의 자각에 이르는 또 하나의 방법이 된다. 하건충은 이 문제를 다음과 같이 말한다.

> 인간은 인성의 약점으로 인해 개개인 모두 강한 자기중심적인 면을 지니게 되지만, 심리상 '무아'의 공부를 익혀서 일체의 고통과 타인에 대한 집착에서 벗어나려고 한다. 이러한 집착이

---

21) 『大學』, 傳8章, "所謂齊其家, 在修其身者, 人之其所親愛而辟焉, 之其所賤惡而辟焉, 之其所畏敬而辟焉, 之其所哀矜而辟焉, 之其所敖惰而辟焉.…… 故諺有之曰 人莫知其者之惡, 莫知其苗之碩"

22) 『孟子』, 「離婁章句上」, "愛人不親, 反其仁, 治人不治, 反其智, 禮人不答, 反其敬. 行有不得者, 皆反求諸己, 其身正而天下歸之."

제거되면 자연히 고통 즉 자아집착, 육체적 안락·고통 중시, 현실·금전에 대한 집착, 자신에 대한 타인의 긍정 등에 신경쓰지 않을 수 있다. 이를 통해 행위적으로는 유가 혹은 기독교적 행단行端에 부합할 수 있고, 내면적으로는 불교 혹은 도교의 심념心念을 유지할 수 있어서 모든 일에서 반드시 추길피흉할 수 있다.[23]

인간은 자기중심적인 성향이 있지만 본성을 회복하고자 하는 마음도 있기 때문에 자기를 돌아보고 단점의 발현을 막을 수 있다. 만약 자기반성을 통해 강한 집착을 내려놓게 되면 특정한 행동이나 정서를 촉발하는 외부 환경의 영향력을 덜 받게 되어서 내외적으로 인간 본유의 마음을 보존할 수 있게 된다.

존심양성을 심리명리학적으로 살펴보면, 식신과 정인은 존심양성을 하기에 적합한 심리상태이다. 식신은 삶을 유유자적하는 마음으로 살아가므로 물질에 대한 집착이 약하고 늘 감사한 마음을 지니고 있고, 정인은 우주의 근원적인 진리에 입각해서 만사를 받아들이기 때문에 현실에 대한 만족과 행복도도 높다.[24] 이 두 심리는 인간이

---

23) 何建忠, 『八字心理推命學』, 「附錄2」, "幹勁十足; 但是人在心態上應鍛養「無我」的工夫(人性的弱點-人人都有很强的自我中心), 因爲一切的痛苦, 都起於人對於自我的執著除, 自我的執著一除自然痛苦就不見了(按: 這兒的「自我執着」, 亦卽重視肉身之安樂·痛苦, 執着在現實·錢財上, 重視他人對自己的肯定……). 因此筆者認爲若我們的行爲能合於儒家或基督敎的行端, 而内心世界能維持佛家或道家的心念, 則凡事必能趨吉必凶."

24) 何建忠, 『八字心理推命學』, 第6章, "若日干爲精神主體我, 則正印應當爲「能使我生長, 且與我關係良好的」, 由於「能使我生長」所對象的心態較抽象, 一般人不易了解, 故而可由傷官求之. 因爲正印會尅傷官, 故而正印可以爲化繁爲簡(反復雜化), 喜類化·求得事物共同關係, 凡事看得差不多, 缺乏精

본래 지니고 있는 이타성과 구도심을 대표하는 것이므로 충분히 자기 행위를 반성하고 착한 마음을 유지할 수 있다.

반면에 겁재와 상관 심리는 자기 생각이 전적으로 옳다고 생각하기 때문에 책이나 단발성 강연을 통해 감화를 일으키기는 어렵다. 이들은 상호작용적인 피드백을 통해 존심과 양성으로 이끌어야 한다. 겁재는 강한 경쟁심으로 타인보다 높은 위치에 있기를 원하고, 상관은 타인보다 돋보이고 싶은 마음과 시기·질투심이 강하다. 이런 근거로 이들의 심리와 맹자의 말씀을 연계해 살펴보면 「이루장구상」의 "오직 어진 자만이 마땅히 높은 지위에 있어야 한다. 어질지 않으면서 높은 지위에 있다면 이는 그의 악을 여러 사람에게 퍼트리는 것이다."[25]라는 구절과 관련지을 수 있다.

또한 편재와 정재 심리가 강한 사람은 물질에 대한 욕심과 집착이 강하므로, 「진심장구상」에서 "사람의 마음에도 해로움이 있으니, 사람이 굶주림과 목마름의 해害를 마음의 해害로 만들지 않을 수 있다면, 남에게 미치지 못하더라도 근심으로 여기지 않을 것이다."[26]라는 구절과 연계된 내용을 교육에 활용할 수 있다. 이들에게는 과도한 욕심이 불러오는 폐단과 나눔의 필요성에 관한 내용을 담은 교육이 적합하다.

細性及分化力, 看淡名聲·內含不靈·穩定·守常, 缺乏情緒力·缺乏感觸力·缺乏流暢性, 是知足·呆滯·厚重·沒有意見·有修養·慈祇的. 而由以上的心態混和可得: 寬容·耐心·對天道的信任·有宗教心."

25) 『孟子』, 「離婁章句上」, "是以惟仁者, 宜在高位, 不仁而在高位, 是播其惡於衆也."

26) 『孟子』, 「盡心章句上」, "人心亦皆有害, 人能無以飢渴之害爲心害, 則不及人, 不爲憂矣."

2) 지언知言과 호연지기浩然之氣 양성

맹자는 마흔 살에 부동심에 도달했다고 말한다. 부동심은 어떤 유혹이나 불의의 상황에서도 흔들리지 않는 확고한 도덕적 심리상태를 말한다.[27] 이 마음은 의지와 기氣의 상호작용으로 나타나기 때문에 자기수양의 노력이 필요한데, 그는 부동심을 향상시키는 요인으로 지언知言과 호연지기浩然之氣를 제시하였다. 『맹자』「공손추장구상」에서는 호연지기를 다음과 같이 밝히고 있다.

> 그 기는 지극히 크고 지극히 강하니 정직함으로써 기르고 해침이 없으면 하늘과 땅 사이에 가득 차게 된다. 그 氣됨이 의와 도에 배합되니, 이것이 없으면 위축된다. 이것은 의리를 많이 축적하여 생겨나는 것이지 의가 밖에서 엄습해 와서 그것이 취해지는 것이 아니니, 행하고서 마음에 부족하게 여기는 바가 있으면 위축된다.[28]

호연지기는 인간의 사고로 측량할 수 있는 범위를 넘어선 것으로 실생활에서 일어나는 일련의 사건에서 마음의 강직함을 오래도록 지속해 자기만족의 단계에 이르렀을 때 길러지는 것이다. 여기서 의기義氣는 내면의 도덕적 기개라고 할 수 있다. 맹자는 벼 싹을 뽑아놓은 송나라 사람을 예로 들면서 호연지기를 기를 때는 내면적 의기

---

27) 박길수, 「도덕 심리학과 도덕 철학의 이중적 변주」, 『철학연구』 48호, 고려대학교 철학연구소, 2013, 50~51쪽.

28) 『孟子』, 「公孫丑章句上」, "其爲氣也, 至大至剛, 以直養而無害, 則塞於天地之間. 其爲氣也, 配義與道, 無是餒也. 是集義所生者, 非義襲而取之也, 行有不慊於心, 則餒矣."

를 꾸준히 축적하면서 성급하게 효과를 기대하지 말고 의로운 일을 축적해 기기氣를 기르는 절도節度를 실천하라고 말한다.29) 즉 호연지기는 시간과 부단한 노력이 필요한 일이기 때문에 의로움을 잃지 않고 지켜나가야 한다. 이러한 마음 자세는 전심치지專心致志와 상통하는데, 「고자장구상」에서는 바둑을 예로 들면서 다음과 같이 말한다.

> 지금 바둑의 수가 하찮은 수이지만 마음을 모으고 뜻을 다하지 않으면 터득하지 못한다. 혁추는 온 나라에서 바둑을 잘 두는 자이다. 만약 혁추로 하여금 두 사람에게 바둑을 가르치게 하는데, 그중 한 사람은 마음을 다하고 전념하여 오직 혁추의 말만을 듣고, 한 사람은 비록 듣기는 하지만 마음 한편에 기러기와 큰 새가 장차 오면 활과 주살을 당겨서 쏘아 맞힐 것을 생각한다면 비록 그와 함께 배운다고 하더라도 그 사람처럼 못할 것이다. 이것은 그 지혜가 그만 못하기 때문인가? 그렇지 않다.30)

전심치지는 마음과 뜻을 전일專一하게 하여 쉼없이 노력하는 것으로, 인격 완성을 위해 수양하는 사람이 가져야 할 마음가짐과 태도를 말한다. 여기서 치지는 어떤 환경에도 굴하지 않는 올곧은 의지로 목표를 달성해 나가는 근본적인 원동력이라 하겠다. 맹자는 덕행에 있어서 전심치지의 자세를 강조하였는데, 근원이 있는 샘물은 그치

---

29) 『孟子集註』, 「公孫丑章句上」, "此言養氣者必以集義爲事, 而勿預期其效, 其或未充, 則但當勿忘其所有事, 而不可作爲以助其長, 乃集義養氣之節度也."

30) 『孟子』, 「告子章句上」, "今夫奕之爲數小數也三心致志, 則不得也. 奕秋通國之善奕者也, 使奕秋誨二人奕, 其一人專心致志, 惟奕秋之爲聽, 一人雖聽之, 一心以爲有鴻鵠將至, 思援弓繳而射之, 雖與之俱學, 弗若之矣. 爲是其智弗若與, 曰非然也."

지 않고 나아가듯이 도의 완성도 끊임없는 노력이 필요한 것으로 보았다. 전심치지는 『주역』 「건괘」에서 말하는 자강불식自彊不息과 같은 것으로, 자아성찰을 통한 자기개선을 이루고자 하는 사람은 이 마음으로 임해야 한다.

또 부동심을 향상하는 방법으로 지언知言도 제시하였다. 지언은 상대방의 말을 통해 그 마음을 정확하고 객관적으로 판단하는 능력인데, 「공손추장구상」에서는 다음과 같이 말한다.

> 편벽된 말에 그 가리운 바를 알고, 방탕한 말에 빠져 있는 바를 알고, 간사한 말에 괴리된 바를 알고, 발뺌하는 말에 궁함을 알 수 있으니, 마음에서 생겨나 정사에 해를 끼치고, 정사에 발로되어 일에 해를 끼치나니, 성인이 다시 나오셔도 반드시 내 말을 따르실 것이다.31)

군자는 지언을 통해 그 말이 편파적인지, 근거가 있는지, 도의에 맞는지, 발뺌하는 말인지를 가려낼 수 있어야 하는데, 이것은 도덕적 판단력에 근거한다. 말은 그 사람의 심리상태를 나타내기 때문에 지언을 통해 그 말의 진의와 상황을 객관적으로 분석할 수 있다. 이러한 지언의 내용은 『주역』 「계사하」에서도 찾을 수 있다.

> 장차 반란을 일으키려는 사람은 그 말이 부끄럽고, 마음속으로 의심하는 사람은 그 말이 엇갈리고, 길한 사람의 말은 간략하

---

31) 『孟子』, 「公孫丑章句上」, "詖辭知其所蔽, 淫辭知其所陷, 邪辭知其所離, 遁辭知其所窮. 生於其心, 害於其政, 發於其政, 害於其事, 聖人復起, 必從吾言矣."

고, 조급한 사람의 말은 많고, 선한 사람을 비방하는 사람은 그 말이 허공에 뜨고, 절개를 잃은 사람은 그 말이 비굴하다.[32]

상대방의 말을 통해 배신·불신·무고·조급함·길함에 있는 사람들의 심리상태를 알 수 있다. 말은 개인의 사고와 인품을 담고 있기 때문에 인물의 됨됨이와 의도를 알아차리는 중요한 단서가 된다. 지언은 말을 듣는 것도 중요하지만말하는 것도 중요하다는 것을 의미한다. 『대학』의 "한마디 말이 일을 그르치고, 한 사람이 나라를 안정시킨다."[33]라는 구절에서도 알 수 있듯이 인간의 말은 단순히 개인의 감정과 사고를 표현하는 수단이 아니라 그 이상의 위력을 지니고 있다. 그러므로 대화하거나 자기 생각을 표현할 때는 늘 삼가고 신중해야 한다.

한편, 하건충은 현대인들이 인간 본유의 마음을 얻는 방법을 다음과 같이 제시한다.

현대인들이 근본 마음을 획득하려면 본원의 도리를 탐구하는 '이심理心'을 얻는 것이 비교적 적합하다. '이심'을 얻으려면 반드시 먼저 우주의 본원이 어떻게 인생길에서 펼쳐지고 일체를 탄생시키는지 알아야 하는데, 이 작업을 통해 공空의 개념을 성취할 수 있다. 공의 개념이 성취되면 점차 집착과 좋지 않은 연상을 버리게 되고, 마침내 근본 마음을 획득하게 된다.[34]

---

32) 『周易』, 「繫辭下」, 第12章, "將叛者, 其辭慚, 中心疑者, 其辭枝, 吉人之辭寡, 躁人之辭多, 誣善之人, 其辭游, 失其守者, 其辭屈."

33) 『大學』, 傳9章, "一言僨事, 一人定國."

34) 何建忠, 『千古八字秘決總解』, 第15章, "現代人要成證根心, 較適合以「理心」(本原道理之探討)而成證, 要以理心而成證, 必先知道「本原如何產生一

현대인들은 복잡한 사회연결망에서 바쁘게 하루를 살아가기 때문에 선정禪定을 실천할 여력이 부족하고, 생활 속 스트레스에 항상 노출되어 있어서 부동심을 지닌 사람이 아닌 이상 경건한 마음을 유지하기란 어려운 일이다. 그래서 하건충은 우주와 자연의 진리에 대한 학문을 통해 깨닫고 실천하는 것이 가장 적합한 방법이라고 말한다. 이심理心을 얻기 위해서는 우주 본원의 탄생 원리와 그로 인해 펼쳐지는 현상의 이치를 알아야 하는데, 이러한 과정을 거치면서 공空개념을 깨닫게 되고 집착과 아상我想을 버리게 된다.

　지언知言과 호연지기浩然之氣를 심리명리학적으로 살펴보면, 호연지기는 정재와 편관 심리에 연계해 볼 수 있다. 호연지기는 강인한 의지를 나타낸다.『팔자심리추명학』에서는 의지를 정재와 편관 심리의 결합으로 해석하고 있다. 정재는 목표에 집착하는 심리이고, 편관은 일체를 돌아보지 않고 분발하고 행동하는 심리이기 때문에[35] 강인한 의지와 연관 있다. 하건충의 이러한 결합은 타당성이 있지만 필자는 비견과 금金의 특성도 호연지기와 연결할 수 있다고 본다. 호연지기는 정직과 의리가 축적되어야 길러지는데, 금金의 특성은 의리를 주관하고 용감하고 과감하며, 도량이 넓고 기개와 강단이 있고,[36] 비견 심리는 자립적이면서 자기 의지에 따라 행동하기 때문이다.

　　切人生之路是什麼」, 由此成就「空」的槪念. 由此槪念, 逐漸放棄執着, 不好的聯想而終就成證."

35) 何建忠,『八字心理推命學』, 第7章, "意志:「有一個想控制的執著目標」(意慾),「而後不顧一切的奮力以行(但那目標仍掛在心上)」, 前者爲正財, 後者爲七殺, 因而意志是正財兼七殺."

36) 徐升 編, 李欽(明)增補,『淵海子平』,「論性情」, "金曰從革, 味辛辣也, 主義. 羞惡之心, 仗義疏財, 敢勇豪傑, 知廉恥, 主人中庸."

또 지언을 하려면 도덕적 판단력과 상황분석력이 있어야 하는데, 이러한 특성은 편관·정관 심리와 맥락을 같이 한다고 볼 수 있다. 편관과 정관은 지知와 관련된 것으로 무언가를 알 수 있는 심리작용이다.[37] 이들은 이성적·논리적·합리적인 사고를 나타내기 때문에 상대방의 의중을 정확하게 판단하는 데 중요한 역할을 한다.

3. 순자의 적위積僞·허일이정虛壹而靜과 정관·편관·정인 심리

순자의 수양론은 한마디로 적위積僞와 허일이정虛壹而靜으로 요약할 수 있다. 마음이 지닌 도덕적 기능을 온전히 발휘하려면 선을 향한 인위적인 노력의 축적과 텅비고 전일하고, 고요한 상태를 유지하려는 노력이 수반되어야 한다. 이러한 노력을 심리명리학적으로 논의하면 정관·편관·정인 심리로 연결된다.

1) 적위積僞

적위는 인간 본성에 자리한 욕망의 억제와 연관 있다. 순자는 인간 본성에는 욕망이 내재해 있고, 그 욕망이 예의지도에 어긋나지 않기 위해서는 인위의 실천이 필요하다고 보았다. 인위는 마음의 판단 기능인 사려가 쌓이고 능력이 습득된 이후에 완성되는데. 『순자』「강

---

37) 何建忠, 『八字心理推命學』, 第7章, "知道: 卽將爲所遵循者, 故爲正官或七殺."

국」에서는 다음과 같이 말한다.

> 미세한 것에서 쌓는 것은 달이 날을 이기지 못하고, 계절이
> 달을 이기지 못하고, 해가 계절을 이기지 못한다.......미세한
> 것들을 잘 쌓아가는 사람은 빠르게 성취한다.[38]

인간이 예의와 법도를 체화하기 위해서는 끊임없이 노력해야 하는데, 아주 작은 행위라도 반복적으로 실천하면 큰 성과를 가져오는 요인이 된다. 선한 행위가 변함없이 지속되면 인격적 완성에 이르기 때문에 적미의 노력은 수양에 반드시 필요한 일이다. 적미를 바탕으로 한 적위는 일반사람이 성인의 경지에 도달할 수 있는 근거이면서 정성의 마음을 나타내는데, 「불구」에서는 다음과 같이 말한다.

> 하늘은 말하지 않아도 사람들이 그 높음을 받들고, 땅은 말하지 않아도 사람들이 그 후덕함을 받들고, 사계절은 말하지 않아도 사람들은 때를 아는 표준으로 안다. 무릇 이것은 항상성을 가지고서 그 성을 지극히 하고 있기 때문이다.[39]

인간은 자연을 통해 세상을 살아가는 현실적인 교훈을 배우게 된다. 천지의 덕과 사계절의 운행이 항상성을 지닌 것처럼 도를 향한 인간의 노력도 변함없어야 하는 것이다. 『중용』에서는 이러한 정성의 효과를 다음과 같이 말한다.

---

38) 『荀子』, 「彊國」, "積微, 月不勝日, 時不勝月, 歲不勝時. 凡人好敖慢小事,
   大事至然後興之務之, 如是則常不勝夫敦比於小事者矣.……能積微者速成."
39) 『荀子』, 「不苟」, "天不言而人推其高焉, 地不言而人推其厚焉, 四時不言而
   百姓期焉. 夫此有常, 以至其誠者也."

지극한 성誠은 쉼이 없으니, 쉬지 않으면 오래가고, 오래가면 징험이 나타나고, 징험이 나타나면 오랜 세월 유지될 수 있고, 유원하면 넓고 두터워지고, 넓고 두터워지면 높고 밝아질 수 있다. 넓고 두터움은 만물을 실어주는 것이고, 높고 밝음은 만물을 덮어 주는 것이고, 여유롭고 오래감은 물건을 이루어 주는 것이다. 넓고 두터움은 땅과 짝하고, 높고 밝음은 하늘과 짝하고, 여유롭고 오래감은 무궁함이다. 이와 같은 자는 나타내지 않아도 드러나고, 움직이지 않아도 변하고, 작위함이 없어도 이루어진다.[40)]

　　지극한 정성은 중단됨이 없어야 하는데, 그러한 행위가 오래도록 지속되면 징험이 나타나고, 오랜 세월동안 체화가 유지되면 마치 원래부터 있던 것처럼 자연스러운 단계에 도달하게 된다. 그 경지는 땅과 같이 넓고 두텁고 하늘과 같이 높고 밝게 영원히 지속된다. 이러한 정성스러운 행위는 마음에서 비롯되는데, 순자는 욕망을 조절하는 마음의 기능을 다음과 같이 강조한다.

　　욕망이 지나치더라도 행동이 거기에 미치지 못하는 것은 마음이 이를 제지하기 때문이다.......욕망은 미치지 않는데 행동이 지나치는 것은 마음이 그렇게 만드는 것이다.......욕망은 비록 다 만족시키지는 못하더라도 추구하는 자는 그래도 전부 만족시키는 데에 가까이 갈 수 있고, 욕망은 비록 다 버릴 수는 없더라도 추구하는 것을 얻지 못하면 사려가 있는 자는 욕망의

---

40) 『中庸』, 第26章, "故至誠無息, 不息則久, 久則徵, 徵則悠遠, 悠遠則博厚, 博厚則高明, 博厚所以載物也, 高明所以覆物也, 悠久所以成物也. 博厚配地, 高明配天, 悠久無疆. 如此者不見而章, 不動而變, 無爲而成."

추구를 절제하려고 한다.[41]

절욕節慾에 대한 적위는 수양의 한 방법으로 절욕은 욕망을 충족하려는 사람의 마음에 달려있다. 사려는 인간의 감정이 마음에 의해 선택된 것으로 마음에 근거하고 있기 때문에 욕망은 개인의 의지에 따라 충분히 조절할 수 있다. 순자의 관점에서 볼 때 인간은 악의 경향성을 지닌 존재이다. 그래서 선한 행위에 대한 적위뿐만 아니라 감정의 절제도 필요하다고 보았는데, 다음 구절에 잘 나타나 있다.

> 사람의 본성을 따르고 사람의 감정을 좇는다면 반드시 다투고 뺏게 되며, 분수를 어기고 이치를 어지럽히게 되어 난폭함으로 귀결될 것이다. 그러므로 반드시 스승과 법도에 따른 교화와 예의의 교도가 있어야 한다.[42]

행동의 변화는 자기중심적인 감정을 자각하고 조절하는 데서 시작된다. 감정과 행동을 조절하는 능력은 스승으로부터 예의와 법도를 배우고 학문을 연마하는 과정을 통해 길러진다. 이러한 실천이 축적되면 자기중심성에서 탈피하게 되고 타인의 감정과 욕구를 고려하고 배려하는 정서적 변화를 통해 안정적이고 따뜻한 사회의 기틀을 마련할 수 있다. 하건충 또한 요구하고 소유하고 집착하고 욕망에 사로잡힌 마음을 다스릴 것을 제시하였는데, 개인의 수양은 일신一身을

---

41) 『荀子』, 「正名」, "故欲過之而動不及, 心止之也.……欲不及而動過之, 心使之也.……所欲雖不可盡, 求者猶近盡, 欲雖不可去, 所求不得, 慮者欲節求也."

42) 『荀子』, 「性惡」, "然則從人之性, 順人之情, 必出於爭奪, 合於犯分亂理, 而歸於暴. 故必將有師法之化, 禮義之道."

넘어 국가와 세계로 확장되는 근본이라 말한다.

> 한 가정의 가장이 능히 근본 마음을 얻으면 그 집안은 자연히
> 평안해지고, 한 도시의 장이 능히 근본 마음을 얻으면 그 도시는
> 자연히 평안해지고, 한 국가의 우두머리가 능히 근본 마음을
> 얻으면 그 국가는 자연히 평안해지고, 세계의 지도자가 능히
> 근본 마음을 얻으면 세계가 화평해질 수 있다.[43]

공동체 사회에서 지도자가 완성된 인격을 갖추면 집단 구성원들도
성숙한 인격을 위해 힘쓸 것이고, 사회와 국가는 자연히 안정되어
평화로운 때를 맞이하게 될 것이다. 이 문장은 외부 확장에 방향성을
두고 있는 현대인들에게 내면적 성숙으로의 회귀를 강조하고 있다.
왜냐하면 내적 성숙은 세계의 위기를 해결하고, 대동세계로 나아가
는 방법이기 때문이다.

적위를 심리명리학적으로 살펴보면, 적위는 예법을 알고 지속적으
로 행하는 정관·편관 심리와 관련지을 수 있다. 『팔자심리추명학』에
서는 "아는 것과 행하는 것은 동일한 사안이 됨을 의미하는데, 양자
모두 정관 혹은 편관 심리이다."[44]라고 하여, 지행합일知行合一을 편
관과 정관 심리로 해석하고 있다. 적위는 지행합일이 일상생활에서
축적되는 것을 의미하기 때문에 규율준수, 반복, 사회적 공론 중시를
나타내는 정관 심리와 절제, 규율, 자아 억제, 굳은 인내를 나타내는

---

43) 何建忠, 『千古八字秘決總解』, 第15章, "一家之長能成證根心, 家裏自然能
平安. 一縣市之長能成證根心,縣市自然會平安. 一國之領袖能成證根心, 國
家自然能平安. 世界之領導者能成證根心, 世界就能和平."
44) 何建忠, 『八字心理推命學』, 第7章, "知行合一說: 卽「知道的」和「所行的」
是同一件事, 這是因二者同屬於正官或七殺."

편관 심리와[45] 상통한다. 이들은 규범 안에서 명령에 따르는 심리이므로 편관과 정관 심리가 발달한 사람은 적절한 피드백이 주어지면 충분히 적위를 실천할 수 있다.

식신과 정인 심리 또한 인내심이 강하고 자기를 조절하는 능력이 뛰어나기 때문에 책이나 프로그램을 통해 실천화할 수 있다. 편인은 정인만큼 인정에 통달하지는 않았지만 종교심이 있는 심리상태이므로,[46] 적위의 목적과 당위성을 이해하도록 도와주면 충분히 적위를 실천할 수 있다.

이에 반해 상관은 생극生剋관계에서 정관을 극해 정관에 반대되는 심리를 보인다. 그래서 도리와 규칙에 반하고 변화가 많고 의식이 한 곳에 고정되어 있지 않아서 적위를 혼자서 실천하기는 어렵다. 따라서 상관 심리가 강한 사람은 예의와 법도에 관한 주제로 다양한 형식의 프로그램을 활용하고, 대중과 사회발전에 공헌하는 목표를 정하고 분발해서 행동하도록 보상과 칭찬을 적절히 활용하는 것이 필요하다.

그리고 비견은 강건하고 추진력이 있고 주동적·자주적 심리를 나타내므로[47] 자기주도적 학습방법을 통해 적위를 실천할 수 있다. 겁

---

45) 何建忠, 『八字心理推命學』, 第6章, "「命令掛在心靈, 但卻想排斥命令」·「想像一隻無拘野馬, 但荒唐不來」·「難事·惡勢力壓著我, 但卻不屈服」·「尊服於不具大衆性的觀念」·權威·志氣·氣魄·猜疑·不服輸·專制·推移道理·機敏·暴氣·勁力·自我推尅·恨·自制·節制·規律·嚴厲·勤勞·堅忍·自我壓抑·義氣."

46) 何建忠, 『八字心理推命學』, 第6章, "偏印的含義.……有宗教心……「看來有修養, 但不通人情」."

47) 何建忠, 『八字心理推命學』, 第6章, "比肩的含義.……剛健但不魯莽·富於處事能力但不急切·富操作性……主動·自主."

재는 생각한 것을 빠르게 행동에 옮기지만 일의 정황을 마음에 담아 두지 않고 신중한 생각을 하지 않고 공격적이라서 적위를 실행하는 데 다소 어려움이 있다. 그래서 겁재 심리가 강한 사람은 기본적으로 감정을 조절하고 예의를 몸에 익히는 학습을 한 연후에 적위의 습관을 들이는 것이 좋다.

또한 편재는 물건이나 사건을 통제하지만 집착하지 않고 마음의 소리와 상象을 가려서 제자리에 배열하는 능력이 우수하므로[48] 스스로 실천가능한 목표를 선정하고 실행하는 것이 적합하다. 정재는 통제할 수 있는 사물에 집착하면서 실용적인 이익을 추구하고 현실적인 심리상태를 나타내기 때문에 적위를 실행했을 때 현실에서 획득할 수 있는 이익 특히 경제적인 부분에 관한 사례연구를 활용하는 것이 필요하다.

2) 허일이정虛壹而靜

허령이정은 인간의 마음상태와 연관 있다. 순자는 도덕적 행위를 가능하게 하는 것을 심心으로 인식하고, 마음은 사물을 가늠하는 표준인 도를 안 이후에 따르게 된다고 보았다. 부연하면 마음은 도를 인지하고 실천에 이르게 하는 능력이 있는 것이다.

허일이정은 사람이 태어나면서 지닌 지각이 여러 사물을 기억하고 저장해도 새로운 정보를 입력하는 데 아무런 문제가 없는 텅 빈 상태

---

48) 何建忠, 『八字心理推命學』, 第6章, "偏財的含義.……「控制我所能控制的任何具體之物或事件, 但卻不執著在這個事或物上」……能將「心象」·「心聲」加以安置·編排."

이고, 마음에 분별력이 있어서 동시에 여러 사건과 사물을 인식하고 생각하지만 오로지 하나에 집중할 수 있는 한결같은 상태이고, 마음은 생각과 상상이 많아 움직이지 않을 때가 없지만 이러한 활동으로 인해 지혜가 어지럽지 않은 평정한 상태49)를 말한다. 마음의 이러한 상태는 지도知道로 통하는데 다음 문장에 잘 나타나 있다.

> 사람은 무엇으로 도를 아는가? 그것은 마음으로 알 수 있다. 마음은 어떻게 도를 아는가? 그것은 텅 비고, 전일하고, 고요한 것으로 알 수 있다. 마음은 본디 무엇을 저장하고 있지 않을 때가 없으나 이른바 텅 빈 상태가 있고, 마음은 여러 가지를 생각하지 않을 때가 없으나 이른바 전일한 상태가 있다. 마음은 계속해서 움직이지 않을 때가 없으나 이른바 고요한 상태가 있다.50)

마음은 일반적으로 기억을 축적하고, 여러 가지를 한 번에 지각하고, 생각하는 기능을 가지고 있지만, 도덕적으로 텅 비고, 한결같고, 고요한 기능을 수행한다. 이렇게 마음이 정상적인 상태를 유지하기 위해서는 늘 수양이 필요하다.

또 순자는 마음이 도덕적 행위의 근거가 되지만 때로는 미풍에도 탁해지는 쟁반의 물과 같이 판단의 균형을 잃을 수 있음을 경계하고

---

49) 『荀子』,「解蔽」, "人生而有知, 知而有志. 志也者, 臧也. 然而有所謂虛, 不以所已臧害所將受, 謂之虛. 心生而有知, 知而有異. 異也者, 同時兼知之. 同時兼知之, 兩也. 然而有所謂一, 不以夫一害此一, 謂之壹. 心, 臥則夢, 偸則自行, 使之則謀. 故心未嘗不動也. 然而有所謂靜, 不以夢劇亂知, 謂之靜."

50) 『荀子』,「解蔽」, "人何以知道. 曰 心. 心何以知. 曰 虛壹而靜. 心未嘗不臧也, 然而有所謂虛. 心未嘗不滿也, 然而有所謂一. 心未嘗不動也, 然而有所謂靜."

있다. 이러한 마음작용을 『대학』에서는 호현락선과 투현질능으로 설명한다.[51] 호현락선과 투현질능의 모습은 마음에서 펼쳐지는 선과 악의 작용이 외부 대상에 투사된 것이다. 그래서 그 사람의 인품과 심리상태는 외부의 생활사건에서 타인에게 반응하는 모습을 보고 알 수 있다. 호현락선의 마음을 펼치면 긍정적인 결과를 가져오지만, 투현질능의 마음을 억제하지 못하면 위험한 상황을 맞이하게 된다. 모두가 공존할 수 있는 평화로운 세상은 이러한 마음작용을 억제하고 발현하는 수양에 달려 있다.

마음이 수양되면 허일이정을 체험하게 되는데 이것이 대청명의 경지이다. 이에 대하여 「해폐」에서는 다음과 같이 말한다.

도를 아직 얻지 못해 도를 구하는 자에게 마음을 텅 비우고, 전일하고, 평정하라고 일러주어야 한다. 그렇게 하여 도를 따르려는 자가 텅 빈 상태가 되면 도에 들어가게 되고, 도를 섬기려는 자가 전일한 상태가 되면 도를 다하게 되고, 도를 사색하려는 자가 고요한 상태가 되면 도를 잘 살펴 이해하게 된다. 도를 알아 그것을 잘 살피고, 도를 알아 그것을 실천하는 것이 도를 체득한 자이다. 허일이정의 경지를 대청명이라고 한다.[52]

마음은 선천적으로 지각과 기억의 작용을 지니고 있지만, 외적인

---

51) 『大學』, 傳10章, "秦誓曰 若有一介臣, 斷斷兮, 無他技, 其心休休焉, 其如有容焉, 人之有技, 若己有之, 人之彦聖, 其心好之, 不啻若自其口出, 寔能容之, 以能保我子孫黎民, 尙亦有利哉. 人之有技, 媢疾以惡之, 人之彦聖, 而違之, 俾不通, 寔不能容, 以不能保我子孫黎民, 亦曰殆哉."

52) 『荀子』, 「解蔽」, "未得道而求道者, 謂之虛壹而靜. 作之, 則將須道者之虛則人, 將事道者之壹則盡盡, 將思道者靜則察. 知道察, 知道行, 體道者也. 虛壹而靜, 謂之大淸明."

조건에 의해 지각, 선택, 판단이 도리에 합치되지 않을 때가 있다. 이때 마음 본연의 작용을 발휘해 선택이나 판단이 도리에 합치되도록 하는 것이 허일이정의 공부이다. 다시 말해 마음의 도리에 대한 지각은 허일이정의 공부를 통해서만 완전해질 수 있는 것이다.[53] 이렇게 도를 따르고 섬겨 실천하는 사람은 도를 다하고 체득하게 되어 대청명의 경지에 도달하게 되는데, 이로 인해 만사만물에 통달하고, 시·공간을 초월하고, 천지의 운행이 한 치의 오차도 없이 바르게 된다. 「해폐」에서는 이 문제를 다음과 같이 말한다.

> 그 마음이 넉넉하고 광대하니 누가 한계를 알 것이며, 마음이 여유롭고 광대하니 누가 그 덕의 (위대함을) 알겠으며, 변화무쌍하고 복잡하고 다양하니 누가 그 윤곽을 알 수 있겠는가. 그의 밝은 (덕은) 일월과 함께 빛나고, 그의 큰 지혜는 우주에 충만하니, 이와 같은 사람을 위대한 사람이라 한다. 이런 사람이 어찌 마음이 가려지는 일이 있겠는가.[54]

마음은 사고의 범위를 넘어선 위대한 덕을 지니고 있기에 본연의 도덕적 작용을 온전히 발휘하면 어떤 외부 환경에서도 빛나는 경지에 머물게 된다. 대인은 여유롭고 광대하고 변화무쌍한 마음을 지니고 있기에 밝은 지혜와 위대한 덕을 모두 갖추게 되는 것이다.

한편, 하건충은 안정된 심리상태는 균형된 신체·인간관계·결혼생활·안정된 삶의 근본이 된다고 보고, 다음과 같이 말한다.

---

53) 황갑연, 「荀子 도덕철학의 특성과 문제점」, 『양명학』 3호, 한국양명학회, 1999, 416~417쪽.
54) 『荀子』, 「解蔽」, "恢恢廣廣, 孰知其極. 睪睪廣廣, 孰知其德. 涫涫紛紛, 孰知其形. 明參日月, 大滿八極. 夫是之謂大人, 夫惡有蔽矣哉."

심리상태의 흐름과 변화는 모두 불안정하지만, 오직 한 가지
마음인 평정심이 있다. 이것은 '심리 결합 중 제일심第一心55)의
결합'으로 '근본 마음'이라 하고, 본원과 하나가 되고 대우주
및 존재계와 하나가 된다. 근본 마음은 무사·무념·무상·무일
체이다.56)

마음에는 자신이 자각하지 못하는 많은 활동이 일어나서 심리적으
로 불안정한 상태에 놓이기 쉽지만, 오직 하나의 마음인 평정심이
있다. 이것은 인간의 근본적인 마음으로 대우주의 본원과 합일을 이
루는데, 무사·무념·무상·무아·무일체의 경지이다. 결국 근본 마음
은 내적 충만감이고 안정감이라 할 수 있다. 이에 대하여 『천고팔자
비결총해』에서는 다음과 같이 말한다.

획득된 근본 마음은 소극적이지 않고, 외부에 행동할 때 평상

---

55) 하건충에 따르면, 십천간 중 戊는 외현적으로 선한 행위로 드러나는 九德
이고, 己는 무사·무념·무상 등의 아홉 가지 내면적 심리상태이다. 이 두
가지 심리상태가 庚 중에서 결합 심리로 작용하는 것을 근본적인 마음
혹은 본래의 마음이라 한다. 이에 관한 자세한 내용은 지면상의 문제로
생략하고, 戊의 구덕과 己의 아홉 가지 심리상태에 관한 도표는 부록에
수록하고자 한다.(何建忠, 『千古八字秘決總解』, 第15章, "還有兩種心態,
雖不在上述的十六種心靈之運作心態中, 但却是兩種最重要的結構心態, 這
兩種心態乃是位在第一運作庚中, 爲一0, 可稱「根心」或「原心」, 根心在內結
構中便是己, 顯爲外結構時便是戊. 內結構的己所代表的就是無思·無念·
無想, 但它在外觀上會有九種狀態(如分化所述), 而運行在外就有九德.")

56) 何建忠, 『千古八字秘決總解』, 第15章, "所有的心態流行運轉, 都是不平衡
的, 只有一種心是平衡心, 此即「心靈內結構中之第一心的結構」, 它名爲「根
心」,……它與本原合一, 與大宇宙及存有界合一. 「根心」就是無思·無念·無
想·無我·無一切."

심과 풍족함이 유지할 수 있다. 획득된 근본 마음은 어떤 환경에 처해도 근심과 두려움이 없고, 어떤 더러운 곳에 있어도 물들지 않는다. 획득된 근본 마음은 내재적인 만족이고 커다란 안정이다.57)

근본 마음을 얻으면 매사에 적극적이면서도 평상심을 유지할 수 있고, 외부 조건이나 환경에 상관없이 평온하고 만족한 안정감을 느낄 수 있다. 현대인들이 근본 마음을 체화하면 신체를 비롯해 삶의 여정에서 만나는 모든 사람과 일에서 긍정적인 효과를 얻게 되는 것이다.

허일이정에 적합한 십성 심리를 살펴보면 정인 심리와 연계해 볼 수 있다. 『팔자심리추명학』에서는 "정신적 주체자아를 고정시키고 의식의 흐름을 정지시켜서 고요한 상태에 머무는 정좌靜坐"58)를 정인 심리로 해석하고 있다. 정인은 안정적이고, 공손하고, 일체의 관념을 받아들이고, 자애롭고, 명성에 집착하지 않고, 수양된 심리상태를 나타낸다. 그래서 정인 심리가 발달한 사람은 관용적이고 인내심이 강하고 천도에 대한 믿음이 있어서 허일이정 상태를 유지할 수 있다. 식신도 유유자적하고, 자신이 베푼 것에 연연하지 않고, 자애로운 심리이므로 고요함에 이르는 교육을 통해 허일이정 상태에 도달할 수 있다.

---

57) 何建忠, 『千古八字秘決總解』, 第15章, "成證的根心並非消極, 它行之於外就是平常·豐足. 成證的根心, 可立於一切環境而無憂無懼, 立於一切汚臭而不染. 成證的根心, 是內在的滿足. 成證的根心, 是大安定."

58) 何建忠, 『八字心理推命學』, 第7章, "靜坐: 消除焦慮的良好方法; 亦卽讓精神主體我不移動, 亦卽使意識流停止; 這顯然必要正印(正印兼有淡消官殺·尅去傷官之功效)."

이에 반해 겁재 심리는 급박한 성격으로 인해 고요한 상태에 머무는 것이 어렵고, 상관은 과장되고 감정의 변화폭이 크고 주관적인 심리상태를 나타내기 때문에 허일이정 상태에 도달하기가 힘이 든다. 정재 심리는 구체적으로 확인할 수 있는 세계에만 집착하고 정신적인 경지와 내적 세계에 대한 이해와 귀납력이 부족해서 허일이정의 상태로 이끌기 어렵다.

편재 심리는 감각기관의 편안함을 추구하는 마음과 물욕을 조절하는 능력이 있기 때문에 적위에 관한 목표와 결과를 구체적으로 제시하고, 문헌과 체험활동을 결합한 교육을 병행하면 허일이정으로 이끌 수 있다. 그리고 정관과 편관 심리는 지행합일의 실천 능력이 있으므로 허일이정의 내용을 합리적이고 논리적으로 설명하고 관련 교육을 함께 하면 충분히 도달할 수 있다.

이상의 내용처럼 순자는 도덕적 행위의 주체를 마음으로 인식하고, 마음이 본연의 도덕적 기능을 온전히 발휘하는 방법으로 허일이정의 공부를 권장하였다. 허일이정은 무엇에도 막히지 않는 대청명의 경지로 위대한 덕과 밝은 지혜를 겸비한 대인만이 도달하는 단계이다. 하건충 또한 하나의 평정심인 근본 마음을 얻으면 외부 환경에 상관없이 평온하고 안정적인 상태에 머물 수 있다고 보았다. 이런 연유로 허일이정은 고요하고 평온한 상태에 머무는 정인 심리에 연결해 볼 수 있다. 지금까지 고찰한 본 장의 내용을 표로 요약하면 다음과 같다.

〈표-23〉 공자·맹자·순자의 수양론과 십성 심리[59)

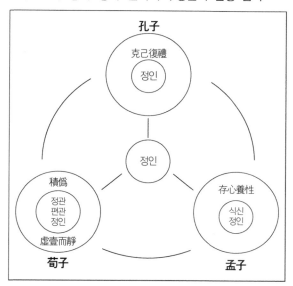

---

59)
〈표-23〉 공자·맹자·순자의 수양론과 십성 심리 論者註

극기복례	자기를 극복하고 예로 돌아가는 것
정인	사욕억제와 감정조절 및 자기성찰을 통해 자기개선을 완성하는 심리
존심양성	도덕심을 보존해 본유의 선한 본성을 기르는 것
식신	유유자적하고 감사하는 심리
정인	만사를 포용하고 현실에 만족하는 심리
적위	욕망을 억제하고, 예법을 체화하기 위해 끊임없이 노력하는 것
정관	규율을 준수하고 반복하는 심리
편관	절제하고 규범을 지키고 자아를 억제하고 인내하는 심리
허일이정	텅비고 전일하고 고요한 마음 상태
정인	관용적이고 안정적이고 인내하고 일체를 받아들이고 수양된 심리

Chapter 6

책을 마무리하며

필자는 현대인들의 정신과 마음에 관련된 문제를 해결하는 열쇠는 동양철학에 있다고 생각한다. 그래서 선진유학 심성론과 하건충이 제시한 이론과의 연계성을 살펴보고, 공자·맹자·순자의 심성론을 개인의 특성에 맞게 적용할 수 있는지 입증하는 데 주력하였다. 하건충은 인간의 보편적 심리상태를 통해 수양의 필요성을 주장하고, 우주의 근본 마음을 깨닫는 방법으로 소유하고 집착하고 욕망에 사로잡힌 마음을 다스릴 것을 제시하였는데, 이상적 인격 구현에 관한 이러한 관점은 공자·맹자·순자의 관점과 다르지 않음을 확인하였다. 또 공자·맹자·순자의 수양론과 십성 심리의 연계를 통해 수양론의 핵심은 정인 심리로 통한다는 결론을 얻게 되었다. 이것은 현대인들의 수양 방법의 목적이 정인 심리를 기르는 데 있음을 의미한다.

본 연구를 통해 공자·맹자·순자 사상과 하건충 이론의 공통점을 발견하게 되었는데, 이들은 모두 인간 본성, 도덕성, 사회질서, 그리고 교육의 중요성을 중심으로 철학적 논의를 전개하고 있다.

첫째, 인간성에 대한 관심이다. 이들은 모두 인간 본성과 도덕성에 깊은 관심이 있다. 공자는 인仁을 강조하면서 인간이 도덕적이고 사회적인 존재임을 주장하였고, 맹자는 인간이 선성善性의 단서를 지니고 있다고 보고 이를 발전시킬 것을 강조하였고, 순자는 인간의 본성이 악하다고 보았지만 교육과 예를 통해 도덕성을 기를 수 있다고 보았다. 하건충 또한 도덕성과 인간 본성에 대한 논의를 포함한 고대 철학의 흐름에서 이들의 주장과 일치점이 있음을 찾을 수 있었다.

둘째, 도덕과 사회질서의 중요성이다. 이들은 모두 도덕과 사회질서를 강조하고 있다. 공자는 예禮와 악樂을 통해 사회질서를 유지할 수 있다고 믿었고, 맹자는 의義를 통해 정의로운 사회를 만들 수 있다고 주장하였고, 순자는 법과 규범을 통해 사회질서를 유지할 수 있다

고 강조하였다. 하건충 사상에서도 도덕성과 사회질서에 대한 중요
성을 인정하고 있음을 알 수 있었다.

셋째, 교육의 중요성이다. 이들은 교육이 인간을 도덕적으로 성장
시키는 중요한 수단이라고 보았다. 공자는 교육을 통해 인격을 함양
할 수 있다고 믿었고, 맹자는 올바른 교육이 인간 본성을 선하게 발
전시킬 수 있다고 주장하였고, 순자는 교육과 예를 통해 악한 본성을
제어할 수 있다고 보았다. 하건충도 이들과 마찬가지로 교육의 중요
성을 인정하고 있음을 알 수 있었다.

본 연구는 학제 간 연구이기 때문에 유학과 심리 그리고 명리의
세 분야를 연결하고 전개하는 과정에서 견강부회한 면이 없지 않아
있을 것이다. 그러나 선진유학의 심리명리학적 분석과 이해를 통해
선진유학이 현대인들의 삶에 직접적으로 도움이 되는 실천 학문으로
나아가는 데 또 다른 초석을 마련했다는 점에 그 의의가 있다고 본다.

본 연구를 발판으로 후속 연구가 활성화된다면 인간을 위한 학문
이 도덕성에 대한 사유적인 측면에 머물거나, 개인의 특성과 심리변
화를 판단하는 데 그치거나, 정신병리를 진단하고 약물치료에 치중
하는 것에 머무는 것이 아니라 하늘이 인간에게 부여한 도리를 알고,
개인의 타고난 기질과 성격에 따른 덕성을 함양하고, 정신병리적 진
단을 받은 사람들의 근원적 마음을 치유하고, 수기를 근본으로 한
수양을 하고자 할 때 필요한 프로그램을 개발할 수 있을 것이다.

예를 들어, 심리명리학에서 겁재 기질이 지나치게 강한 사람은 법
이나 사회적 규범을 지키지 않고, 타인의 권리를 침해하는 행동을
보이고, 자기의 이익과 욕망에 반하는 상황에 처하면 폭력적인 행동
을 보인다. 또 말과 행동이 무책임하고, 목표와 이익을 위해서는 수
단과 방법을 가리지 않는데, 이러한 성격적 특성은 서양심리학의 성

격장애 분류체계에서 B군 성격장애(cluster B personality disorder)의 하위유형인 반사회성 성격장애(antisocial personality disorder)와 연계해 볼 수 있다. 심리명리학으로 이러한 유형의 사람을 미리 파악하고 선진유학 심성론에서 제시하는 마음 치유법을 개인에 맞게 적용하면 심리치료의 효과가 높아지는 결과를 불러올 것이다.

참고문헌

1. 원전

『論語』

『大學』

『孟子』

『書經』

『荀子』

『周易』

『中庸』

『論語集註』

『孟子集註』

『荀子集解』

『伊川易傳』

『中庸章句』

『太極圖說』

『太極圖說解』

『皇極經世書』

徐升, 李欽(明)增補, 『淵海子平』

水繞花堤館主, 『命學新義』, 育林出版社, 2019

荀況(周)撰; 楊倞(唐)注, 『荀子』, 1929

何建忠, 『八字心理推命學』, 希代書板有限公司, 1987

_____, 『千古八字秘決總解』, 希代書板有限公司, 1988

2. 단행본

김경방·여소강, 안유경 註, 『주역전해(상)』, 심산, 2013.

_____, 『주역전해(하)』, 심산; 2013.

김만태, 『한국사주명리연구』, 민속원, 2012.

김상섭, 『주역 계사전』, 성균관대학교 출판부, 2017.

김석우 외 5인, 『교육&사회과학 연구방법론』, ㈜학지사, 2022.

김성태, 『발달심리학』, 서울: 법문사, 1978.

김양원 譯, 『논어』, 혜원출판사, 1992.

김영호, 『명리학 특강: 성리로 본 범주론적 명리체계』, 논형, 2008.

김철운, 『순자 읽기』, 세창미디어, 2023.

김학주 譯, 『순자』, ㈜을유문화사, 2001.

_____, 『중용』, 서울대학교출판문화원, 2015.

김혁제, 『原本備旨 大學中庸』, 명문당, 1986.

_____, 『原本 孟子集註』, 명문당, 1976.

郭婷玉 외 3인, 신효정 옮김, 『도해 타이완사』, 글항아리, 2021.

권석만, 『인간 이해를 위한 성격심리학』, 학지사, 2017.

권일찬, 『동양학 원론: 바르고 따뜻한 교육학문, 동양학』, 한국학술정보, 2012.

노영균 譯, 『황극경세서』, 대원출판, 2002.

류성태, 『東洋의 修養論』, 서울學古房, 1996.

_____, 『중국철학사의 이해』, 학고방, 2016.

민경환 외 8인, 『심리학입문』, 제3판, ㈜시그마프레스, 2017.

박성호, 『논어와 마음공부』, 공동체, 2019.

박유리, 『풀이한 孟子』, 세종출판사, 2009.

반자단, 나명기 譯, 『완역 명학신의』, Dream&Vision, 2013.

박주현, 『사주심리학1』, 낭월명리학당, 2007.

_____, 『사주심리학2』, 낭월명리학당, 2007.

성백효, 『논어집주』, 개정증보판, 전통문화연구회, 2010.

_____, 『맹자집주』, 개정증보판, 전통문화연구회, 2010.

_____, 『대학 중용 집주』, 개정증보판, 전통문화연구회, 2010.

손예진, 『심리 명리학』, 도서출판 중도, 2023.

오서연, 『인상과 오행론』, 학고방, 2017.

王先謙 집해, 송기채 역, 『순자집해1』, 전통문화연구회, 2015.

_____, 『순자집해5』, 전통문화연구회, 2018.

_____, 『순자집해6』, 전통문화연구회, 2019.

윤가현 외 14인, 『심리학의 이해』, ㈜학지사, 2019.

이부영, 『분석심리학: C.G. 융의 인간심성론』, ㈜일조각, 2011.

이세동, 『서경』, 을유문화사, 2020.

이죽내, 『융심리학과 동양사상』, 하나의학사, 2005.

조긍호, 『동아시아 집단주의의 유학사상적 배경』, ㈜지식산업사, 2007.

_____, 『선진유학사상의 심리학적 함의』, 서강대학교출판부, 2008.

_____, 『유학심리학의 체계Ⅰ: 유학사상과 인간 심리의 기본구성체』, 서강대학교출판부, 2017.

_____, 『문화, 유학사상 그리고 심리학』, ㈜학지사, 2019.

_____, 『유학심리학의 체계Ⅱ: 사회적 존재로서의 인간의 삶』, ㈜학지사, 2021.

_____, 『유학심리학의 체계Ⅲ: 인간 삶의 목표 추구와 보편심리학의 꿈』, ㈜학지사, 2021.

조수익·박승주 譯, 『논어 대학 중용』, 전통문화연구회, 2011.

정태현 譯, 『論語集註上』, 전통문화연구회, 2018.

_____, 『論語集註下』, 전통문화연구회, 2018.

陳椿益, 조성희 譯, 『八字命理新解』, 낭월명리학당, 2007.

최대림 譯, 『荀子』, 홍신문화사, 2009.

최석기·강도현 譯, 『이정전서5』, 전통문화연구회, 2022.

_____, 『이정전서6』, 전통문화연구회, 2023.

蔡仁厚, 천병돈 옮김, 『공자의 철학』, 예문서원, 2000.

_____, 『맹자의 철학』, 예문서원, 2000.

_____,『순자의 철학』, 예문서원, 2000.

탁양현 譯,『주자가 풀어낸 중용』, e퍼플, 2018.

何建忠, 정대균 편저,『최신팔자명리학비결』, 오산팔자심리학연구소, 2003.

한덕웅,『한국유학심리학: 한국유학의 심리학설과 유교문화에 관한 심리학적 접근』, 시그마프레스, 2003.

Abraham H. Maslow, 정태연·노현정 옮김,『존재의 심리학』, ㈜문예출판사, 2005.

Calvin S. Hall·Vernon J. Nordby, 김형섭 옮김,『융심리학 입문』, 제2판, ㈜문예출판사, 2009.

David S. Nivison, 김민철 옮김,『유학의 갈림길』, 철학과현실사, 2006.

3. 학위논문

김철완,「命理學에 나타난 修養論의 儒家的 探究」, 대전대학교대학원 박사학위논문, 2013.

문혜정,「문화이론 관점의 제자백가 연구: 한국, 중국, 일본, 대만의 사례를 중심으로」, 동방문화대학원대학교 박사학위논문, 2020.

박상언,「命理學에 적용된「中」思想에 관한 研究」, 대구한의대학교대학원 박사학위논문, 2014.

신기주,「命理學의 中和的 해석에 관한 研究」, 동의대학교대학원 박사학위논문, 2015.

신철순,「『周易』의 陰陽思想 研究: 先秦兩漢時期를 中心으로」, 원광대학교대학원 박사학위논문, 2012.

심현섭,「先秦儒家의 美學思想 研究: 孟·荀을 중심으로」, 성균관대학교대학원 박사학위논문, 2006.

안수현,「命理學과 MBTI의 性格心理에 관한 類似性 研究」, 공주대학교대학원 박사학위논문, 2024.

윤상우, 「동아시아 발전국가의 위기와 재편: 한국과 대만 비교연구」, 고려
　　　대학교대학원 박사학위논문, 2002.

이시윤, 「劉伯溫 命理思想의 哲學的 照明」, 대전대학교대학원 박사학위논
　　　문, 2014.

이종화, 「성격유형이 청소년의 생활만족도와 범죄에 미치는 영향: 명리학
　　　적 성격이론을 중심으로」, 광운대학교대학원 박사학위논문, 2011.

이천수, 「주렴계 사상의 연구:『太極圖說』을 중심으로」, 원광대학교대학
　　　원 박사학위논문, 2021년.

최상길, 「사주명리에 있어서 천간별 十星의 주요 특성 연구: 천간별 오행
　　　의 특성과 十星의 상관관계를 중심으로」, 동방문화대학원대학교
　　　박사학위논문, 2020.

최왕규, 「命理學의 心理學的 位相에 관한 硏究: 프로이드·융·아들러의
　　　心理學을 中心으로」, 공주대학교대학원 박사학위논문, 2014.

한상인, 「命理學 十星의 心理學的 特性에 관한 硏究」, 공주대학교대학원
　　　박사학위논문, 2022.

4. 연구논문

고영택, 「中國 古典 命理書에 대한 哲學的 이해: 中和之氣를 중심으로」,
　　　『철학논총』 1권 43호, 새한철학회, 2006.

김령우·최성수, 「실내디자인전공 대학생의 투시도드로잉능력의 명리학
　　　적 연구」,『한국실내디자인학회논문집』 29권 3호, 한국실내디자
　　　인학회, 2020.

김만태, 「명리학의 학문적 정체성 확립에 관한 연구: 한국연구재단 학술연
　　　구분야분류 설정을 중심으로」,『지식융합연구』 5권 1호, 글로벌
　　　지식융합학회, 2022.

김우정, 「왕충(王充)의 명정론(命定論) 硏究: 천인관계(天人關係)를 중심
    으로」, 『한국종교』 57집, 원광대학교 종교문제연구소, 2024.

김은숙·김만태, 「명리학 관점에서 인간의 욕구에 관한 연구: 매슬로우 이
    론과 비교분석」, 『동방문화와 사상』 7집, 동방문화대학원대학교
    동양학연구소, 2019.

김은미, 「대만의 선진국 담론과 대만의 자아정체성」, 『비교중국연구』 1권
    2호, 인천대학교 중국학술원, 2020.

김정철, 「『홍범연의(洪範衍義)』의 구성과 주자학적 특징: 「계의(稽疑)」를
    중심으로」, 『한국학연구』 69호, 인하대학교 한국학연구소, 2023.

박길수, 「도덕 심리학과 도덕 철학의 이중적 변주」, 『철학연구』 48호, 고
    려대학교 철학연구소, 2013.

박성호, 「지구위험시대, 유가생태수양론의 再考: 왕양명의 만물일체설과
    치양지를 중심으로」, 『원불교사상과 종교문화』 88집, 원광대학교
    원불교사상연구원, 2021.

송재국, 「易學에 있어서의 陰陽論과 五行論」, 『인문과학논집』 16권, 청주
    대학교 인문과학연구소, 1996.

신기주, 「사상: 명리학적 운명론의 유가적 특성 고찰」, 『동양문화연구』 11
    집, 영산대학교 동양문화연구원, 2012.

심규철, 「儒·佛·道 三家의 運命論: 命理學 運命論의 思想的 淵源을 찾아
    서」, 『주역철학과 문화』 1권, 한국역경문화학회, 2003.

심귀득, 「『주역』과 命理學의 상관성에 관한 연구: 시중론(時中論)중심으
    로」, 『동양문화연구』 21집, 영산대학교 동양문화연구원, 2015.

안승국, 「동북아에 있어서 선거민주주의의 도래: 한국과 대만의 사례를
    중심으로」, 『동서연구』 17권 1호, 연세대학교 동서문제연구원,
    2005.

양태근, 「1930년대 대만 향토문학과 대만화문(臺灣話文): 대만문학사 서
    술을 중심으로」, 『개념과 소통』 18호, 한림과학원, 2016.

연재흠,「孟子의 心性論 硏究」,『범한철학』51권 4호, 범한철학회, 2008.

유성선,「孟子·荀子의 心論 硏究」,『강원인문논총』12집, 강원대학교 인문과학연구소, 2004.

윤민향,「공자 수양론에서 종심소욕불유구(從心所欲不踰矩)의 이상(理想)과 심신통합적 사유의 의미」,『유교사상문화연구』89호, 한국유교학회, 2022.

윤상흠,「명리 운명론과 자유의지의 상호작용에 관한 고찰」,『문화와 융합』46권 1호, 한국문화융합학회, 2023.

왕혜숙,「동아시아 가족의 다양성: 한국과 대만의 가족제도와 규범 비교연구」,『사회사상과 문화』27집, 동양사회사상학회, 2013.

이상은,「先秦儒學의 根本問題와 傳承關係에 관한 考察: 孔子·孟子·荀子의 天人觀, 心性論을 中心으로」,『동양철학연구』, 동양철학연구회 17권, 1997.

이영은,「연극인 사주(四柱)의 명리학적 특성」,『문화와 융합』44권 6호, 한국문화융합학회, 2022.

이유정,「순자(荀子)에서 경험의 교육적 의미」,『교육사상연구』35권 4호, 한국교육사상학회, 2021.

임헌규,「공자의 군자론과 철학의 이념」,『동방학』20집, 한서대학교 동양고전연구소, 2011.

전병술,「리더십 관점에서 본 맹자와 순자」,『양명학』26호, 한국양명학회, 2010.

전재성,「孟子의 修養論과 敎育思想」,『한국철학논집』18호, 한국철학사연구회, 2006.

조긍호,「동아시아 집단주의와 유학 사상: 그 관련성의 심리학적 탐색」,『한국심리학회지 사회 및 성격』21권 4호, 한국사회및성격심리학회, 2007.

조세현,「해양을 통해 본 대만사: 대만학계의 연구현황을 중심으로」,『역사와 경계』 98집, 부산경남사학회, 2016.

최성수, 「사주명리학을 활용한 시각 환경의 감성평가 방법 연구」, 『디지털 디자인학연구』 11권 2호, 한국디지털디자인학회, 2011.

최일범, 「유가 심성론의 분석심리학적 해석을 위한 시론」, 『양명학』 39호, 한국양명학회, 2014.

황갑연, 「荀子 도덕철학의 특성과 문제점」, 『양명학』 3호, 한국양명학회, 1999.

황석만, 「대만 민주화와 변화하는 자본주의 체제」, 『아시아리뷰』 9권 2호, 서울대학교 아시아연구소, 2020.

5. 기타

네이버, 現代孔明, 2023.02.27.

부록

〈부록-1〉 근본 마음 외적 구조

戊

戊	丁	丙	乙	甲	癸	壬	辛	庚
|	|	|	|	|	|	|	|	|
生它。	公德。	盡職。	知足。	平衡。	行德。	仁愛。	友善。	孝順。

〈부록-2〉 근본 마음 내적 구조

己

己	丙	丁	甲	乙	壬	癸	庚	辛
|	|	|	|	|	|	|	|	|
無我。	道德。	倫常。	修養。	懺足。	和平。	歸納。	安定。	恒常。

<부록-3> 근본 마음 획득 방법

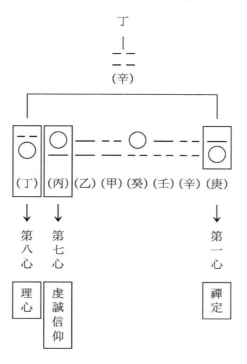

/ 저자소개 /

손예진
경북대학교 심리학과 학사
공주대학교대학원 동양학과 문학석사
원광대학교대학원 한국문화학과 문학박사(명리학 전공)
현) 원광대학교 동양학대학원 강사
　　세종시민대학 집현전 강사
　　청주대학교 평생교육원 강사

연구논문
선진유학의 심리명리학적 연구 : 하건충 이론을 중심으로(박사논문)
순자 사상의 심리명리학적 이해 : 하건충 이론을 중심으로(대표논문)

대표저서
심리 명리학

선진유학과 심리명리

초판 1쇄 인쇄 2024년 8월 27일
초판 1쇄 발행 2024년 9월 5일

지 은 이 | 손예진
펴 낸 이 | 하운근
펴 낸 곳 | 學古房

주   소 | 경기도 고양시 덕양구 통일로 140 삼송테크노밸리 A동 B224
전   화 | (02)353-9908 편집부(02)356-9903
팩   스 | (02)6959-8234
홈페이지 | http://hakgobang.co.kr/
전자우편 | hakgobang@naver.com
등록번호 | 제311-1994-000001호

ISBN 979-11-6995-520-1 93180

값 : 22,000원

■ 파본은 교환해 드립니다.